Thomas Moore ist Psychotherapeut und Schriftsteller und lebt in den USA. Er hat zahlreiche Artikel zur Jungschen Psychologie, zur Psychologie der Archetypen, Mythologie und den Künsten veröffentlicht. Er absolvierte sein Studium der Theologie und Musikwissenschaft und promovierte in Religionswissenschaften. Moore lebte zwölf Jahre lang als Mönch in einem Orden. Er hat in den USA und in Europa zahlreiche Vorträge zu Themen der Psychologie, Mythologie und der Künste gehalten.

Von Thomas Moore sind außerdem erschienen:

Die Seele lieben (Band 77187, 86025, alter Titel: Seel-Sorge)

Dieses Buch wurde auf chlor- und säurefreiem Papier gedruckt.

Deutsche Erstausgabe Mai 1995
© 1995 für die deutschsprachige Ausgabe
Droemersche Verlagsanstalt Th. Knaur Nachf., München
© 1994 by Thomas Moore
Originalverlag: HarperCollins, New York
Titel der Originalausgabe: »Soul Mates«
Umschlaggestaltung: Agentur ZERO, München
Umschlagillustration: »The Mystical Boat« von Odilon Redon
Satz: Ventura Publisher im Verlag
Druck und Bindung: Ebner Ulm
Printed in Germany
ISBN 3-426-77177-2

5 4 3 2 1

Thomas Moore

Der Seelc Flügel geben

Das Geheimnis
von Liebe und Freundschaft

Aus dem Amerikanischen
von Inge Holm

Inhalt

Vorwort

Das einzige, was ebenso verwirrend ist wie das Dickicht der Beziehungen, ist der Versuch, darüber zu schreiben. Meine eigenen Erfahrungen mit Beziehungen – den guten und den schlechten – türmen sich zu gewaltig vor mir auf, als daß ich versuchen könnte, für andere zu schreiben. Und so schreibe ich denn in Treu und Glauben, konzentriert auf die Seele, ohne Beurteilung und ohne jegliche Erfolgsrezepte. Ich stelle die Beziehung in diesem Buch nicht als psychologisches Problem oder als Fall, sondern als Mysterium im religiösen und theologischen Sinn dar, in dem Wissen, daß es stets ein Fehler ist, zu glauben, man könnte als Fachmann über Mysterien sprechen.

Ich bin mir auch bewußt, daß ich als weißer, männlicher, heterosexueller Amerikaner in der Tradition einer klassischen europäischen Bildung schreibe und daß viele, die meine Worte lesen, diesen Hintergrund nicht besitzen. Ich habe versucht, mir beim Schreiben dieser potentiellen Unterschiede bewußt zu sein. Aber bei jeder Wendung daran zu denken, hieße, befangen und gestelzt zu schreiben und den Kontakt zu meiner eigenen Erfahrung zu verlieren, einer wichtigen Quelle meiner Reflexionen. Also bitte ich den Leser um die Erlaubnis, in meinem eigenen Kontext zu schreiben. Ich hoffe, daß meine Erfahrungen, mit einigen Vorbehalten und manchmal wesentlichen Änderungen, auf zahlreiche andere Vereinbarungen und kulturelle und bildungsmäßige Hintergründe zutreffen.

Lassen Sie mich zuvor eine kleine Warnung bezüglich meiner Methoden und Ziele aussprechen. Ich bin sicher, daß kleine Veränderungen in der Phantasie wirksamer sind als jene große Anstrengungen, die unternommen werden, um sich zu ändern. Ich werde mich bemühen, ein paar Denkanstöße zu geben, wie man eine Beziehung sehen kann. Aber ich werde nur wenige konkrete, direkte Vorschläge machen, da ich überzeugt davon bin, daß einschneidende Veränderungen im Leben nur Folgen einer Entwicklung in Sachen Phantasie sind. Allein schon die Vorstellung von der Seele unterstreicht, wie wichtig es ist, individuell zu denken und zu leben; und jede Beziehung verlangt nach einer einzigartigen Antwort. Zweck dieses Buch ist es, uns von althergebrachten und starren Vorstellungen und Bildern darüber zu befreien, was es heißt, zu lieben, verheiratet oder befreundet zu sein oder in einer Gemeinschaft zu leben.

Aber ich spreche in diesem Buch auch über Religion und Spiritualität. Falls darüber noch irgendwelche Zweifel bestehen sollten: Ich ziehe keine bestimmte Religion, Tradition, Praxis oder Lehre vor. Die Theologen der Renaissance, meine wichtigsten Lehrer, bevorzugten die »natürliche Religion« – nicht im Sinne der rationalen Religion des achtzehnten Jahrhunderts, sondern als eine Empfänglichkeit für das Heilige im Alltagsleben. Und ich glaube, daß Beziehungen wahrhaftig heilig sind. Nicht in jener oberflächlichen Bedeutung, daß sie einen hohen Wert haben, sondern weil sie an die ewigen und geheimnisvollen Tiefen in uns, in unseren Gemeinschaften und im Wesen der Dinge appellieren.

Dieses Buch ist Nachfolger von *Care of the Soul* (*Die Seele lieben*, Knaur Verlag) und entwickelt Ideen, die darin öfter erwähnt wurden: Die Seele hat ein starkes Verlangen, ein starkes Bedürfnis nach Intimität und liebt das bodenständige Leben – jenen speziellen Ort, die Familie, Freunde, das Viertel –, alles, was zu unserem Alltag gehört. Die Seele gedeiht weder auf dem Boden großartiger Rettungsprojekte, noch auf dem Humus glatter, ordentlicher Gesetze; weder auf Theorien noch auf Glaubensbekenntnissen. Also biete ich keinen Ausweg aus dem unvermeidlichen Durcheinander an, das eine Beziehung mit sich bringt. Ich präsentiere Ihnen auch keine weitere Theorie darüber, wie Beziehungen funktionieren können oder funktionieren sollten. Doch die Seele liebt die Phantasie. Und so habe ich in diesem Buch Wert darauf gelegt, Ihre Phantasie anzuregen und zu bereichern.

Eine seelenvolle Verbindung kann in Familien, am Arbeitsplatz, im Wohnviertel gefunden werden; sie ist mit Kollegen, unter Freunden, alten Bekannten und bei flüchtigen Begegnungen möglich, bei gesellschaftlich sanktionierten Paarungen und zwielichtigen Rendezvous. Dieses Buch dehnt den Begriff des Seelengefährten aus; es schlägt Möglichkeiten vor, wie man aus jeder Beziehung eine seelenvolle Beziehung machen kann. Und es feiert jene seltenen und zutiefst befriedigenden Bande, durch die wir uns bestimmten Menschen verbunden fühlen, die im wahrsten Sinne des Wortes unsere Seelengefährten sind.

Ich möchte mich für die Hilfe einiger Menschen bedanken, die mich einiges über die Beziehung und die Seele gelehrt und ihren Beitrag zu diesem Buch geleistet haben. In Dallas: Pat Toomay; in den Berkshires: Christopher Bamford und Laura Chester; in Florenz: Carmelo Mezzasalma und seine Studenten; in Brüssel: Léonard Appel und Marie Milis; in London: Noel Cobb und Eva Loewe; in Chicago: Ben Sells; in Michigan: die vielen Tanten, Onkel, Cousinen und Cousins einer warmherzigen und stets hilfreichen Familie, meinem Bruder Jim und seiner Familie, und meinen Eltern. Ich möchte mich auch für die außerordentliche Klugheit und die großzügige Freundschaft meines Lektors bei HarperCollins, Hugh Van Dusen, erkenntlich zeigen, ebenso für die freundliche und wirksame Unterstützung durch William Shinker, den Verleger der HarperCollins Tradebooks. Ich bin mit einem Agenten von außerordentlicher Intuition, Einsicht und der Fähigkeit gesegnet, Seelen zusammenzuführen und Bücher ans Tageslicht zu geleiten. Sein Name ist Michael Katz. Ich wurde ebenso mit einer ausgezeichneten Dichterin als Lektorin beglückt, und zwar mit Jane Hirshfield, die die potentielle Poesie ans Licht brachte und meinen manchmal recht verschwommenen Gedanken die nötige Klarheit verlieh. Und schließlich erbitte ich den Segen für dieses Buch von meiner wahren Seelengefährtin Joan Hanley, der es, zusammen mit Abraham und Siobhán, gewidmet ist.

Einführung

Das Herz hat seine eigenen Gründe. Wenn wir zu verstehen versuchen, weshalb Beziehungen entstehen und wieder auseinandergehen, weshalb einige Familien aufbauend und andere vernichtend sind, weshalb manche Freundschaften lange Zeiten der Trennung und erbitterte Streitereien überdauern, während andere scheitern, werden wir mit dem unbekannten Inneren des menschlichen Herzens konfrontiert. Gewiß verbringen wir einen Großteil unserer Zeit damit, mit allen möglichen Erklärungen für jene unerwarteten Wendungen der Gefühle aufzuwarten, aber diese »Gründe« sind eher Rationalisierungen und Vereinfachungen, als Beweise für unser Verständnis. Wir sind auf Platos Lösung zurückgeworfen, daß eine Beziehung auf einer Art Verrücktheit, erotischer Verrücktheit, beruht. Statt Lösungen zu finden, wie man dieses Herz verstehen und kontrollieren kann, verbleibt uns möglicherweise einzig die Zuflucht, seine Mysterien zu wertschätzen.

Das Herz ist ein Mysterium – kein unlösbares Rätsel, sondern ein Mysterium im religiösen Sinn: unergründlich, jenseits jeglicher Manipulation. Das Herz weist Spuren der göttlichen Arbeit auf. Wie die Auferstehung von Jesus und die Mission des Moses, der Besuch des Engels bei Mohammed und die Erleuchtung Buddhas, so besitzt auch das Herz seine eigenen Mysterien, die ebenso unergründlich sind wie jene Mysterien, denen wir in den Weltreligionen begegnen. Alles, was mit dem Herz zu tun hat – Beziehung, Gefühl, Leidenschaft –, kann einzig mit den Werkzeugen der Religion und Poesie erfaßt und beurteilt werden.

Dennoch wird in der heutigen Zeit versucht, zum Verständnis des Begriffs »Herz« genau jenes mechanische und strukturelle Denken anzuwenden, das eine verblüffend technologische Welt erzeugte. Wir betrachten Ehen und Familien und sprechen von Systemen, wir analysieren ganze Gesellschaften anhand von Zahlen und Diagrammen. Wir versuchen Menschen dabei zu helfen, mit anderen Menschen »Beziehungen aufzubauen«, indem wir Gruppen organisieren und Kommunikations- und Intimitätsübungen entwickeln.

Wenn wir unsere Aufmerksamkeit auf die Seele der Beziehung statt auf deren zwischenmenschliche Mechanismen konzentrieren, schieben sich andere Werte in den Vordergrund. Dann wird die Phantasie und Vorstellungskraft interessant. Wir beginnen die Beziehung als jenen Ort zu betrachten, an dem die Seele ihr Schicksal erfüllt. Uns geht es nicht so sehr darum, wie man eine Beziehung zum »Funktionieren« bringt, da die Seele in dieser Hinsicht nicht besonders ehrgeizig ist. Sie macht aus der Liebe kein Lebensprojekt, sondern erkennt die Wahrheit in einem Satz von John Donne an, jenem großen Dichter der Seele und der Beziehung: »Der Liebe Mysterien wachsen in Seelen.«

An der Seele interessiert, fragen wir nicht, weshalb in einer Beziehung irgend etwas geschah und wie man sie verbessern könnte, sondern, welche Ziele die Seele verfolgt: »Was geschieht mit der Seele, wenn wir uns unsterblich verlieben? Was möchte die Seele uns mit ihren Trennungsphantasien sagen? Was soll jenes Verlangen nach innigerer Liebe bedeuten, und warum scheint es nie befriedigt zu werden?« Wenn wir uns auf die Seele konzentrieren, werden wir nicht jene unerträgliche Last spüren, die es bedeutet, eine »ordentliche« Beziehung zu führen, obwohl wir die völlige Kontrolle über jene Intimität besitzen, die sich zwischen Menschen entwickelt. Und so brauchen wir nicht zu entmutigt zu sein, während wir uns den Weg durch unser emotionales Labyrinth bahnen. Statt dessen können wir durch das Mysterium der Beendigungen, Krisen und Wendepunkte in Liebe, Ehe, Freundschaft und Familie leben, dem Leben unterworfen, das stets in ihnen keimt.

Wir in der modernen Welt neigen auch dazu, alles und jedes wie eine Maschine zu betrachten, einschließlich unsere wertvollsten Freundschaften. Bedenken Sie, wie schnell die Computersprache unsere Alltagssprache durchsetzt hat, wie unüberlegt man heutzutage sagt, man sei »programmiert«, so und nicht anders zu handeln. Diese Mechanisierung unseres Denkens hat unter anderem zur Folge, daß wir das Verständnis für jene mystischen Elemente verloren haben, die Menschen zusammen- und auseinanderbringen. Angesichts tiefverwurzelter Schwierigkeiten legen wir in punkto Beziehung ein Reparierverhalten an den Tag, in der Annahme, alle Fehler müßten korrigiert werden. Wenn wir uns auf die Oberfläche des Lebens konzentrieren, suchen wir nach mechanischen Ursachen und Problemlösungen. Wenn wir unsere Aufmerksamkeit jedoch auf die Seele richteten, würden wir statt dessen ihre Träume und Phantasien, ihre nicht vorhersagbaren Absichten erforschen.

Wie Jung betont, ist die Seele objektiv, obwohl wir sie als etwas Vertrautes erfahren. Wir können die Seele betrachten, ohne uns mit ihr zu identifizieren. Wenn ich mich frage, was mit mir nicht stimmt, weshalb es mir nicht möglich ist, eine dauerhafte Beziehung aufrechtzuerhalten, so grenzt diese Frage an Narzißmus, da sie sich auf das »Ich« konzentriert. Um zur Seele zu gelangen, müßten wir unsere Frage mehr von außen her stellen: »Was will mir das Schicksal mit seinen Forderungen an mich sagen? Was bedeutet es, daß ich niemanden finde, der mich liebt? Weshalb bewegt sich mein Herz in eine andere Richtung als meine Absichten?« Dieser Wechsel von der selbstbezogenen, narzißtischen Betrachtungsweise zu einem offeneren, objektiveren Standpunkt ist in sich selbst bereits ein wesentlicher Schritt auf die Seele zu.

Die Seele ist ein weiter Bereich, in dem das Schicksal eine bedeutende Rolle spielt und bei dem Familie, Gesellschaft und Geschichte – sowohl die persönliche als auch die Kulturgeschichte – großen Einfluß besitzen. Der Mensch ist gegen vieles davon machtlos, er kann weder dagegen intervenieren noch es kontrollieren. Wie der griechische Mystiker und Philosoph Heraklit lehrt: »Die Seele ist ihre eigene Entfaltungsquelle.« Sie hat ihre eigenen Gründe, die nur vage bewußt sein können. Wenn wir die Seele in einer Beziehung erkennen möchten, müssen wir über unsere Ziele und Erwartungen hinausschauen.

Ein weiterer Vorteil, Beziehungen vom Standpunkt der Seele aus zu betrachten, besteht darin, daß wir dadurch zu einem toleranteren Verhalten der dunkleren Seite, den Schatten und Lücken gelangen, die zwangsläufig ab und zu auftauchen. Normalerweise nehmen wir an, daß eine Beziehung glatt und vollkommen sein soll. Und wenn Schwierigkeiten auftauchen, glauben wir, mit der Beziehung würde etwas nicht stimmen. Aber die Angelegenheiten der Seele liegen jenseits von gut und böse, glatt oder rauh. Auf der ganzen Welt wird der Novize in den Einweihungsriten durch Schmerzen tief aufgewühlt, die von rituellen Schnittwunden oder Schlaflosigkeit und Fasten herrühren können. Und durch diese Erfahrung gelangt er auf eine neue Bewußtseinsebene. Die Religionen erkennen die Wichtigkeit von Schmerz und Versagen für die Stärkung und Veredlung der Seele an. Diese Einsicht läßt sich auch auf Beziehungen anwenden: Schmerzen und Schwierigkeiten können manchmal den Weg zu einer neuen Ebene bereiten. Sie bedeuten nicht zwangsläufig, daß mit der Beziehung an sich etwas nicht stimmt. Im Gegenteil: Schwierigkeiten in der Beziehung können ein anregender Zugang zur Intimität sein.

Wenn wir die Seele einer Beziehung betrachten, können wir in den Mißerfolgen, dem Ende der Beziehung, den Schwierigkeiten, Zweifeln, der Distanzierung, dem Verlangen nach Trennung und Freiheit und anderen, eventuell beunruhigenden Aspekten das Positive erkennen. Wir können sie als Möglichkeiten der Intensivierung statt als Bedrohung betrachten. Die Seele verbirgt sich oft in den dunkelsten Winkeln, gerade an jenen Orten, die wir lieber meiden würden, oder genau in dem Problem, das uns Enttäuschung bringt. Also müssen wir unerschrocken und furchtlos sein, wenn wir nach ihr Ausschau halten.

Eine weitere typische Eigenschaft der Seele ist ihre Art, sich in rätselhaften Bildern auszudrücken. Die Seele lebt im Reich der Phantasie und beeinflußt die Richtung und die Qualität des Lebens durch eine Art Poesie, eine Sprache aus Bildern und Symbolen.

Wenn ein Paar wegen einer Therapie zu mir kommt, bitte ich für gewöhnlich einen der Partner, ruhig zuzuhören, während der andere von seinen Erinnerungen, Träumen und Bildern, von der Ehe, der Intimität, von Sex und Nähe berichtet. Auf diese Weise können wir einen Blick auf die Seele werfen, auf jenen Ort, an dem die Beziehung wirklich ihren Sitz hat, auf die Seele, die ignoriert werden würde, wenn wir nur den Mechanismus von Kommunikation und Interaktion betonten.

Zwar empfehle ich stets, daß wir uns die Zeit nehmen sollten, einfach nur zu beobachten und die Beziehung tolerant und ruhig zu betrachten, bis wir die tiefen Schichten der Seele sehen, aber ich will damit nicht sagen, daß wir nicht an unseren Beziehungen »arbeiten« sollten.

Für diese Arbeit gibt es einen Platz, besonders dann, wenn wir Arbeit eher als alchimistisch denn als heroisch verstehen. So wie der Alchimist die Vorgänge in der Natur beobachtet, damit er eine kunstvolle Rolle darin spielen kann, können wir in die tief im Inneren einer Beziehung ablaufenden Prozesse eintreten, indem wir deren Chemie genauer beobachten. Diese Arbeit besteht zu neunzig Prozent aus Beobachtung und zu zehn Prozent aus Handeln. Wenn wir die Seele ohne heroische Eingriffe betrachten, kann sich unser Verhalten ändern und wir können zulassen, daß die alchimistischen Transformationen nach ihrem eigenen Rhythmus stattfinden: Veränderungen in der Qualität unserer Stimmungen, dem Gewicht unserer Gedanken und der Struktur unserer Gefühle.

Die auf die Seele konzentrierte Bemühung zugunsten der Beziehung verfügt noch über eine weitere Eigenschaft, die sie von vertrauteren modernen Lehren über Liebe und Intimität unterscheidet: die Seele ist nicht der Vollkommenheit geweiht. Die Arbeit mit der Seele zielt keineswegs darauf ab, zu einer makellosen, unerschütterlichen Beziehung zu gelangen. Im Gegenteil: Sie hat Verständnis für menschliche Beschränkung und Torheit. Die alchimistische Betrachtensweise des seelischen Vorgangs schafft Raum für die Verwesung, den Zerfall, die Melanose oder Schwarzsucht – Schattenseiten, die in der traditionellen Alchimie sehr geschätzt wurden. Beziehungen können unsere Nasen in den Schmutz des Lebens stoßen – eine Erfahrung, auf die wir liebend gern verzichten würden, die uns jedoch einen wichtigen Einblick in unser Innerstes vermittelt.

Zu den Zielen dieses Buches gehört es, einen Ratgeber anzubieten, mit dessen Hilfe wir unsere gewöhnlichsten und wertvollsten Beziehungen beseelen können. Gelegentlich mag dieser ungewöhnliche Leitfaden der Intimität im Widerspruch zu den Annahmen und Werten einer soziologischen oder psychologischen Betrachtungsweise stehen. Aber so ist die Seele nun einmal. Manchmal scheint sie mit den Wünschen und Gesetzen des äußerlichen Lebens im Widerstreit zu liegen. Wenn wir uns der Seele weihen, müssen andere Bindungen gelöst werden. Und wenn wir der Seele ihre ganz eigenen Absichten und Ziele zusprechen, müssen wir uns auch von alten Werten und Erwartungen befreien.

Die Wege der Seele sind mit Paradoxa gepflastert. An einem Tag sind wir traurig darüber, daß wir unsere Arbeit verloren haben, und ein Jahr später erkennen wir, daß der Verlust des Arbeitsplatzes das beste war, was uns je passiert ist. Wir wünschen uns, daß wir uns in unserer Ehe wohler fühlen. Doch Jahre später wird uns klar, daß gerade unser Unbehagen uns zwang, etwas zu unternehmen, das uns viel stärker befriedigte.

Wenn wir die Seele einer Beziehung mit Respekt betrachten wollen, müssen wir vielleicht unseren Standpunkt hinsichtlich zentraler Fragen, einschließlich unserer Moralvorstellung, ändern. Denn die Moral findet garantiert Einlaß in unsere Beziehungen und muß sowohl vorsichtig als auch tief darin verwurzelt sein, um den schwierigen Widersprüchlichkeiten der Seele standhalten zu können. Vielleicht müssen wir auch unsere Vorstellungen über die Ziele einer Beziehung ändern. Der Seele genügt es nicht, einzig um des Ausharrens willens auszuharren. Wir alle wissen, daß eine Beziehung noch jahrelang nach dem Verschwinden der Seele weiterbestehen kann. Im Interesse der Seele mag es wichtig sein, radikale Veränderungen und das Ende einer Beziehung zu honorieren. Auch Vorstellungen vom Zusammen- und Getrenntsein innerhalb einer Beziehung können sich im Laufe der Jahre ändern.

Die Arbeit an der Seele der Beziehung erfordert außer einer sensiblen Beobachtung auch gewisse »Techniken der Intimität«. In diesem Buch möchte ich besonders die Art und Weise untersuchen, wie wir Nähe etablieren und die Bindung aufrechterhalten können. Die von mir vorgeschlagenen Techniken mögen extrem einfach erscheinen, aber sie sind sehr fragil. Briefeschreiben und Gespräche gehören beispielsweise zu den üblichen Methoden, eine Beziehung zu pflegen. Aber wenn man es gut machen will, ist Sorgfalt und Nachdenklichkeit gefragt. Glücklicherweise ist es keine neue Idee, der Seele Aufmerksamkeit zu zollen. Jahrhunderte an Erfahrung und Entwicklung liegen hinter uns, und wir besitzen viele Quellen, von denen wir Anleitung bekommen können. In bestimmten Zeiten waren Briefeschreiben und Gespräche sorgsam studierte Künste. Und im Lichte vergangener Meister dieser Techniken ist es hilfreich, sich Gesprächs- und Schreibformen zu überlegen, die die Seele pflegen.

Das mag besonders in der heutigen Zeit wichtig sein, in der die Kommunikation technologisch ausgeklügelt und schnell, aber nicht unbedingt seelenvoll ist.

Techniken für die Seele sind meist einfach, persönlich und gemächlich. Und sie sind dem Herzen ebenso nahe wie dem Verstand. Alles um uns herum sagt uns, daß wir in unseren Äußerungen mechanisch ausgeklügelt, elektronisch und informativ sein sollen, also das genaue Gegenteil von den Tugenden unserer Seele. Ist es dann ein Wunder, daß wir im Zeitalter der Telekommunikation – was übrigens »entfernte Verbindungen« heißt – unter Symptomen des Seelenverlustes leiden. Wir werden von allen Seiten gedrängt, effizient statt intim und persönlich zu sein.

Ein Seelengefährte ist jemand, dem wir uns innig verbunden fühlen, obwohl die Verbindung, die zwischen uns herrscht, nicht so sehr das Produkt vorsätzlicher Mühen, sondern eher das Ergebnis göttlicher Gnade ist. Diese Art von Beziehung ist für die Seele so wichtig, daß viele Menschen gesagt haben, nichts sei im Leben kostbarer. Wir können Seelengefährten in den unterschiedlichsten Beziehungsformen finden: in der Freundschaft, der Ehe, bei der Arbeit, beim Spiel und in der Familie. Es handelt sich hierbei um eine seltene Art der Intimität, die jedoch nicht auf eine Person oder eine Form beschränkt ist.

Dieses Buch ist ein Handbuch, das Ihnen verrät, wie man verschiedene Arten einer seelenvollen Beziehung pflegt, indem man sich – erstens – über das Wesen der Seele und besonders über ihre Rolle bei der Intimität klar wird, und indem man – zweitens – konkrete Möglichkeiten entdeckt, solche Beziehungen zu pflegen. All unsere Beziehungen können seelenvoll sein, nicht nur jene mit unseren Seelengefährten.

Wenn es Ihnen seltsam vorkommt, in bezug auf Intimität von Seele zu sprechen, dann ist das nur ein Zeichen der Zeit. Einst war es für Seelenspezialisten selbstverständlich, das Wesen solcher Beziehungen exakt zu untersuchen. Ein Grund dafür, weshalb es heutzutage so viele Beziehungsprobleme gibt, mag sein, daß wir das Studium der Seele vernachlässigt haben. Wir halten Intimität für etwas Selbstverständliches. Wir erwarten, sie einfach so zu finden, ohne Ausbildung, ohne Einführung. Und wenn wir auf diesem Gebiet versagen, glauben wir, daß wir unter einem angeborenen Mangel leiden. Tatsache jedoch ist, daß wir im Leben erst dann etwas gut können – und damit meine ich auch die Intimität –, wenn wir unsere Phantasie geschult haben.

Wenn ich dieses Buch als Handbuch bezeichne, möchte ich dies wörtlich verstanden wissen. Das Buch verrät Ihnen, wie Sie etwas »handhaben«, wie Sie es in die »Hand« nehmen sollen. Sie können es aber auch als so etwas wie ein Stilbuch betrachten, ein kleines Werk, das Sie lehrt, wie man gut und ausdrucksvoll schreibt. Es will Ihnen einige Überlegungen darüber anbieten, wie man vertraut miteinander spricht, wie man Freundschaften pflegt und wie man eine Ehe vertieft; wie man Briefe schreibt, die Seelen erwecken; und wie man sich auf eine Art um jemand anderen kümmert, daß dessen Seele angerührt wird.

Ich gebe nicht vor, all diese Dinge zu wissen, und es liegt mir fern, zu behaupten, das ich gut darin bin. Tatsächlich habe ich manches von dem, worüber ich schreibe, aus Fehlern und Torheiten gelernt. Ich habe eine starke Affinität zu unseren Traditionen, die über Jahrhunderte der Diskussion und des Experimentierens hinweg diese besonderen Fähigkeiten und Verhaltensweisen veredelt haben. Und ich habe bei all meiner Arbeit das starke Verlangen, als Übersetzer für jene Traditionen zu fungieren, jene alten Schriften über den seelenvollen Stil neu zu formulieren, damit sie direkt zu uns sprechen können.

Denken Sie, während Sie dieses Buch lesen, an all ihre Beziehungen, die vergangenen und gegenwärtigen. Denken Sie an Familienbande und Entfremdungen. Denken Sie an alte und neue

Lieben. Denken Sie an Hoffnungen und Träume, aber übersehen Sie die Katastrophen und Tragödien nicht. Denken Sie an all das in Verbindung mit ihrer Seele. Versuchen Sie, diesbezüglich vertraute Vorurteile zu vermeiden. Und vor allem: Versuchen Sie, etwas von dem Narzißmus loszuwerden, der Sie eher an Ihren Erfolg und an Ihre Fehler denken läßt als an die großen Mysterien, die diesen Geschichten und Erinnerungen innewohnen.

Nehmen Sie dieses Buch nicht als eine Sammlung spezieller Vorschläge, sondern als Meditationsanleitung. Das einzige, was Sie von jenen tiefen, befriedigenden, seelenvollen Beziehungen trennt, ist Ihre Phantasie. Ist sie ergiebig genug? Ist sie zu pragmatisch, zu modern, zu schlicht? Lassen Sie sich von diesem Buch Gedanken über Beziehungszweige, -knospen und -blüten eingeben. Je schöpferischer Ihre Phantasie in bezug auf die Intimität ist, desto wahrscheinlicher werden Sie dieses alchimistische Gold in Ihrem Herzen finden.

Die Seele der Liebe

Die Seele sucht sich ihre eigene Gesellschaft –
dann – schließt sie die Tür –
Für ihre göttliche Mehrheit
nicht mehr zugegen –

Unbewegt – bemerkt sie die Triumphwagen –
  die innehalten –
an ihrem niedrigen Tor –
unbewegt – eine Kaiserin,
die auf ihrer Matte kniet –

Ich habe sie gekannt, wie sie – aus einer
  großen Nation –
einen auswählt –
Dann – ihre Aufmerksamkeit verschließt –
wie Stein –

Emily Dickinson

1 Bindung und Flucht

Wenn wir über die Seele einer Beziehung nachdenken, tauchen unerwartete Elemente auf. Zum Beispiel ist die Seele in ihrem innersten Wesen an der Welt interessiert, an Menschen und Gegenständen. Sie liebt Bindungen jeglicher Art – Bindungen an Orte, Ideen, Zeiten, an historische Gestalten und Perioden, an Dinge, Worte, Klänge und Kulissen. Und wenn wir daran gehen, Beziehungen in der Seele zu untersuchen, müssen wir die ganze Bandbreite ihrer Vorlieben und Neigungen in Betracht ziehen. Denn obwohl die Seele sich ihren Neigungen überschwenglich hingibt, bewegt sich etwas in ihr in eine andere Richtung. Etwas Gültiges und Notwendiges ergreift die Flucht, sobald es die Nähe einer tiefen Beziehung spürt. Und dieser Fluchttrieb scheint nicht nur tief verwurzelt, sondern auch ein aufrichtiges Gefühl der Seele zu sein. Unser Ziel ist es, einen Weg zu finden, sowohl die Bindung als auch den Widerstand dagegen anzunehmen. Und die einzige Möglichkeit, diese beiden Gegensätze zu versöhnen, besteht darin, sich intensiv mit ihrer Natur auseinanderzusetzen. Wie bei allen Seelenfragen finden wir auch hier den besten Einstieg in ihre Mysterien, wenn wir ihre Regungen respektieren.

Bindung

Die Seele offenbart ihre angeborene Neigung zur Bindung auf vielerlei Arten. Eine davon ist ein Hang zur Vergangenheit und ein Widerstand gegen Veränderungen. Ein besonders seelenvoller Mensch mag ein gutes Arbeitsangebot ablehnen, weil er seine Heimatstadt nicht verlassen möchte. Die Seelenfülle dieser Entscheidung ist ziemlich klar: Bindungen an Freunde, Verwandte, Gebäude und eine vertraute Landschaft entspringen dem Herzen, und sie zu respektieren mag für ein seelenvolles Leben wichtiger sein, als aufregenden Ideen und Möglichkeiten zu folgen, die in einem anderen Teil unseres Wesens verwurzelt sind.

Ein sehr anhänglicher Mensch führt ein abgeschiedenes Leben, da er nur ungern das Haus verläßt. Möglicherweise beschließt er aus eben diesem Grund auch, sich kein Auto zu kaufen. Viele Schriftsteller und Künstler haben diese seelenvolle Orientierung weg von weltlichen Aktivitäten gezeigt. Emily Dickinson beispielsweise verbrachte ihr ganzes Erwachsenenleben auf ihrem angestammten Familiensitz in Amherst. In einem Brief an ihren Bruder Austin schrieb sie im Jahre 1851: »Ein Heim ist etwas Heiliges – weder Zweifel noch Mißtrauen kann durch seine gesegneten Pforten treten – hier scheint tatsächlich ein Stück Paradies zu sein, das keine Sünde gänzlich zerstören kann.«[1] Samuel Beckett war für die Liebe zu seiner spartanisch eingerichteten Wohnung und seinen Widerstand gegen die Welt bekannt. »Alles, was ich will«, sagte er einst zu Beginn seiner Karriere, »ist, auf meinem Arsch sitzen, furzen und an Dante denken.«[2]

C. G. Jung schreibt, die Seele selbst sei stark in Richtung Leben orientiert. Die Seele ist, laut Jung, der Archetyp des Lebens, während die Suche nach dem Sinn des Lebens oder das Streben nach einem höheren Bewußtsein einer anderen Wurzel entspringt. Die Seele findet ihre Heimstatt in den Kleinigkeiten des Alltagslebens; sie verspürt kein dringendes Bedürfnis nach Verständigung oder Vollendung. James Hillman, Jungs unorthoxer Anhänger, greift dessen Unterscheidung zwischen Seele und Geist auf. Seiner Meinung nach wohnt die Seele in den Tälern des Lebens und nicht auf den Gipfeln intellektueller, spiritueller oder technischer Anstrengungen. In seinem Essay über dieses Thema mit dem Titel *Peaks and Vales* schreibt Hillman, daß die

Seele das eigentliche Leben der Psyche repräsentiert, einschließlich »des gegenwärtigen Durcheinanders, in dem sie sich befindet, ihrer Unzufriedenheit, Unredlichkeit und ihrer erregenden Illusionen.«[3] Etwas in uns – die Tradition nennt es Geist[4] – möchte dieses Durcheinander des wirklichen Lebens transzendieren, um zu einer glückseligen oder zumindest einer intensiveren Erfahrung zu gelangen, oder zu einem Gefühl von Bedeutung, das uns intellektuell aus dem Morast der eigentlichen Existenz erhebt. Wenn sich die Seele über die Zustände des normalen Lebens hinweg zu Sinn und Heilung erhebt, bleibt sie dicht über dem Boden. Sie schwingt sich nicht empor. Ihre Art zu reflektieren hat eher Ähnlichkeit mit Träumerei als mit intellektueller Analyse. Und ihr Heilungsprozeß findet inmitten des alltäglichen Stimmungswandels, den Höhen und Tiefen der Gefühle und des Wissens darum statt, daß es letztendlich keine Heilung gibt – für die Seele ist der Tod ewig gegenwärtig.

Die Seele ist ihrer Definition gemäß mit dem Leben in all seinen Einzelheiten verbunden. Sie zieht Verbundenheit der Distanziertheit vor. Vom Standpunkt der Seele aus ergeben sich Bedeutung und Wert unmittelbar aus der Erfahrung oder aus den Bildern und Erinnerungen, die anspruchslos und direkt dem gewöhnlichen Leben entströmen. Die Intelligenz der Seele kann vielleicht nicht durch rationale Analyse zu erreichen sein, sondern nur durch längeres Nachdenken. Und ihr Ziel ist möglicherweise nicht das glänzende Verständnis und die unangreifbare Wahrheit, sondern tiefe Einsicht und beständige Weisheit.

Diese Neigung der Seele zu den Schwierigkeiten des Lebens spielt auch bei den persönlichen Beziehungen, dem eigentlichen Thema dieses Buches, eine Rolle. Verbundenheit bedeutet im Leben zu stehen, selbst wenn es kompliziert wird und Sinn und Klarheit nur schwer zu erfassen sind. Es bedeutet, mit jenen Menschen zu leben, die in unser Leben treten, und nicht nur mit unseren Idealen und Vorstellungen vom vollkommenen Gefährten oder der perfekten Familie. Andererseits bedeutet die Ehrung des Besonderen in unserem Leben auch, jene Trennungen, Scheidungen zu vollziehen, jene Schlußstriche zu ziehen, nach denen die Seele verlangt. Die Seele ist stets dem verbunden, was wirklich geschieht, und nicht unbedingt dem, was sein könnte oder wird.

Träume – die uns einiges über das Wesen der Seele lehren können – zeigen manchmal, auf wie viele Arten wir mit der Vergangenheit verbunden sind. Sie können uns an Orte zurückversetzen, die wir einst besuchten oder an denen wir vor langer Zeit lebten. Eine Träumerin könnte die Geschichte ihres Traumes mit den Worten beginnen: »Ich war im Schlafzimmer des Hauses, in dem ich aufgewachsen bin, und einige meiner Lieblingspuppen waren um mich versammelt.« Manchmal hört man Frauen sagen: »Ich habe versucht, diese Scheidung zu vergessen, doch trotz meines Wunsches ertappe ich mich dabei, daß ich von meinem Exmann träume.« Die Seele tendiert eher zur Vergangenheit als zur Zukunft, eher zur Verbundenheit mit Menschen, Orten und Ereignissen als zur Unabhängigkeit. Deshalb bewegt sie sich auch nicht so rasch vorwärts. Im äußeren Leben mögen wir einen Menschen oder einen Ort verlassen, aber in der Erinnerung und in den Träumen haftet die Seele an diesen früheren Bindungen.

Die Sorge um die Seele verlangt, daß wir diese offensichtlich natürlichen, wenn auch paradoxen Neigungen respektieren. Wenn unsere Träume uns weiterhin mit Menschen verbinden, die wir lieber loslassen würden, dann sollten wir uns ein Beispiel an diesen Träumen nehmen, unser spirituelles Verlangen nach Veränderung zügeln und jenen manchmal schmerzlichen und beunruhigenden Erinnerungen Raum geben. Wenn wir diesen Bindungen zuwiderhandeln, weil wir ein bestimmtes Ziel vor Augen haben, laufen wir Gefahr, ein gewisses Maß an Seelenfülle zu verlieren. Eine Loslösung auf Kosten des Seelenwunsches könnte sich als fragwürdige Leistung entpuppen.

Die Seele zieht es eher vor, das, was sie kann, nach und nach zu bekommen, sich von dem zu ernähren, was bereits vorhanden ist, als ein neues Verständnis und neue und verbesserte Verfahrensweisen zu entwickeln. Wie eine Kuh, die ihr Futter wiederkäut, wie Trauben, die langsam zu Wein gären, wie Tabak, der mit der Zeit Aroma entwickelt, so gibt die Vergangenheit der Seele Nahrung. Die Vergangenheit ist die Quelle ihrer besonderen Form des Verständnisses und Vorgehensweise. Einsicht und Veränderung erblühen aus der Seele wie eine Blume, die sich nach langer Reifezeit öffnet. Die Seele wird, verglichen mit jenen spirituelleren Wegen, auf denen wir nach Einsicht und Transformation streben, langsam und organisch fruchtbar. Ralph Waldo Emerson sagte, die Seele entwickele sich nicht in einer geraden Linie, sondern durch einen »Aufstieg des Seins«, wie jene Entwicklung »vom Ei zum Wurm zur Fliege«.

Deshalb erfordert die Seelenarbeit Geduld und Loyalität. Tugenden, die in unserer schnellebigen Zeit nicht modern sind. Die Seele verlangt, daß wir eher durch unsere Bindungen leben sollten, als zu versuchen, schnelle, saubere Brüche zu vollziehen. Es mag klug erscheinen, nach einer Scheidung oder wenn wir unsere Arbeit verloren haben, »die Vergangenheit hinter uns zu lassen« und »ein neues Leben anzufangen«. Doch möglicherweise braucht die Seele Zeit, um über die schmerzliche Vergangenheit nachzudenken; vielleicht verbirgt sich dort, in jenen Ereignissen, die schon lange zurückliegen, noch unberührtes, fruchtbares Material. Auf jeden Fall hält die Seele uns durch zählebige Erinnerungen und ständig wiederkehrende Träume mit den Traumata von gestern verbunden.

Ich selbst hatte ungefähr fünfzehn Jahre lang einen Traum, der immer wiederkehrte und der meiner Meinung nach zu diesem Thema paßt. Für gewöhnlich befinde ich mich in diesem Traum in einem Flugzeug. Manchmal ist es ein Jumbo-Jet, manchmal ein kleiner Zweisitzer. Das Flugzeug hat Schwierigkeiten, zu starten oder an Höhe zu gewinnen. Einmal befand es sich auf der belebten State Street in Chicago, mitten in einem Verkehrsstau und hatte Schwierigkeiten, hochzukommen, weil nicht genügend »Startbahn« vorhanden war. Ein andermal war das Flugzeug voller Passagiere und überflog eine Stadt. Genauer gesagt, es flog durch eine Stadt und versuchte sich seinen Weg zwischen den Hochhäusern hindurch zu bahnen, die höher waren, als es fliegen konnte. In einer neueren Version wurde ich vom Piloten eines kleinen einmotorigen Flugzeuges quer durchs Land befördert. Aber im letzten Abschnitt der Reise, den noch verbliebenen sechzehn Kilometern oder so, rollte das Flugzeug über einen Highway in Richtung Flughafen, unfähig, sich in die Lüfte zu erheben. Ich, der Träumer, war auf den Piloten wütend, weil er nicht besser fliegen konnte.

Man könnte diese Träume pessimistisch als ein Scheitern des Geistes, des Abenteuers oder der Phantasie betrachten; als Unfähigkeit, zu starten und aufzusteigen. Andererseits könnte man sie – besonders bei einem hochfliegenden, nicht geerdeten Menschen wie mir – als eine hilfreiche Verletzung meines typischen, lebhaften Geistes betrachten, als Methode, mich selbst zu zwingen, mich mehr zu erden. Oft werden wir durch die Beeinträchtigung unserer Stärken und unserer bewährten Fähigkeiten geheilt. Die Wut auf den Piloten im letzten Traum ist ein weiterer Hinweis darauf, daß mir nicht klar ist, weshalb das Flugzeug am Boden bleiben soll. Ich könnte sogar das Schreiben dieses Buches über das Auffinden der Seele in der Beziehung als eine Reflexion meiner Träume betrachten, als eine Methode, durch das Nachdenken über schwierige Lektionen innerhalb der Beziehung geerdet zu werden.

Wir können unsere Klagen darüber, daß wir uns festgehalten fühlen, daß wir das letzte Trauma nicht vergessen können, auch als das Bemühen der Seele sehen, uns an unsere gegebene Existenz zu binden. Wir neigen dazu, die Handlungen der Seele über uns ergehen zu lassen und spüren ihre Unterlegenheit. Sie treibt nicht vorwärts, wie der Geist, sondern empfindet den Druck der Ereignisse. Sie ist schnell gekränkt und beunruhigt. Die geistige Seite des Menschen erfreut sich der Macht, der Stärke, des Wohlbefindens und der Überlegenheit. Die Seele, den Vergnügungen einer wirklich erdhaften Existenz ergeben, erduldet ihre Intimitäten. Was so weit gehen kann, daß ihr Bindung manchmal wie Sklaverei vorkommt. Eltern mag die emotionale Nähe gefallen, die sie ihren Kindern gegenüber fühlen, aber sie sind auch an sie gebunden, was manchmal frustrierend ist. Vielleicht müssen wir für eine solide, romantische Beziehung zu einem anderen Menschen bis zum Äußersten gehen. Doch auch dann sind wir in einer emotionalen Beziehung gefangen und verspüren möglicherweise den Wunsch nach Freiheit in bezug auf andere Menschen.

Außerdem kann man jenes unbehagliche Gefühl der Versklavung als Einladung zu einer innigeren Bindung betrachten, da wir in einer Welt leben, die die Freiheit schätzt. Ein psychologisches Symptom weist stets in zwei Richtungen: erstens auf das, was die Seele braucht und zweitens auf das, wogegen wir kämpfen[5]. Unser Unbehagen mag zum Teil von unserem Widerstand herrühren. Wenn wir in bezug auf Bindung – der Bindung an die Vergangenheit, an unser Leben und unser ureigenstes Schicksal – ein negatives Gefühl haben, dann sind unsere Methoden in dieser Hinsicht wahrscheinlich noch nicht verbessert worden. Vielleicht brauchen sie eine Schulung und Instruktionen, damit sie subtiler und besser artikuliert und realisiert werden können. Oft wird eine Bindung von Melancholie begleitet. Jahrhundertelang wurde die Melancholie als typische Stimmung der Seele betrachtet. Da wir lebhaftere Gefühle wie Freude und Aufregung vorziehen, könnte es vorkommen, daß wir dieses Gefühl unterschätzen und vielleicht sogar Mittel und Wege finden, es zu verdrängen. Andererseits wiederum betrachten wir jenes Gefühl, deprimiert zu sein, das der Melancholie eigen ist, als einer Seele angemessen, die in den Tälern der Erfahrung ihre Heimstatt hat. Melancholie ist ein Dämpfer für aufwallende Gefühle und mag einem deshalb unangenehm oder wie eine Krankheit erscheinen. Aber vom Standpunkt der Seele aus betrachtet, ist sie einfach nur der Antrieb, sich in den Windungen des wirklichen Lebens häuslich niederzulassen. Auch die Vergangenheit ist oft in eine Wolke der Melancholie eingehüllt, in einem Gefühl, das zu der Erinnerung paßt wie der modrige Geruch zu alten Möbeln und Gebäuden. Vielleicht sind uns der Geruch und die Patina einer Antiquität unangenehm, aber ohne beides würde ein kostbarer alter Gegenstand unvollständig und sogar unecht erscheinen. Und genau so ist es mit der Melancholie: Wir können lernen, sie als eine »emotionale Patina« zu schätzen, die die Gegenwart der Seele anzeigt.

Aber eine Bindung muß natürlich nicht problematisch sein. Das Verlangen nach der Vergangenheit, die Lust daran, in Erinnerungen zu schwelgen, kann viel Vergnügen bereiten. Wenn sich die Seele in uns rührt, können wir in uns den Wunsch verspüren, eine alte, vertraute Umgebung oder Freunde zu besuchen, die einem anderen Lebensabschnitt angehören. In Horton Footes gefühlvollem Film von 1985, *The Trip to Bountiful*, werden die Gefühle einer Bindung mit wunderschönen impressionistischen Farben gemalt. Der Film handelt von Mrs. Watt, einer sensiblen alten Frau, die zusammen mit ihrem Sohn und dessen Frau in der Stadt lebt und sich plötzlich danach sehnt, ihren vor langer Zeit aufgegebenen Familienwohnsitz in Bountiful, Texas, zu besuchen. Ihre Schwiegertochter interpretiert diesen Wunsch als sentimentale Senilität. Sie bringt ihren Mann dazu, die Versuche der alten Lady per Bahn oder Bus nach Bountiful zu belangen, zu vereiteln. Mrs. Watts kleidet die elementare Natur ihres Verlangens in schlichte Worte: »Seit zwanzig Jahren hatte ich die Hände nicht mehr voll Erde. Meine Hände sehnen sich nach Erde.«

Schließlich findet Mrs. Watt einen Weg, findet einen verständnisvollen Freund und verliert ihre Handtasche, in der sich ihr Pensionsscheck befunden hatte, mit dem sie in ihrem alten Zuhause ein neues Leben anfangen wollte. Für ihre Schwiegertochter ist dieser Scheck das Geld, das sie brauchen, um die Miete in der Stadt zu bezahlen. Für Mrs. Watt ist der Verlust des Schecks eine Gelegenheit, wieder frei zu sein. Schließlich fährt sie ein Sheriff zu ihrem alten Zuhause, wo das Land von Unkraut überwuchert ist und die Bekannten ihrer Kindheit gestorben sind. Aber dieser kurze Besuch hat sie zufriedengestellt. Sie ist sich wohl bewußt, daß ihr Heim wirklich »bountiful« (großzügig) ist. Während sie ihre lieblose Ehe und die Probleme ihrer Freunde Revue passieren läßt, sagt sie: »Nun, ich denke jetzt nicht mehr daran. Aber sie sind alle ein Teil von Bountiful.« Für uns alle scheint jene Vergangenheit, der die Seele verbunden ist, freigebig und großzügig, selbst wenn wir vorhaben, uns von ihr zu befreien, selbst wenn sie von Fehlern nur so wimmelt – sie ist ergiebig und reich und, auf ihre Art, notwendig.

Horton Foote sagte, er hoffe, bei dieser Geschichte jede Sentimentalität vermieden zu haben; dennoch besitzt sie eine Art von Sentimentalität, die der Seele angemessen ist. Das Verlangen nach einem freigebigen Zuhause ist ein archetypisches Thema, eine Stimmung, eine Phantasie, die uns jederzeit überkommen kann, aber besonders dann, wenn wir älter werden. Doch steckt natürlich das pragmatische, vorwärts gerichtete Denken der Schwiegertochter, die diesen Seelenwunsch als Ärgernis und Störung betrachtet, in vielen von uns. Doch wenn wir uns der alten Frau anschließen, entdecken wir vielleicht in ihrer Sentimentalität eine wichtige Nahrung für die Seele.

Das Verlangen, die Sehnsucht nach einem vertrauten Ort oder Gegenstand, der Drang, alte Freunde und Plätze zu besuchen, das alles sind Gefühle der Seele. Die Seele wünscht sie sich so verzweifelt, als hinge ihr Heil davon ab, selbst wenn die Anforderungen des Lebens die Erfüllung dieser Bedürfnisse unmöglich erscheinen lassen. Wie in diesem Film mag die Reise zwar nicht leicht, aber bereits für einen einzigen Augenblick der Erinnerung der Mühe wert sein.

Die Bindung an Menschen, Dinge und Orte kann einem wie eine Last vorkommen. Es ist lästig, nutzlose Dinge mit sich herumzuschleppen, wenn wir von Bundesstaat zu Bundesstaat, von Haus zu Haus ziehen. Es macht Umstände und erfordert Aufmerksamkeit und Zeit, Briefe zu schreiben und Anrufe zu tätigen, die eine Bindung aufrechterhalten. Die Sorge um die Seele kann fordernd sein und von uns die Entscheidung verlangen, daß die Bedürfnisse der Seele genausowichtig sind wie die mehr zukunftsorientierten Dinge, die unsere Aufmerksamkeit beanspruchen.

Jeden Tag spüren wir die großen und kleinen Beschwerden der Seele. Doch da wir diese Signale gewohnheitsmäßig überhören, reagieren wir meist nicht darauf. So wie manche Menschen nicht in der Lage sind, Farben oder Töne wahrzunehmen, können wir seelenblind und seelentaub sein. Die Sehnsüchte der Seele dringen einfach nicht in unser Bewußtsein, und falls doch, versuchen wir, uns mit Medikamenten, hektischen Aktivitäten und anderen Mitteln zu betäuben. Von der höheren, transzendenten und fortschrittlichen Ebene unserer Ziele und Wünsche aus gesehen, mag die Seele rückschrittlich erscheinen, und die sich daraus ergebende Entfremdung birgt ihre eigene, schmerzlich melancholische Einsamkeit.

In bezug auf unsere Beziehung besteht der erste Schritt in Richtung Seele darin, ihre besondere Daseinsform zu verstehen und zu ehren. Es mag helfen, sich klarzumachen, daß es – wie die

Tradition über Jahrhunderte lehrt – in uns zwei Anziehungskräfte gibt: Eine Kraft, die uns emporzieht hin zu Transzendenz, Ehrgeiz, Erfolg, Fortschritt, intellektueller Klarheit und kosmischem Bewußtsein; und eine andere Kraft, die uns hinabzieht in das individuelle, bodenständige Leben. Erstere scheint fesselnd und anregend zu sein, während letztere sehr viel unauffälliger und subtiler befriedigt. Dort gleichen die Herausforderungen Spaziergängern, und die Gelegenheiten sind nicht gerade inspirierend. Doch die Seele ist in diesem fruchtbaren Durchschnitt zu Hause. Sie ist dem Leben stets auf eine interessierte, komplizierte Weise verbunden, anders als jene Aufwärtsbewegung, die auf einer modernisierten, freien Strecke einem imaginären Ziel zustrebt.

Während wir uns durch schwierige Familienbeziehungen arbeiten, mit den Anforderungen einer Ehe kämpfen, uns unserer Arbeit widmen und in der geographischen Region heimisch werden, die das Schicksal für uns ausgewählt hat; während wir immer wieder die persönlichen Probleme sichten, die sich nie zu ändern und niemals besser zu werden scheinen, sammeln wir den Stoff, der die Seele ausmacht. Die Seele möchte verbunden und beteiligt sein, ja, sich festklammern, denn durch diese Intimität wird sie genährt, eingeweiht und vertieft.

Die Flucht vor der Bindung

Die Seele ist ein kompliziertes Gebiet voller Paradoxa und Widersprüche, und wir müssen nun die andere Seite des soeben Gesagten untersuchen. Es wäre ein Fehler, die Bindung als die einzige Vorliebe der Seele innerhalb einer Beziehung zu verstehen. So stark die Sehnsucht nach Bindung auch sein mag, offensichtlich gibt es in uns etwas, das nach Einsamkeit, Freiheit und Abstand verlangt. Unsere Prüfung der Beziehung muß beide

Seiten dieses Spektrums und auch die Spannung umfassen, die sich ergeben kann, wenn wir versuchen, beiden Seiten Aufmerksamkeit zu schenken.

Eine der schönsten klassischen Mythen, die Geschichte von Daphne und Apollo, handelt von diesem Thema. Ich würde diese fesselnde Erzählung gerne als Grundlage für unser Nachdenken über diese unerwarteten Aspekte von Beziehung benutzen – die Sehnsucht nach Distanz.

In diesem Mythos ist Daphne eine wunderschöne junge Frau, die gern durch den Wald streift und jagt. Wie Ovid in seiner Version der Geschichte schreibt, ist sie eine wahre Tochter Dianas, denn sie hat kein Verlangen nach einer Beziehung. Doch sie zieht die Aufmerksamkeit des großen Gottes Apollo auf sich, der sich augenblicklich in sie verliebt. Er verfolgt sie, aber sie läuft fort. Diese Flucht der jungen, nymphengleichen Frau vor dem großen Apollo ist die Schlüsselszene der Geschichte. Sie kann uns helfen, Einsicht in unsere Fluchtträume und in jene Zeiten im Leben zu gewinnen, in denen wir uns dabei ertappen, wie wir ängstlich vor einer Bindung davonlaufen.

Apollo versucht Daphne zu überreden, ihre Flucht zu beenden, indem er ihr sagt, er sei nicht ihr Feind, er habe große Dinge vollbracht und sei kein Dummkopf: Er kann in Orakeln sprechen, er schuf die Musik und er ist der archetypische Arzt. Aber sie reagiert nicht auf seine Werbung und läuft weiter. Interessant ist, daß die flüchtende Daphne für Apollo noch verlockender wird. Es liegt etwas Anziehendes darin, vor der Intimität davonzulaufen, nicht nur für die Person, die davonläuft, sondern auch für den Verfolger.

Als es so aussieht, als würde Apollo sie schließlich doch noch erwischen, gerade als sein Atem im wahrsten Sinne des Wortes ihren Nacken streift, ruft Daphne ihren Vater, den Flußgott Peneus, um Hilfe an. Und als das Gebet erhört wird, verwandelt sie sich nach und nach in einen Baum. Wie schreibt Charles Boer in seiner lakonisch-poetischen Übersetzung: »Eine schwere Taubheit ergreift die Glieder, zarte Brüste werden von Rinde umgeben, Haare werden Blätter, Arme Äste, Füße (so schnell) Wurzeln; der Kopf ein Baumwipfel.«

Viele Künstler haben dieses wundersame Bild dargestellt – ein Mädchen, das sich in einen Baum verwandelt. Bernini zeigt in Marmor, wie ihren Armen und Händen zarte Blätter entsprießen. In Peruginos allegorischer Darstellung des Kampfes zwischen Keuschheit und Wollust ist Daphne bis zum Hals eine Frau, während aus Kopf und Armen ein großer Baum wächst. In einem Magritte ähnlichen, modernen Gemälde von Jan Balet trägt Apollo einen schwarzen Bowler samt schwarzen Anzug. Daphne dagegen ist nackt, ihr Haar flammend rot. Während sich ihre Arme in leuchtend grüne Zweige verwandeln, läuft sie ihm zwischen großen dunklen Bäumen davon.

Wie bereits gesagt, ist Daphne eine Aspekt Dianas, die normalerweise mit der jungfräulichen griechischen Göttin Artemis identifiziert wird, die fernab jeglicher Zivilisation in den Wäldern zu Hause ist. Wie der griechische Dichter Kallimachos es in einer Hymne an die Göttin ausdrückt: »Artemis geht selten in die Stadt.« Daphne teilt die Beweglichkeit der großen Göttin, ihre Abenteuerlust, das einsiedlerische Leben samt ihrer Weiblichkeit und Jungfräulichkeit, der keuschen Schönheit und den Hang, sich vor jedem menschlichen Kontakt zurückzuziehen. Tatsächlich könnte man Daphne als eine Facette von Artemis' Distanziertheit betrachten, die sich in der Flucht vor Apollos Ansprüchen auf die Seele zeigt.

Die Geschichte spricht viele Dimensionen des Lebens an. Man kann Daphne als die jungfräuliche Seele sehen, die dem Geist der kulturellen, apollinischen Errungenschaften des Intellekts, der Kunst, ja, selbst der Heilung flieht. Wir haben vielleicht öfter das Gefühl, daß etwas in uns nicht verstanden oder geheilt werden will. Wir wollen nicht zum Arzt gehen. Wir beschließen, einen Kurs nicht zu besuchen. Wir sind des Freundes leid, der uns stets zu ändern versucht, uns Ratschläge erteilt oder uns immer verstehen kann. Bei jenen Gefühlen, die manchmal als Widerstand oder Abwehr abgetan werden, handelt es sich möglicherweise um Daphnes sensible und aufrichtige Regungen, die die Seele vor Schaden bewahren.

In einem umfassenderen Sinne ist Daphne die Jungfrau, die vor dem Krieger flieht; die Einsiedlerin, die sich der Beziehung entzieht. Sie ist die Natur, die vor der Kultur geschützt wird. Sie ist die Unberührte, die lieber in die Natur zurückverwandelt werden möchte, als der menschlichen Kultur anzugehören.

Verschiedene moderne Autoren offerieren unterschiedliche Lesearten von Daphnes Geschichte. Norman O. Brown zum Beispiel interpretiert Daphnes Metamorphose in einen Baum als das Wiedererwachen des alltäglichen Lebens in der Dichtung.[6] Er vergleicht sie mit Orpheus, der gemeinhin für die Natur steht, die durch die Dichtkunst spricht und singt. Für ihn stellt Daphne eine Veredlung der Natur dar. Als Apollo sie schließlich erreicht, liebt er sie noch immer, trotz ihrer rindigen Haut und ihrer belaubten Glieder, und er beschließt, ihre Lorbeerblätter als Symbol für eine große Leistung zu verwenden. Dieser kunstvolle, apollinische Schachzug, den Zweig jenes Baumes als ein Zeichen der Läuterung, der Feier nach dem Kampf, zu definieren, ist laut Brown die Schlüsselszene der Geschichte. Am Ende des Lebenskampfes mögen wir um Erkenntnis und Einsicht reicher sein, und vielleicht drückt ein Gedicht oder ein Brief oder ein Gemälde die stattgefundene Einweihung aus.

Brown vergleicht Daphne mit der Lobpreisung der Weisheit in der Bibel: »Wie eine Zeder, die ich im Libanon verherrlichte«, oder im Yoga, wo der Schüler senkrechte Positionen einnimmt, sich vorstellt, er sei ein Baum und so nach Transzendenz strebt. Paradoxerweise ist jene große spirituelle Weisheit gleichzeitig eine weitere Inkarnation ins Leben. Wir entdecken die Seele –

Daphne – im Wald, genauso wie der Künstler seine tiefsten Einsichten in seinen Materialien findet. Der Weg nach oben und der Weg nach unten sind ein und derselbe, schließt Brown mit einem Zitat von Heraklit. Wenn die Seele in das Leben eintaucht, kann die Erkenntnis auftauchen.

Brown favorisiert Apollo und macht aus Daphne eine spirituelle Gestalt. Und tatsächlich enthalten alle artemisischen Manifestationen einen hohen Grad an Spiritualität. Eigentlich fördert Daphne Apollos Werk – sie macht das Leben rein, vollkommen, bedeutungsvoll und poetisch –, indem sie ihn durch nicht verunreinigte Wälder führt und ihn anregt, Natur in Kunst zu verwandeln. In der griechischen Mythologie sind Apollo und Artemis Zwillinge. Die Geschichte enthält, laut Brown, zudem noch einen Hinweis auf eine Sublimierung im Freudschen Sinn: eine Verwandlung des sexuellen Triebes in einen künstlerischen. Apollos Lust wird eher symbolisch als körperlich befriedigt. Unser Verlangen nach unmittelbaren Erfahrungen wird möglicherweise unerwartet auf einer verfeinerten Ebene erfüllt. Wir bekommen vielleicht nicht den Mann oder die Frau, nach dem oder der wir uns sehnen, doch unsere Seele mag einen neuen Grad an Sensibilität erreichen.

Von einem anderen Standpunkt aus betrachtet kann Daphnes Widerstand auch als Flucht vor der Seele verstanden werden. Es ist gerade ihre reizende spirituelle Haltung, die die Turbulenzen einer Bindung unattraktiv erscheinen lassen kann. Manchmal schließen sich Menschen Selbsthilfegruppen an, um einen Weg aus ihren schwierigen, verworrenen Beziehungen zu finden, statt sich intensiver mit ihnen zu befassen. Ein jungfräulicher und daphneähnlicher Mensch läuft vor der Verpflichtung davon und bittet darum, davor bewahrt zu werden. Vielleicht sind wir in Daphnes Mythos gefangen: Wir bitten eine Vatergestalt, uns in einem regressiven Zustand festzuhalten, so daß wir eher einem Baum als einem Menschen ähneln; durch die Rinde sicher isoliert und frei von jener Welt, die unsere Schönheit und unser Potential erkennt, die uns begehrt und mit uns intim werden möchte, was nur natürlich ist.

Unser Widerstand gegen eine Bindung mag jenem Ort in uns entspringen, der ein übersichtliches und wohlgeordnetes, moralisch sauberes und unabhängiges Leben führen möchte. Unsere Gedanken mögen – wie Daphnes Zweige in ihrem Selbsterhaltungszustand – himmelwärts streben und unseren Wunsch anzeigen, den Wirren des Lebens zu entgehen. Indem Daphne sich in einen Baum verwandelt, der seine Zweige gen Himmel richtet, enthüllt sie die ihr eigene Spiritualität, die in Artemis' Fall in ihrer Größe offenbar wird. Daphnes Zweige sind von dem gleichen Geist beseelt, der Türme auf Kirchen setzt, obgleich diese eher gen Himmel deuten, als sich verzweigen – ein wichtiger Unterschied. Die Gestalt der Daphne ist eine besonders subtile Mischung aus Geist und Seele: Ihre sich verzweigenden Arme strecken sich der Reinheit und Transzendenz entgegen, während die Zweige und Blätter an die mannigfaltigen Perspektiven ihrer Seele erinnern, die ihren aufstrebenden Geist besänftigen und ablenken.

Daphne, die ihre Zweige dem wolkenlosen Himmel entgegenstreckt: Das Bild eines sanften Widerstandes gegen die Seele und ihre Bindungen, und doch auch eine wirksame Verteidigung gegen die labyrinthische Natur der Seele. Das Leben beraubt uns unserer Unschuld und unserer psychischen Jungfräulichkeit. Beziehungen und Bindungen halten jenen Geist nieder, der gern in spielerischer Jagd durch die Wälder dieser Welt streifen würde. Manche Menschen sagen, indem sie in Apollos Rolle schlüpfen, daß sie mehr Vergnügen an der Jagd nach einer Beziehung haben als an der Beziehung selbst, während andere, Daphnes Fußstapfen folgend, lieber zu flüchten scheinen.

Daphnes Geschichte zeigt auch, daß eine Beziehung mehr sein kann als die Bemühungen zweier Menschen, ihrer beider Leben miteinander zu verbinden. Auf einer viel tieferen Ebene mag es auch der ewige Kampf darum sein, nicht weniger als Himmel und Erde miteinander zu versöhnen – das aufwärtsstrebende Verlangen nach Einfachheit, Ordnung, Bedeutung und Freiheit und das abwärtsgerichtete Bedürfnis nach Vielfalt, Veränderung, Launenhaftigkeit, Verwurzelung und Bindung. Daphne mag Apollo entkommen, aber sie gibt ihr ungebundenes Leben auf, indem sie zu einem Geschöpf wird, das in der Erde verwurzelt und ihren Veränderungen unterworfen ist.

Es besteht kein Grund, in diesem Wettbewerb zwischen dem weltlichen Leben und der Selbsterhaltung Partei zu ergreifen. Dennoch nehmen wir immer nur jeweils einen Standpunkt ein. Aber genau in jenen Paradoxa und Widersprüchen, die auftauchen, wenn wir beide Dimensionen verständnisvoll betrachten, kommen die tiefsten Einsichten der Geschichte an die Oberfläche; gewinnt unser Thema die nötige Vielfalt. Das gleiche gilt für unsere engsten Beziehungen: Auch dort gibt es Spannung und Dialektik, ein Vor und Zurück zwischen wirklichem Leben und geistiger Arbeit daran, unsere Liebe zu leben und sie zu verstehen; zwischen dem Verlangen nach Intimität und dem Wunsch nach Einsamkeit; zwischen der Seele der Bindung und dem Geist der Freiheit.

Spiritualität und Loslösung

Es überrascht nicht, daß die spirituelle Literatur für gewöhnlich zu einem losgelösten Leben rät. Die christliche Mysterikerin Teresa von Avila beispielsweise sagte ihren Nonnen, die »auf alle weltlichen Dinge und Besitztümer« verzichtet hatten, um ein kontemplatives Leben zu führen: »Es besteht kein Zweifel daran, daß, wenn ein Mensch, der auf dieser Blöße und Losgelöstheit von allen weltlichen Dingen beharrt, sein Ziel erreichen wird«.[7] Vom spirituellen Standpunkt aus gesehen, ergibt dieser Geist der Freiheit einen Sinn. Es ist wichtig, klar Schiff zu machen und sich von alltäglichen, weltlichen Belangen loszulösen, wenn man das Reich des Geistes erkunden möchte. Die Welt kann einen leicht von diesem höheren Streben ablenken. Doch die Seele hat eine ähnliche Aufgabe. Sie ist verpflichtet, die Schätze zu entdecken und die Vor- und Nachteile des Lebens herauszufinden, indem sie sich bindet. Gerade so wie die Suche nach den höchsten und am meisten vergeistigten Bereichen des menschlichen Potentials eine spirituelle Schulung ist, wird die Seele gelehrt und genährt, indem sie den Wirrnissen des Lebens folgt.

Werden die notwendigen Schulungen vernachlässigt, ist es möglich, daß die Seele reagiert, indem sie schwierige Probleme präsentiert, die genau mit dem übereinstimmen, was ignoriert wurde. Wenn jemand beschließt, die spirituelle Hingabe dem normalen Geschlechtsleben vorzuziehen, besteht die Möglichkeit, daß er an nichts anderes als an Sex mehr denken kann und auf Ausdrucksweisen verfällt, die ungewöhnlich zwanghaft und manchmal reichlich verwirrt sind. Ich erinnere mich noch, wie ich einmal Exerzitien für Priester leitete. Ich sagte ihnen gleich zu Anfang, daß ich am dritten Tag gern zwei Stunden abzweigen würde, um über Sex zu sprechen. Darüber hinaus gab es noch andere Diskussionspunkte, zum Beispiel das Ritual und die Vertiefung der Vorstellung von der Priesterschaft, die für mich die zentralen Themen dieser Exerzitien darstellten. Doch zu meiner Überraschung kamen am ersten Tag während einer Pause mehrere Priester zu mir und baten darum, daß wir einen ganzen Tag lang über Sex diskutieren sollten oder vielleicht während der gesamten Exerzitien, da sie dieses Thema als gravierendes Problem betrachteten.

Als ich noch im Priesterseminar war, hatte ich Gelegenheit, festzustellen, was für seltsame Formen Sex im Leben eines Menschen annehmen kann, der sich aus spirituellen Gründen für ein sexloses Leben entschieden hat. Nicht in meiner Gemeinschaft, sondern in einem religiösen Orden, den ich einmal besuchte, sprach ich mit einem Mann, der kurz vor der Priesterweihe stand und sich unter den Nonnen eine Schar von Anhängerinnen herangezogen hatte. Er war ihr »Hirte«, und sie waren seine »Schafe«. Neben anderen Ergebenheitsbezeugungen mußten die Nonnen jeden Tag zu einer bestimmten Tageszeit an ihren »Hirten« denken, sich in die Richtung knien, in der sie ihn vermuteten, für ihn beten, ihn sich vorstellen und sich ihm vollkommen darbieten. Die offensichtliche, wenn auch spirituell verbrämte Sexualität dieses Übereinkommens verlieh dem Ritual einen seltsamen Beigeschmack.

Ich kannte auch einen Geistlichen, der sich einiges auf seine Fotosammlung von Autounfällen einbildete. Er hatte eine ganze Schachtel voller blutiger Szenen, Fotos, die er während seiner Zeit als Polizeikaplan gesammelt hatte. Er behandelte sie wie »schmutzige« Fotos und zeigte sie Freunden so, als handle es sich um pornographische Aufnahmen.

Im ersten Fall scheint es sich um eine szenische Darstellung des Daphne-Mythos zu handeln: eine Flucht vor dem Sex, ein Himmelwärtsstreben, ein unwiderstehlicher Apollo. Aber einen Mythos darzustellen, ist eine Methode, ihn zu umgehen, nicht, ihn zu erfüllen. Hierbei handelt es sich um eine Art Verteidigung.

Und normalerweise erkennt man in solchen Fällen, wie der Mythos verfälscht wird. Das subtile Wechselspiel zwischen dem Jungfräulichen und dem Apollinischen geht in dieser Darstellung verloren und wird von einer absurden, allzu wörtlichen Auslegung der Charaktere und Situationen ersetzt. Vor dem Sex geflohen, fanden sich diese Nonnen in einem tiefgestörten sexuellen Übereinkommen gefangen, das durch die strenge Struktur einer spirituellen Gemeinschaft vertuscht wurde. Im zweiten Fall führte die Flucht vor dem Sex zu einer grausamen, düsteren Faszination am menschlichen Körper.

Andererseits kann ein gutfundiertes, spirituelles Leben, einschließlich einer freiheitlichen Einstellung, äußerst seelenvoll sein. Daphnes Flucht kann einigen Sinn ergeben und sogar als Hinweis auf ein bewußtes Leben verstanden werden. Viele Menschen finden Erfüllung im Leben als Single, andere wiederum fühlen sich von einem Leben angezogen, das einer bestimmten Sache, einer sozialen Handlung oder einer spirituellen Vision gewidmet ist. Einige Berufe erfordern ein gewisses Maß an Freiheit, sei es, um zu reisen, aus Zeitgründen oder wegen der Einsamkeit, die die Arbeit zwangsläufig mit sich bringt.

Ich dachte oft an Daphnes Weisheit, während ich als Professor vor einem Dutzend frischgebackener Collegestudenten stand. Ich war von Apollo erfüllt, während ich versuchte, ihren Verstand zu schärfen und ihnen mein traditionelles Wissen zu vermitteln. Aber sie rutschten nur auf ihren Sitzen umher und versuchten auf jede erdenkliche Art und Weise, zu vermeiden, daß sie davon angerührt würden. Sie zogen ihre naiven, unverbildeten Denk- und Lebensweisen den gesellschaftlich geachteten Traditionen vor. Es liegt eindeutig einige Weisheit in diesem Rückzug von der intellektuellen Errungenschaft, etwas Selbsterhaltendes und Ehrliches. Bildung ist ein Feld, auf dem sich die Geschichte von Daphne und Apollo tagtäglich wiederholt.

Nähe und Distanz in der Beziehung

Wir können diese Zwillingsprinzipien von Bindung und Freiheit auf unsere Beziehung anwenden und dabei vielleicht entdecken, daß die Beziehung zu anderen Menschen sehr seelenvoll sein mag, wenn man mit der Spannung, die sich aus den beiden Neigungen ergeben, leben kann. Wenn wir den starken Wunsch verspüren, eine Familie zu gründen, mit einem anderen Menschen zu leben oder uns zu einer Gemeinschaft zu gesellen, aber – nachdem unsere Wünsche befriedigt wurden – feststellen müssen, daß es uns in die genau entgegengesetzte Richtung zieht, sollten wir uns daran erinnern, daß diese Komplexität typisch für die Seele ist. Wir müssen nach konkreten Möglichkeiten Ausschau halten, beide Seiten des Spektrums mit Leben zu erfüllen und uns an beidem zu erfreuen: an der Intimität und an der Einsamkeit.

Manchmal müssen wir uns fragen: Bin ich jemand, der heiraten sollte, oder brauche ich das Singledasein? Soll ich mir Arbeit in einer großen Firma suchen, oder soll ich mich selbständig machen? Soll ich mich einer Geistesschule anschließen oder soll ich intellektuell meinen eigenen Weg finden?

Am besten beantwortet man diese Fragen intellektuell und emotional. Aus der sich daraus ergebenen Spannung kann eine einmalige Lösung entstehen, eine Methode, gleichzeitig verbunden und getrennt zu sein. Genau so, wie es schwierig ist, die Geschichte von Daphne und Apollo zu lesen, ohne Stellung zu beziehen, so ist es im Leben nicht leicht, beide Anziehungskräfte, die der Intimität und die der Einsamkeit, zu billigen. Der Dichter Rainer Maria Rilke fand eine ausgezeichnete Lösung für Beziehungen: Jeder Mensch solle die Einsamkeit des anderen schützen. Er betont eindeutig die Einsamkeit; doch kann in einer Beziehung der eine genausogut die Fähigkeit des anderen zur Nähe schützen.

Im Alltagsleben gibt es immer wieder Gelegenheiten, sowohl das Getrennt- als auch das Zusammensein zu honorieren. Oft empfindet der eine Partner eines dieser Gefühle stärker als der andere. In seinem Essay über die Ehe beschreibt Jung den einen Partner als »Inhalt« und den anderen als »Gefäß«. Die beste Methode, sich um diese beiden Bedürfnisse zu kümmern, mag darin bestehen, festzustellen, wo sich die Angst verbirgt. In Seelenangelegenheiten ist es ratsam, niemals zu kompensieren oder zu fliehen. Statt dessen sollte man sich mit dem Problem auseinandersetzen. Ein Ehepartner, der sich nach Freiheit sehnt, der die Ehe als zu einschränkend und beengend empfindet, sollte am besten der Versuchung zu fliehen aus dem Weg gehen und statt dessen sein Bild von Ehe und Partnerschaft noch einmal überdenken. Seine Vorstellung von der Ehe ist wahrscheinlich zu beschränkt, und deshalb ist es für ihn schmerzhaft, sie zu leben.

Viele Menschen scheinen den Schmerz des Zusammenseins zu leben und die Freuden des Getrenntseins zu phantasieren. Oder sie leben allein und haben den Kopf voll verlockender Bilder von Intimitäten. Zwischen diesen beiden berechtigten Forderungen des Herzens hin und her zu springen, kann frustrierend sein. Es ist ein endloser Kampf, der keine Früchte trägt und niemals aufhört. Am Ende bleibt, wie in allen Seelenangelegenheiten, nur die polytheistische Antwort. Ehre beide Götter, Daphne und Apollo. Verfolge und fliehe. Sei wollüstig und keusch. Verbinde dich aus ganzem Herzen mit jemand anderem, aber suche ebenso leidenschaftlich deinen eigenen Weg. Es ist zu schade, daß es in unserer Sprache nicht mehr Wörter wie »bittersüß« gibt, ein Wort, das nicht nur die Oxymorone und Widersprüche der Sprache, sondern des Lebens selbst ausdrückt. Wir brauchen Hilfe, um uns jene Schwierigkeiten vorstellen zu können, die die Seele anlocken und einen Weg aus der Trennung und Dualität zeigen, die das Leben unruhig und unwirtlich machen.

Womit ich übrigens nicht auf ein Gleichgewicht zwischen Individualität und Gemeinschaft anspielen möchte. Gleichgewicht ist ein Ideal der Perfektionisten, das man im wirklichen Leben niemals antrifft. Deshalb ist es nicht gut, ein solches Bild im Kopf zu haben. Die Seele ist im Laufe der Zeit durch Fehler und Gegensätze zu ihrer Komplexität gelangt. Es mag seltene Augenblicke geben, die rasch vergehen, in denen die gewünschte Mischung in Reichweite zu sein scheint. Die meiste Zeit spüren wir den unerwünschten Zug nach der einen oder anderen Richtung. Und so sollte es meiner Meinung nach auch sein. Wir werden von unseren Gefühlen geleitet, durch den Schmerz, durch das Gefühl, uns zu irren. Es kommt einzig darauf an, in die geheimnisvolle Komplexität der polytheistischen Strukturen der Seele einzutreten und nicht an einen statischen Punkt vollkommenen Gleichgewichts zu gelangen.

Man sollte dem Ratschlag des Meisters der Renaissance, Marsilio Ficino, folgen, der lehrte, daß es wichtig ist, den eigenen »Dämon« zu finden, jenen »anderen«, der sich in uns und unserem Schicksal verbirgt und in sich die Saat unseres sich entwickelnden Wesens, unserer Einzigartigkeit, trägt. Widersprechen Sie jenem Dämon nicht, der Sie manchmal mittels Intuition und durch zarte Andeutungen davor warnt, eine bestimmte Richtung einzuschlagen, zu anderen Zeiten wieder wie ein Schutzengel ist, oder Sie nur gelegentlich führen mag. W. B. Yeats, der voller Leidenschaft über das dämonische Leben schrieb, betont den Kampf, der den Kontakt zwischen dem Menschen und seinem Dämon kennzeichnen kann: »Der Dämon gesellt sich nicht zu seinesgleichen, sondern sucht sein Gegenteil, denn Mensch und Dämon stillen den Hunger im Herz des anderen«.[8]

Für manche Menschen ist Daphne nicht nur eine Erscheinung, mit der man sich auseinandersetzen muß, sondern eine festumrissene Gestalt, die Lebensstil und Persönlichkeit beeinflußt. Ein Mensch, der willens ist und den es reizt, ein daphneartiges Leben zu führen, wird wahrscheinlich sowohl innerlich als auch äußerlich mit vielen Apollo-Gestalten zu kämpfen haben und entdecken, daß die Flucht eine Lebensweise sein kann. Für diesen Menschen kann der Kampf gegen Bindung und Zivilisation, die Bewältigung profunder und miteinander im Wettstreit liegender Forderungen an das Herz, ein einzigartiger Weg zur Seelenfülle sein. Eine Flucht vor der Welt, vor der Zivilisation oder der Ehe mag oberflächlich betrachtet wie ein Versagen erscheinen. Aber wenn wir den Mythos einfühlsam würdigen, begreifen wir vielleicht, daß Flucht und Kampf Manifestationen der leidenschaftlichen Reaktion einer Seele auf ihre ureigenste Natur und Bestimmung sind. Der gleiche Kampf mag sich abspielen, wen man sich bemüht, dem anderen nicht nur innig verbunden zu sein, sondern gleichzeitig die eigene Integrität und Individualität zu bewahren.

Für uns übrige kann eine starke Dosis Individualität das Beste sein, was wir zu einer Beziehung beisteuern können. Jene Nymphe in Ihrem Herzen, die beim ersten Anzeichen von Liebe, Sex und Bindung davonläuft, leistet Ihrer Seele, die nicht nur die Flucht, sondern auch die Umarmung braucht, möglicherweise einen großen Dienst. Genauso wichtig für die Seele ist jedoch auch der stolze Geist, der in die Beziehung einströmt, sobald Eros-Amor den ersten Pfeil abgeschossen hat. Ohne Apollos heftiges Verlangen mag es keine Intimität geben. Alles, was wir in einer Beziehung tun können, ist, unseren Gefühlen und Vorstellungen zu folgen. Ein abstraktes, umfassendes Verständnis ist nicht nur unmöglich, sondern auch nicht wünschenswert. In Herzensangelegenheiten wird uns keine andere Wahl bleiben, als zuzulassen, daß andere Kräfte und Faktoren jenseits unseres zweckbestimmten Selbsts die Streitfragen, Unvereinbarkeiten und Widersprüche lösen, während wir neue Liebe und Zuneigung erhoffen und ersehnen.

2 Das Mysterium der Intimität

Das Wort »intim« entstammt dem Lateinischen »intimus« und bedeutet »innerst«. Man könnte es auch mit »zuinnerst« oder »tief im Inneren« übersetzen. In unseren intimen Beziehungen sind unsere »innersten« Dimensionen mit denen der anderen verbunden.

Doch »im Inneren« zu sein bedeutet nicht zwangsläufig, daß man nach innen gekehrt, in sich selbst versunken, konfessionell, befangen oder narzißtisch ist. Menschen können bei einem Tennis- oder Kartenspiel, einem Gespräch, auf einer Reise, die sie gemeinsam unternehmen, bei einem hitzigen Streit oder während sie in einem Zimmer sitzen und jeder in Ruhe ein Buch liest, einander innig verbunden sein.

Das Innerste eines Menschen kann sich in seinem Alltagsleben offenbaren: Er braucht nur seine Gefühle zu zeigen, seine Gedanken auszusprechen und mit den tieferen Ebenen seiner Seele vertraut zu sein. Nur ein beherrschter, verschlossener Mensch hat Schwierigkeiten mit der Intimität, da er von seinem wahren Wesen getrennt ist. Deshalb hat sie auch keinen Platz in seinen Beziehungen. Ein Mensch, der sich nicht öffnen kann, schwebt hektisch in der Luft, da er nicht nur von seinem Inneren, sondern auch von der Seele der anderen getrennt ist.

Intimität beginnt zu Hause, bei sich selbst. Es ist nicht gut, sie zuerst bei Freunden, Geliebten oder in der Familie zu suchen. Man sollte bei der eigenen Entfremdung und Uneinigkeit beginnen. Womit ich nicht sagen will, daß sich jede psychologische Erfahrung im Inneren abspielt. Es ist offensichtlich, daß sich die Kräftespiele, Dramen und Wesenszüge der Seele in der Außenwelt zeigen. Deshalb ist eine Beziehung immer ein Tanz zwischen innen und außen, zwischen dem eigentlichen Menschen und der Seele.

Wenn wir der Beziehung zu unserer Seele nicht Rechnung tragen, kann es zu einer Verwirrung zwischen Innen und Außen kommen. Sich selbst ein Freund zu sein ist nicht bloß eine Metapher oder eine sentimentale Vorstellung, sondern die Grundlage einer jeden Beziehung, denn dies beinhaltet die grundsätzliche Anerkennung der Seele. Vielleicht spüren wir die Spannung in unserem Leben und glauben, es liege daran, daß wir Probleme in unserer Beziehung haben. Doch bei dieser scheinbar äußerlichen Spannung kann es sich auch um das Echo eines inneren Konflikts handeln.

Wir können beispielsweise glauben, wir seien einsam, weil wir keine Freunde haben. Doch in Wirklichkeit liegt es daran, daß wir keine Beziehung zu uns selbst haben und uns aus diesem Grund einsam vorkommen. Etwas wühlt immer die Seele auf; etwas, das Einfluß auf unsere Beziehung haben möchte. Da wir Amerikaner sehr nach außen orientierte Menschen sind, sind wir schnell mit der Vermutung bei der Hand, daß alles, was das Herz beunruhigt, seine Wurzeln in der Welt hat, besonders in einer intimen Beziehung. Doch vielleicht ist es umgekehrt: Eine akute Gefühlsstörung kann tief in den fernen Bereichen der Seele verwurzelt sein, von denen aus sie das Geschehen der Welt beeinflussen kann. Und bestimmte Menschen, Beziehungsformen und Ereignisse können langvertraute Verhaltensmuster wecken, die tief in der Seele eingepflanzt sind, so daß die Beziehung in gewissem Sinne zwar der Grund für die Störung ist, aber nicht ihre eigentliche Ursache.

»Mit sich selbst vertraut sein« ist eine seltsame Redensart. Sie unterstellt einen Unterschied zwischen dem »Ich« und dem »Selbst«. Doch wie Jung und die Psychologie der Archetypen recht überzeugend dargelegt haben, ist eine Beziehung um einiges komplizierter. Die Seele setzt sich aus einer Vielzahl von

Unterpersönlichkeiten zusammen. Jung nannte sie »die kleinen Leute« der Psyche; Komplexe, die über ein eigenes Bewußtsein und einen eigenen Willen verfügen. Wenn wir die Gestalten, die in Träumen auftauchen, als Verkörperung dieser Seelen-Personen nehmen, erkennen wir, daß auch sie sich an den Beziehungen erfreuen, die sie untereinander haben. Zum Beispiel hat die Mutter meiner Seele eine Beziehung zu den Kindern meiner Seele. Die Diebesgestalt bestiehlt mich und wird von der Polizei meiner Seele verfolgt.

Wenn mir nicht bewußt ist, daß ich mir diese Persönlichkeit ausgedacht habe – oder wenn ich glaube, daß das, was wir das Selbst nennen, alles ist, was ich habe –, wird sich mein Leben in eine Arena verwandeln, in der diese Beziehungen blind gelebt werden. Ich werde mir weder meines eigenen, reichen Innenlebens bewußt sein, noch desjenigen der Menschen, zu denen ich eine Beziehung habe. Was eine stark vereinfachte Sicht auf Beziehungen und ein narzißtisches Verhalten zur Folge haben kann, da die Aufmerksamkeit auf eine beschränkte Vorstellung des Selbst gerichtet bleibt, statt sich auf die Seele zu konzentrieren.

In einem Essay über die »Ehe als eine psychologische Beziehung« untersucht Jung diese Gedanken, einschließlich der Grenzen einer narzißtischen Annäherung an die Beziehung. Er bemerkt, daß eines der wesentlichsten Probleme einer Beziehung darin bestehe, daß die Menschen sich über die Rolle, die sie in dieser Beziehung spielen, nicht im klaren sind. Zwei Menschen, die in einer intimen Beziehung leben, können sich der Themen, die ihrem Zusammenleben Sinn und Spannung geben, vollkommen unbewußt sein. Menschen, deren Ehe Gefahr läuft, zu zerbrechen, äußern oft nur oberflächliche Bemerkungen über ihre Probleme. Manchmal – offenbar, um zu vermeiden, daß die Gefühle zu sehr aufgewühlt werden – formulieren Menschen Binsenwahrheiten neu, die wenig mit ihrer Situation zu tun haben, oder sie äußern ernsthaft Kommentare über ihre Beziehung, die so allgemein und verschwommen sind, daß sie weder Einsicht vermitteln noch eine Weiterentwicklung fördern.

Ein weiteres narzißtisches Problem, auf das Jung hinweist, ist der Hang jener Menschen, die in einer Beziehung leben, anzunehmen, daß das psychische Leben leicht sei. Der eine Mensch mag nicht erkennen können, wie kompliziert der andere ist, und deshalb glauben, er sei genauso durchschaubar, wie er sich darstellt. Jemand mag auf psychischem Gebiet naiv sein und annehmen, daß sein Partner genauso ist wie er selbst. Oder wie Jung sagt: »Man setzt in dem anderen eine psychische Struktur gleich der eigenen voraus«.[1] Im Gegensatz dazu wissen die Partner einer seelenvollen Beziehung, daß wir alle Individuen sind, mit unserem eigenem Reichtum, der sich im täglichen Leben nicht vollständig und deutlich offenbaren wird, und daß eine intime Beziehung eine mutige und aufrichtige Anerkennung der Unterschiede fordert.

Eine unbewußte Beziehung beginnt in unbewußten Individuen. Natürlich wird kein Mensch und keine Beziehung vollkommen vom Unbewußten frei sein. Sich selbst vollkommen bewußt zu sein – wäre ein solcher Zustand überhaupt möglich –, ist nicht einmal wünschenswert, da »unbewußt« ein negatives Wort für etwas ist, das man positiver als die Fülle oder die Pracht beschreiben könnte, die unter der Oberfläche des Bewußtseins verborgen liegt. Vieles, was innerhalb einer Beziehung vor sich geht, vieles, was für deren Freuden und Belohnungen verantwortlich ist, ist unbewußt. Dennoch können aus fehlerhaften Verbindungen zu dieser Fülle, die der Persönlichkeit und der Seele innewohnt, Konflikte und Schwierigkeiten entstehen.

»Bewußt zu werden« erfordert nicht zwangsläufig ein analytisches Verständnis dessen, was in einer Beziehung vor sich geht, sondern eher ein offenes, aufmerksames, nicht so pedantisches Verhalten gegenüber den Menschen im allgemeinen und den

Beziehungen im besonderen. Ein mit der Seele vertrauter Mensch weiß, daß sie äußerst kompliziert ist und nur selten mit den Normen und Erwartungen des rationalen Denkens konform geht. Ein psychisch bewußter Mensch weiß um die vielfältigen Wege der Seele und ist deshalb in der Lage, in den Gefühlen und Erfahrungen eines intimen Freundes, eines Familienmitgliedes oder des Partners zu lesen. Er weiß, daß nicht alles so ist, wie es scheint.

Dabei fällt mir ein Paar ein, das mich konsultierte, um mit mir über seine Ehe zu sprechen. Sie verkörperten die beiden Positionen – das psychische Bewußtsein auf der einen Seite und dessen Vermeidung auf der anderen. Sie litten an einer eher gewöhnlichen Krankheit. Neigte ich zum vielsilbigen Jargon, würde ich sie als eine »asymmetrische Revitalisierung« bezeichnen. Die Frau machte soeben eine bemerkenswerte Periode der Erneuerung durch. Sie war sich jetzt Möglichkeiten bewußt, an die sie früher nie gedacht hatte, während ihr Mann immer noch schlief und für ihn in Beruf und Ehe alles seinen mechanischen Gang ging. Ein verräterisches Zeichen für den Zustand seines Unbewußten war seine Angewohnheit, die Welt dafür verantwortlich zu machen, wenn ihm irgend etwas Negatives zustieß. Seine Frau, deren Mutter, sein Boß, die Stadt, in der sie lebten, sie alle waren schuld. Er sagte niemals etwas Wesentliches über seine Gedanken, Gefühle oder Erfahrungen. Von außen betrachtet, sah es so aus, als hätte er keine Beziehung zu seiner Seele.

Ein Zeichen von Seele ist die Reflexion, das Nachdenken. Die Seele muß nicht wissen, was im Leben vor sich geht. Sie braucht keine Deutungen, Erklärungen oder Schlußfolgerungen, aber Reflexion, Träumerei, Erwägung, Staunen und Sondierung. Die Frau dieses Mannes konnte nicht genau sagen, was im Augenblick in ihrem Leben geschah. Sie wußte nicht, wann oder weshalb es angefangen hat. Sie fragte sich jedoch, was das alles zu bedeuten hatte und wohin es führen würde. Ihr Mann wollte den Umbruch, den sie erlebte, ignorieren, genauso wie seine Reaktionen darauf.

Vielleicht schützte er sich davor, sich Problemen zu stellen, von denen er wußte, daß sie schmerzlich sein und den schlechten Zustand ihrer Ehe enthüllen würden. Probleme, die auf jeden Fall den Status quo bedrohten und vielleicht sogar Trennung oder Scheidung signalisierten. Aber er schien auch an der weitverbreiteten Krankheit der Gleichgültigkeit gegenüber dem Seelenleben zu leiden. Viele Menschen betrachten eine Beziehung im wesentlichen als eine einfache Form des Zusammenseins. Sie haben anscheinend noch nie darüber nachgedacht, daß sich eine ganze Welt voller Gedanken, Bilder und Erinnerungen unter der Oberfläche verbirgt, die oft heftig auf die einfachsten Interaktionen reagiert.

In diesem Fall entschloß sich die Frau nach einer Weile, ihren eigenen Weg zu gehen. Sie spürte, daß ihr Mann niemals ein wirklicher Partner sein, daß er niemals in der Lage sein würde, die intensiven Erfahrungen, die sie erlebte, zu würdigen oder zu einer lebendigen Persönlichkeit mit neuen Gedanken und Betrachtensweisen zu werden. Selbst die Trennung, auf der seine Frau schließlich beharrte, schien ihn nicht dazu zu bewegen, sein Leben mit offenen Augen zu betrachten.

Es ist sehr schwierig, eine seelenvolle Beziehung zu haben, wenn die Menschen, die daran beteiligt sind, sich nicht fragen, was mit ihnen geschieht – besonders in unruhigen Zeiten. Ich rede hier nicht endlosen Analysen und Selbstprüfungen das Wort, die eine Beziehung mit ihrem Drang nach übertriebenem Verständnis austrocknen können. Fragen und offene Gespräche sind durchaus fruchtbarer. Sie lassen den Menschen in der Nähe seiner eigenen Erfahrung, während sie gleichzeitig ein gewisses Maß an Phantasie anbieten, ein Element, das jede intime Beziehung dringend braucht.

Eine seelenvolle Beziehung bietet zwei schwierige Herausforderungen: Erstens, sich selbst zu erkennen – das uralte Orakel Apolls; und zweitens, die tiefe, oft subtile Fülle in der Seele des anderen zu erkennen. Wenn man der einen Seite Aufmerksamkeit schenkt, wird gewöhnlich auch der anderen geholfen. Während sie den anderen kennenlernen, werden Sie vieles über sich selbst herausfinden. Besonders bei Konflikten, sogar wenn man verzweifelt ist, offen für die Forderungen einer Beziehung zu bleiben, kann eine außergewöhnliche Gelegenheit zur Selbsterkenntnis sein. Es verschafft Ihnen die Möglichkeit, einen Blick auf Ihre eigene Seele zu werfen und Ihre Sehnsüchte und Ängste zu erkennen. Und je besser Sie sich kennenlernen, desto besser können Sie die Seelentiefe des anderen akzeptieren und verstehen.

Wenn ich mir beispielsweise bewußt wäre, daß ich gelegentlich in eine tiefe, trügerische Paranoia falle, könnte ich jene Augenblicke der Unvernunft bei meinem Partner und bei anderen besser hinnehmen. Kürzlich machte ich wieder so eine Erfahrung. Eines Morgens erhielt ich mit der Post einen Zeitschriftenartikel über eines meiner Bücher, in dem es in der Luft zerrissen wurde. Der Kritiker stimmte dem, was ich tat, in keinster Weise zu, er griff mich persönlich an und stellte meine Aufrichtigkeit und Glaubwürdigkeit in Frage. Ich wußte, daß der Angriff aus einer ideologischen Ecke kam, die der meinen entgegengesetzt war, dennoch schmerzten mich die Wut und der Haß, die sich darin zeigten.

Am selben Tag rief mich der Leiter einer Organisation an, um mir mitzuteilen, daß sie ihre Einladung zu einem Vortrag anläßlich ihre Jahrestreffens zurücknehmen würden. Sofort schossen mir paranoide Gedanken durch den Kopf: Haben sie die negative Kritik gelesen? Kommen die Leute jetzt aus dem Schatten und greifen mich an? Repräsentiert dieser Mann eine Gruppe innerhalb der Organisation, die jene bekämpft, die meinen Standpunkt schätzen? Später erfuhr ich, daß es sich nur um ein Terminproblem gehandelt hatte, das schon bald gelöst wurde. Da wurde mir die paranoide Natur meiner Gedanken klar und die Auswirkung, die eine starke emotionale Erfahrung hat.

Manchmal sind unsere paranoiden Phantasien natürlich auch begründet. Vielleicht weiß ich bis heute noch nicht alles, was damals hinter den Kulissen abgelaufen ist oder weshalb meine Einladung wirklich rückgängig gemacht wurde. Tatsache ist jedoch, daß an jenen Tag meine Phantasie durch die Kritik stärker beeinflußt war, als ich zugeben wollte. Und meine Seele, die noch unter der Wucht des Angriffs taumelte, war bereit, alles, was des Weges kam, mit paranoiden Blicken zu betrachten.

Ähnliches mag in unseren Beziehungen geschehen. Wir können immer noch von einer Sache beeinflußt sein, die in einem anderen Lebensabschnitt geschah, ohne zu ahnen, wie tief der Einfluß reicht. Und so betrachten wir bestimmte Interaktionen einer Beziehung aus einem Seelenzustand heraus, der derart beeinträchtigt wurde, daß er unsere Wahrnehmung färbt. Nur das Wissen um die Wege unserer Seele kann uns davor retten, daß wir uns nach solchen irrationalen Gedanken und Gefühlen richten.

Manchmal stellt die populäre Psychologie unmögliche Regeln auf und weckt unmögliche Erwartungen an eine Beziehung. Uns wird gesagt, wir sollen unsere Gefühle offen und ehrlich ausdrücken. Wir sollen mit unserem Partner sprechen. Man erwartet, daß wir gute Zuhörer, geduldig und mitfühlend sind. Uns wird die Illusion vermittelt, daß es möglich ist, sich selbst und andere zu verstehen. Doch diese Erwartungen scheinen mir die Seele zu ignorieren. Die Seele war immer schon kompliziert. Die meisten ihrer Gedanken und Gefühle können nicht verständlich ausgedrückt werden. Sie können Hiobs Geduld besitzen und dennoch

Ihren Partner nicht verstehen, weil sich die Seele von Natur aus nicht zum Verständnis oder zu einem klaren Ausdruck eignet.

Wenn wir in unseren Beziehungen seelenvoll sein möchten, müssen wir all jene Erwartungen aufgeben, die der Seele fremd sind. Vielleicht müssen wir in die Verwirrung anderer Seelen eindringen, ohne die Hoffnung, jemals Klarheit zu finden; ohne die Forderung, daß der andere seine Gefühle deutlich zeigen soll, und ohne jegliche Hoffnung, daß der betreffende Mensch eines Tages erwachsen oder besser sein oder sich verständlicher ausdrücken wird.

Einige Aspekte der Seele verändern sich im Laufe der Zeit nur sehr wenig; manche werden immer in einem dichten Gewirr aus Erinnerungen, Ängsten, Verwirrungen und Schwierigkeiten beheimatet sein. Eine seelenvolle Intimität erfordert, daß wir in dieses Gewirr, in dieses kunterbunte Kaleidoskop der Persönlichkeit, eintauchen, ohne unrealistische, psychologisch-moralische Erwartungen zu hegen, und daß wir die vorhandene Fülle würdigen. Vielleicht denken wir, es sei nur »recht und billig«, wenn ein Mensch sein Verhalten ändert und seine Seele nicht das ist, was sie ist. Aber dieses Denken entfernt uns vom Wesen des Menschen. Manchmal sieht es so aus, als würde in der Psychologie mehr moralisiert als in der Religion.

Es ist nicht einfach, unsere Seele einem anderen Menschen zu offenbaren, zu riskieren, verletzt zu werden, zu hoffen, daß der andere fähig ist, die Unvernunft in einem selbst zu tolerieren. Es kann auch Schwierigkeiten bereiten, empfänglich dafür zu sein, daß andere einem ihre Seele enthüllen, gleichgültig, wie offen man selbst ist. Doch diese wechselseitige Verletzlichkeit ist eines der größten Geschenke der Liebe: dem anderen genügend Raum zu lassen; Raum, in dem er seine Seele auf vernünftige und unvernünftige Weise leben und ausdrücken kann und es dann zu riskieren, die eigene Seele zu offenbaren, die ganze Seele mit all ihren Ungereimtheiten.

Die Vorstellung einer seelenvollen Beziehung ist weder sentimental noch ist es einfach, sie in die Praxis umzusetzen. Der Mut, der dazugehört, seine Seele zu öffnen oder eine andere Seele zu erfahren, ist größer als die Mühe, die wir uns machen, um jegliche Intimität zu vermeiden. Wenn die Seele sich ausdehnt, ähnelt das einer Geburt, bei der sich der Körper unter Schmerzen öffnet. Es ist derart schmerzhaft, daß wir oft versuchen, es zu verhindern, obwohl eine solche Öffnung letzten Endes viel Freude und Lohn mit sich bringt.

Womit ich auf einen besonderen Aspekt der allgemeinen Notwendigkeit hinweisen möchte, die große Palette der Seele an Launen, Phantasien, Gefühlen und Verhaltensweisen zu akzeptieren. Die meisten von uns haben sich ziemlich gut im Griff. Aber zuweilen kommt etwas Irrationales an die Oberfläche. Wir alle bergen Skelette in unseren Schränken und Ungeheuer in unseren Herzen. Man kann es als Grundsatz nehmen: Gerade jenem Menschen, der am heftigsten auf seine geistige Gesundheit und seine Moral pocht, fällt es wahrscheinlich schwer, geistig gesund und moralisch integer zu sein.

In einer seelenvollen Beziehung zu leben kann in einem gewissen Maß erschreckend sein, da eine solche Beziehung naturgemäß verlangt, daß wir unsere Seele mit alle ihren Fehlern und Torheiten zeigen. In seinem Buch *Lob der Torheit* schreibt der Humanist der Renaissance Erasmus von Rotterdam, daß die Menschen gerade wegen ihrer Torheit zu Freunden und Vertrauten werden: »... weil der größte Teil der Menschheit aus Toren besteht ... und Freundschaft, wie man weiß, nur selten zwischen Ungleichen geschlossen wird.« Wie uns unsere Träume offenbaren, ist die Seele nicht sehr hochmütig. Mögen wir der Welt auch ein hochmütiges Bild vor Augen führen, unsere Seele findet ihren Reichtum in ihrer Unvernunft. Vielleicht wirken deshalb große Künstler so verrückt oder exzentrisch, vielleicht handeln wir deshalb in Zeiten, in denen heftige Gefühle uns aufwühlen und schwierige Entscheidungen zu treffen sind, oft so dumm. Mehr als ein Mensch hat mir während der Therapie gestanden, daß er in Zeiten der Eifersucht am meisten Angst davor hatte, von seinem Partner zum Narren gemacht zu werden – für mich ein Zeichen, daß die Seele mit allen Mitteln versuchte, im Narrengewand in das Leben solcher Menschen zu treten.

Seltsam ist, daß gerade die intimsten Beziehungen so albern erscheinen können. Paare, die sich »wahnsinnig« lieben, sind »verrückt vor Liebe«. Die unberechenbarsten Verbindungen ergeben manchmal die besten Ehen. Ein Mensch, der bei der Arbeit durchaus ordentlich und logisch erscheint, mag zu Hause ein unglaublich unvernünftiges Verhalten an den Tag legen. Einige der Familien, die sehr fest zusammenhalten, verstecken ihre Kämpfe und Eifersüchteleien nicht. Kurz gesagt: Wenn eine Beziehung seelenvoll ist, wird die Unvernunft der Seele vor allen offenbar.

Nicht nur in einer Beziehung, auch im einzelnen Menschen ruft die Seele nach Liebe, nach der Anerkennung ihrer weniger vernünftigen Außenposten. Bei der Seelenfülle geht es nicht so sehr um Wissen und Bewußtsein, sondern um die Beziehung zu jener Liebe und jenem Haß, der sich in unserem Herzen verbirgt. Das »Un-bewußte« – das, was uns nicht bewußt ist –, stellt oft auch das »Un-geliebte« dar – das, was wir nicht akzeptieren. Man sollte eine Therapie nicht als »Bewußtwerdung« definieren, weil sich dies wie ein rein intellektueller Vorgang anhört. Aber der Zustand des Unbewußten ist auch ein Zustand des Getrenntseins. Wir müssen nicht nur mehr über uns selbst erfahren, wir müssen uns auch, auf eine unsentimentale Art, selbst mehr lieben. Wir müssen den seelischen Entwicklungen nahesein, die, obwohl tiefreichend, dennoch viel damit zu tun haben, wie wir im Leben handeln und empfinden.

Diese Seelenliebe, die manchmal als ein bloßes Dulden der

unvernünftigen Forderungen der Seele empfunden wird, ist das Fundament der zwischenmenschlichen Intimität. Wenn wir jenen unvernünftigen und extremen Aspekt akzeptieren, erwarten wir weniger Vollkommenheit von uns und anderen, eines der zerstörerischsten Elemente jeder Beziehung. Diese Form von Selbstliebe geht in eine tolerante Nächstenliebe über, die weiß, daß die Seele dazu neigt, sich durch seltsames und scheinbar negatives Verhalten in neue, positive Gefilde zu begeben. Ein wahrhaft seelenvoller Mensch mag überrascht, aber nicht vollkommen am Boden zerstört sein, wenn der von ihm geliebte Mensch sich in eine unerwartete Richtung entwickelt.

Unsere persönlichen Mythen über die Intimität

Jeder von uns hat klare Vorstellungen darüber, was Intimität ist. Wir wurden vielleicht von Geschichten und Überzeugungen beeinflußt, die jetzt unsere Beziehung beeinträchtigen. Wir können einige dieser Überzeugungen und Werte, Axiome und Gesetze untersuchen und dabei nach und nach unsere eigene Mythologie der Liebe entdecken. Wie funktionieren Beziehungen meiner Meinung nach? Was sind meine Vorbilder für Erfolg und Versagen? Wer sind meine Lehrer?

Die Quellen dieser persönlichen Mythologie können versteckt oder offensichtlich sein, und ihrer sind es wahrscheinlich Zahllose. Filme, Bücher, Magazine, Artikel, eine Predigt, ein bekanntes Lied, die Erfahrung eines Freundes, ein Schuljahr – all das kann zu einer weitreichenden und komplizierten Vorstellung über Liebe und Intimität beitragen, die teilweise für jenes Muster verantwortlich sein mag, das unsere Beziehung bekommt. Obwohl wir uns dieser Einflüsse vielleicht nicht bewußt sind, können sie eine starke Wirkung auf uns ausüben.

Ein Beispiel dafür sind jene Mythen, die mit unseren Eltern zu tun haben. Wenn Menschen über ihre Beziehungen sprechen, kommt die Rede häufig auf ihre Eltern. »Meine Mutter ist ein sehr emotionaler Mensch«, heißt es dann, »deshalb neige ich ebenfalls dazu.« Ein Gespräch über die Eltern verfällt oft in einen »Ursache-und-Wirkung«-Ton. Aber von einer anderen, verborgeneren Perspektive aus betrachtet, mag das Bild, das wir von unseren Eltern haben, wichtiger sein als jeder sichtbare, direkte Einfluß. Bei den Eltern in unserer Vorstellung handelt es sich um elterliche Gestalten, die auf der Seelenebene Liebe schenken, Anleitung geben und Verbote erteilen – all das, was auch wirkliche Eltern tun. Die Geschichten über unsere Eltern sind nicht nur Erinnerungen, sondern es sind auch Geschichten, die etwas über die Mythen aussagen, nach denen wir leben; Geschichten, die für unsere Gefühle verantwortlich sind.

Indem wir darüber nachdenken, wie unsere Eltern einander lieben, können wir Einsicht in unseren gegenwärtigen Liebesmythos bekommen. Sich die eigenen Eltern vorzustellen, ist, als würde man über Adam und Eva nachdenken. Denn unsere Eltern sind in gewissem Maße überlebensgroße Gestalten – im guten wie im schlechten –, die in der Vorstellung weniger als Erinnerungen, sondern mehr als Mythen existieren. Über unsere Eltern und die Art und Weise, wie sie einander lieben, nachzudenken, dient deshalb als Einstieg in unseren eigenen Liebesmythos.

Einmal beklagte sich ein Mann bei mir darüber, es bereite ihm Schwierigkeiten, eine befriedigende, länger andauernde Beziehung aufrechtzuerhalten. Er erklärte es damit, daß sein Vater ein emotional distanzierter Mensch gewesen sei. Ich hatte das Gefühl – ich spürte die Kälte des Mannes sehr deutlich –, daß diese Geschichte es ihm erlaubte, emotional kühl zu sein. Sie war eine Entschuldigung, keine verständnisvolle Einsicht in seine Gefühle. Während ich mit ihm sprach, versuchte ich, mehr aus ihm herauszulocken, etwas über die komplizierteren Gefühle zu erfahren, die er seinem Vater gegenüber hegte. Er war wütend auf seinen Vater, weil dieser ihm als Kind nicht genug Liebe geschenkt hat. Und solange er diese Wut gegen seinen Vater richtete, war er zu wütend, um sich selbst zu lieben. Als ich ihm sagte, daß ich ihn für einen emotional kalten Menschen hielte, loderte seine Wut augenblicklich auf, heiß und aggressiv. Während der darauffolgenden Wochen versuchten wir in unseren Gesprächen, beide Eigenschaften im Auge zu behalten, das Heiße und das Kalte, so daß sie sich allmählich annäherten. Mit der Zeit gelang es ihm, durch die Hitze seiner Wut die frühere Kälte zu mäßigen.

Eine weitere Quelle des persönlichen Liebesmythos ist die Lebensphilosophie. Diese Philosophie muß weder schrecklich kompliziert noch unpersönlich und kann größtenteils unbewußt sein. Trotzdem ist es sinnvoll, darüber nachzudenken, wie wir die Dinge sehen; über die Art und Weise, wie wir unsere Erfahrungen ordnen, und über das Fundament unserer Wertehierarchie. Wir alle sind Philosophen, wenn auch nicht im professionellen Sinne. Wir sind Philosophen, wenn wir uns vorstellen, wie die Dinge sind, wenn wir darüber nachdenken, wie wir uns verhalten sollen, oder darüber, weshalb die Dinge so sind, wie sie sind.

Wenn ich mit einem Menschen zusammensitze, der über eine Beziehung sehr verzweifelt ist, höre ich von ihm oft philosophische Erklärungen. »Liebe ist immer zum Versagen verurteilt«, sagte mir einmal jemand. »Männer und Frauen sind nicht zum Zusammensein geschaffen«, sagte mir ein junger Mann, »deshalb sollte man von einer Beziehung nicht viel erwarten.« – »Liebe ist nur etwas für junge Menschen«, erklärte mir ein Mann unter vielen Seufzern.

Diese Aussagen einer persönlichen, bodenständigen Philosophie haben bemerkenswerte Auswirkungen auf die Beziehungen des Menschen. Unsere Vorstellungen vom Leben formen zwangsläufig dessen Struktur, und weil sie meistens zu einfach sind, ist es klug, darüber nachzudenken. In den soeben zitierten Behauptungen spürt man Pessimismus, Paranoia und Depression. Doch all diese Gefühle wurden auf einfache Lebensregeln reduziert. Gerade so wie sich in der professionellen und akademischen Philosophie ein Großteil Mythologie versteckt, so verbergen sich viele Geschichten und Erfahrungen, mit komplizierten Gefühlen beladen, in diesen scheinbar simplen Lebensgrundsätzen.

Derartige Äußerungen verraten auch Angst. Sie klingen wie ein Bollwerk gegen die Liebe. Die erste Behauptung verrät die Angst vor dem Versagen: Doch eine Liebe ohne die Möglichkeit, sie zu verlieren, ist freilich unmöglich. Die zweite verrät die Furcht vor der Selbstoffenbarung, die Angst davor, verletzt zu werden. Aber wie kann es Liebe ohne eine Öffnung des Herzens und beträchtliche emotionale Risiken geben? Die dritte verrät die Angst vor der sterblichen Liebe – das Wissen darum, daß, obgleich die Liebe selbst unsterblich ist, die Menschen mit der unvermeidlichen Trennung durch den Tod konfrontiert werden. Letzteres ist kein der Liebe fremdes Element; Liebe birgt stets einen Hauch von Tod in sich. Er spielt bei unseren Lieben eine wichtigere Rolle, als wir uns vorstellen können.

Unsere einfache Philosophie kann sich in anspruchsvolles Nachdenken verwandeln, wenn wir die Vielfalt der Seele würdigen und besonders darauf achten, welche starken Gefühle, welche ungeschliffenen, unreflektierten Gedanken und Phantasien sich in unseren Vorstellungen verbergen. Wir können uns dabei ertappen, wenn wir derart simple Urteile von uns geben. Dann ist es an der Zeit, intensiver darüber nachzudenken, die Angelegenheit noch ein wenig weiter zu verfolgen, und eher nachdenklich als in Form eines Edikts oder Axioms darüber zu sprechen.

Eines der wichtigsten Prinzipien der Seelenarbeit ist, bei allen Problemen den unendlichen Reichtum der Phantasie mit zu berücksichtigen. Behauptungen, wie die zitierten, schieben der Phantasie einen Riegel vor. Sie sollen jenen Schmerz verhindern, den eine befreite Phantasie mit sich bringt. Denn die

Phantasie ist nicht nur kreativ, sondern auch eine Bilderstürmerin. Sie macht unsere einfachen Ideologien, unsere Selbstschutzprinzipien und unsere ängstliche Starrheit zunichte. Sie eröffnet uns ein Leben im Überfluß und ist deshalb nicht nur befreiend, sondern auch erschreckend und herausfordernd.

Eine andere Quelle des persönlichen Liebesmythos sind die gemachten Erfahrungen. Auf kultureller Ebene ist die Vergangenheit oft die Basis eines Mythos: Kolumbus segelte in die Neue Welt, und seine Abenteuer nahmen rasch mythische Ausmaße an. Auch auf persönlicher Ebene werden Erfahrungen schnell zu lebendigen Mythen. Erfahrungen verwandeln sich in Überzeugungen. Weil ich bis jetzt diese Erfahrungen gemacht habe, will ich glauben, daß eine erfolgreiche Beziehung einfach unmöglich ist. Vielleicht denke ich, daß man keiner Frau trauen kann oder daß alle Männer nur darauf aus sind, Frauen zu beherrschen. Die Erfahrungen, die ich in meinem Elternhaus gemacht habe, könnten mich zu der Überzeugung gebracht haben, daß Familienbeziehungen entweder immer schmerzlich oder stets glücklich sind. Durch diesen Prozeß verwandelt sich persönliche Geschichte in Philosophie. Und obgleich sie auf Tatsachen beruht, wird die Erinnerung zur Phantasie, zur einflußreichen Phantasie, und letzten Endes zu jenem Mythos, auf dessen Basis wir Entscheidungen treffen und unser Leben führen. Dann wird es uns vielleicht mißfallen, wenn ein Freund oder Verwandter eine andere Version einer gemeinsamen Erfahrung vertritt. Denn dadurch wird unser Mythos in Frage gestellt, und uns wird gezeigt, daß er nur einer unter vielen möglichen Mythen ist. Und allein diese Vorstellung kann bereits bedrohlich wirken.

Aus diesem Grund ist es sinnvoll, einen Freund oder Berater zu haben, der zuhören und uns auf jene Angst und die Unnachgiebigkeit hinweisen kann, die vielleicht für die großen Entscheidungen, die wir in unserem Leben und in unseren Beziehungen treffen, typisch sind. Einen Menschen, der uns andere Perspektiven oder einfach nur Gelegenheit zu einem Gespräch bietet, in dem unsere abwehrenden Überzeugungen hinterfragt und möglicherweise gelockert werden können. Ein Großteil der Seelenarbeit besteht darin, diese Überzeugungen zu überwinden, damit das Leben weitergehen kann. Wir mögen uns in unsere Deutungen und Programme verbissen haben, so, als wüßten wir am besten, was zu tun ist. Aber diese Seel-Sorge ist eher ein Prozeß des Zuhörens und Befolgens, nicht wahllos und unverantwortlich, sondern aufgrund einer innigen Vertrautheit mit den tiefen Wurzeln unserer Gedanken und Gefühle. Sie erkennt an, daß wir alle alte Geschichten, leitende Stimmen, rohe Gefühle und ein unergründliches Wesen haben. All das macht unser Leben letztlich unerklärlich und bereichert uns über alle Vorstellungskraft hinaus.

Eine Auge für die Zeichen der Seele

Jeder Mensch ist unter dem Mikroskop unendlich viel größer, als er dem bloßen Auge erscheint. Also müssen wir, um ein Gefühl dafür zu bekommen, wer wir sind und wer unser Partner ist, einen Standpunkt einnehmen, einen Blick haben, der alles durchdringt, der, wie beim Radar, Bilder sichtbar macht, die anderenfalls unbemerkt bleiben würden. Wir brauchen ein Auge, das jene unsichtbare Welt erkennen kann, die die sichtbare beeinflußt – die Phantasien, die in der Vergangenheit eingeschlossen, Werte, die in den Lagerhäusern der Familientradition verborgen sind, Vorstellungen über die Art und Weise, wie alles funktioniert, und jene Weltsicht, die der uns umgebenden Kultur entspringt.

Falls wir zu dieser unsichtbaren Welt keine gute Beziehung unterhalten, sind wir der Uneinigkeit mit uns selbst und der Selbstentfremdung ausgeliefert – zwei Krankheiten des modernen Lebens. Wir sollten uns diese Entfremdung nicht nur als einen Bruch des Selbst vorstellen, sondern als Unstimmigkeit zwischen jenen Elementen unseres Wesens, die wir leben und gut kennen, und jenen, die uns fremd blieben.

Oft sind Menschen, die ein enges Verhältnis zueinander haben – Ehepartner, Mitglieder einer Familie oder gute Freunde –, wie vor den Kopf geschlagen, wenn sie eines Tages etwas Wesentliches über den anderen herausfinden. Eine Frau sagte: »Mir wurde erst klar, wie wütend mein Mann war, als er mit der Faust ein Loch in die Wohnzimmerwand schlug.« Mehrere Männer und Frauen sagten mir, die Scheidung sei für sie wie aus heiterem Himmel gekommen, und wie schockiert sie darüber waren. Ein Mann machte sich gerade fertig, um seine Frau zum Essen auszuführen, als er sah, wie sie mit einem Koffer das Schlafzimmer verließ und die Treppe hinunterging. Er sagte, er hätte nicht die leiseste Ahnung gehabt, daß sie beabsichtigte, sich von ihm zu trennen.

Woran liegt es, daß ein Paar, das zwanzig oder dreißig Jahre zusammenlebte, einander so sehr überraschen kann? Die Standardantwort darauf lautet: »Kommunikationsmangel.« Aber das Problem muß tiefere Ursachen haben. Ein Partner will seine Gedanken und Gefühle vielleicht nicht offen äußern, ein anderer ist blind gegenüber jedem Signal, das sein Partner aussendet. Manche Menschen leben, als gäbe es kein Innenleben; als wäre alles, außer den äußerlichen Veränderungen, unbedeutend. Der bestürzte Mann, der mir sagte, er habe keine Ahnung davon gehabt, daß seine Frau sich von ihm scheiden lassen wolle, teilte mir umgehend mit, daß sie seit fünf Jahren nicht mehr miteinander geschlafen hätten, weil sie wütend aufeinander gewesen sind.

Das Problem in solchen Beziehungen ist nicht nur der Mangel an Kommunikation, sondern das Gefühl, daß jegliche Erfahrung bedeutungslos ist. Im modernen Leben scheint eine weitverbreitete Tendenz zu herrschen, Ereignisse so zu betrachten, als hätten sie nichts mit einem selbst zu tun; als habe man ähnlich Camus' *Der Fremde*, dessen distanzierte Passivität einer völligen Gleichstellung der Werte entsprang, einen Schleier vor den Augen. Nichts schockiert, es gibt keine Probleme, die Dinge geschehen einfach, es gibt nichts zu tun, zu sagen oder zu denken. Dennoch rufen gewisse Fakten, wie beispielsweise fünf Jahre ohne Sex in einer Ehe, die von außen und von innen betrachtet ruhig erscheint, förmlich zum Nachdenken auf.

Intimität bedeutet, im »innersten« Kern der Beziehung zu leben, auf und unter die Oberfläche zu schauen. Ohne distanziert-analytisch zu sein, können wir mit der Zeit lernen, einen Blick ins Innere des anderen zu werfen, zwischen den Zeilen dessen zu lesen, was dieser Mensch sagt und was er tut. Intimität erfordert einigen Scharfsinn in bezug auf sich selbst und andere. Ein Mensch, der nach Jahren noch immer nicht weiß, was in seinem Partner vor sich geht, hat wahrscheinlich nur wenig Ahnung von dem, was sich in seinem eigenen Leben, hinter seinen Gefühlen, verbirgt. Während ein Mensch, der im Einklang mit den Mysterien seiner Seele ist, wissen wird, wie er auf die Seele seines Partners reagieren muß.

Jung glaubte, daß niemand von uns wirklich wissen will, wer er ist. In einem Brief aus dem Jahre 1951 schreibt er einem Mann, der offensichtlich versucht, seine Frau zu verstehen und dabei auf beachtlichen Widerstand stößt: »Schließlich wollen die Menschen nicht wissen, welche Geheimnisse in ihren Seelen schlummern. Wenn Sie zu sehr darum kämpfen, in einen anderen Menschen einzudringen, werden Sie feststellen, daß Sie ihn in eine Verteidigungsposition gedrängt haben.«[2]

Wie sich im Mythos von Apollo und Daphne zeigt, kann der Widerstand dagegen, einen anderen Mensch in sich eindringen zu lassen, archetypisch sein; das heißt, daß der Widerstand vielleicht eine notwendige und wertvolle Rolle spielt und nicht persönlich und abwehrend sein muß. Sowohl dem Streben nach Wissen als auch dem Widerstand dagegen muß Platz eingeräumt werden. Nach all den Jahren, in denen ich als Therapeut arbeite, bin ich zu dem Schluß gekommen, daß in einem Menschen, der eine Therapie beginnt, etwas existiert, daß sich aufrichtig nach Selbsterkenntnis sehnt. Doch gibt es in ihm auch noch etwas anderes, manchmal noch viel Stärkeres, das diesen Prozeß gerne vereiteln möchte. Etwas arbeitet gegen die Therapie, und dieses Etwas ist derart in positive Vorsätze verwickelt, daß man es nur schwer entdecken kann. Es verrichtet seine Sabotagearbeit in aller Stille.

Falls wir aus eigener Kraft versuchen, ein gewisses Maß an Selbsterkenntnis zu erlangen, lohnt sich die Mühe, einen Blick auf jene Vorsätze zu werfen, die sich unserer Arbeit widersetzen. Im Jungianischen Vokabular ausgedrückt, könnten wir von einem Schatten der Seelenarbeit sprechen – jener Seite des Menschen, die sich, aus den ihr eigenen, guten Gründen, gegen Bewußtsein und Wissen stemmt. Wenn wir diesen sich widersetzenden Willen in unserem Inneren nicht kennen, können wir jahrelang ohne großen Erfolg Seelenarbeit leisten, während der Schatten wirksam und still im Hintergrund arbeitet und alles zunichte macht, was wir geleistet zu haben meinen. Selbst in unserer Seelenarbeit müssen wir ein wachsames Auge auf die Phantasien haben, die wir leben, und auf die Beweggründe hinter den Vorsätzen, die wir äußern.

Es ist nur allzuleicht, sich der Seelenarbeit von einem seelenlosen Standpunkt aus zu nähern. Manche Menschen beispielsweise scheinen verzweifelt nach einer Erklärung für ihr Leben zu suchen, und es gibt immer ein Buch oder einen Menschen, der sie mit einem weiteren Schlüsselsatz, einer neuen Schlüsselidee oder -theorie versorgt, die erklärt, weshalb sie so sehr leiden. Diese Suche nach Gründen kann aber auch ein Schutz gegen eine Bewußtseinsänderung sein. Im offensichtlichen Fall wird der

Mensch eine überzeugende Erklärung für sein Verhalten finden, und dann einen vergleichbar überzeugenden Grund dafür entdecken, weshalb diese Erklärung nicht zutrifft. Ähnlich beliebt ist es, bei einer wunderbaren Theorie zu landen, die auf elegante Weise erklärt, warum man so ist, wie man ist, um dann nicht mehr weiter darüber nachzudenken. Manche Menschen führen ganze Schemata ihrer Komplexe, vom Ur-Schrei über Mißbrauch bis zu den Jungschen Archetypen als Erklärung für ihr Verhalten an. Aber diese genormten Konfektionsinterpretationen sind bei einer seelenvollen Selbstanalyse eher hinderlich als förderlich.

Ich kenne eine Frau, die ständig neue Erklärungen für ihr Verhalten hat. Sie ist brillant darin, intellektuelle Erklärungen für die Konflikte in ihrem Leben zu produzieren, hält jedoch niemals inne, um einen dieser Gedanken tiefer in sich einsinken zu lassen und zu wahrem Bewußtsein, wahrer Einsicht, zu gelangen. Jeder der Gründe, die sie anführt, existiert um seiner selbst willen und nicht als Mittel, um zu weiterem, persönlich relevantem Wissen zu gelangen. Und letzten Endes sind all diese Erklärungen nur Hindernisse auf dem Weg zur Selbsterkenntnis. Sie mögen wie Selbsterkenntnis aussehen, und ein solcher Mensch wird so wirken, als arbeite er fleißig daran, sich selbst zu erkennen. Aber am Ende bilden all diese Bemühungen nur eine Abwehr anderer Art. Freud sagte, die Zurschaustellung einer Sache sei oft ein Zeichen ihres Mangels. Unsere offen und lauthals verfochtenen Selbstinterpretationen mögen auf einen erfolgreichen Verteidigungszug gegen eine seelenvolle Selbstprüfung hinweisen.

Eine weitere interessante Form jener Abwehr besteht darin, Psychologiebücher zu lesen. Die Leser dieses Buches mögen sich hüten! Für einige Menschen besteht die Seelenarbeit darin, eine Reihe von Psychologiebüchern zu lesen, von denen jedes ein anderes Bild davon vermittelt, wie das Leben funktioniert und was mit dem Leser nicht stimmt. Jemand sollte ein Buch über die

Psychologie der Psychologiebücher schreiben. Das unkritische Lesen dieser Bücher ist eine moderne psychische Störung. Ich schlage meinen Klienten oft vor, sie sollten ein Jahr lang kein Buch mehr in die Hand nehmen. Lesen kann stark von der Sorge um die Seele ablenken, denn durch das Lesen wird die persönliche Reflexion durch die Ideen eines anderen ersetzt. Es wäre besser, wenn jeder Mensch sein eigenes, psychologisches Lexikon besäße. Das wäre um einiges wirksamer, als sich Schlüsselsätze aus einem endlosen Strom von Selbsthilfe-Handbüchern auszusuchen.

Um mit sich und anderen vertraut zu werden, brauchen Sie keine neue Information zu suchen oder sich neue Wörter für Ihren Zustand oder Ihre Persönlichkeit auszuleihen. Noch ist es nötig, diese Wörter und Ideen auf Ihre Erfahrungen anzuwenden. Neue Ideen über Psychologie führen häufig zu Selbstverbesserungsprogrammen. Doch diese Programme arbeiten gegen die Seele. Denn die Selbstverbesserung verfolgt egoistische und bewußte Absichten, während gerade die Idee der Seele viel von dem umfaßt, was unbekannt ist. Um seelenvoll zu sein, müssen wir das Unbekannte zulassen. Die beste Form von Seelenarbeit, die ich kenne, ist, sich in der Kennenlernphase viel Zeit zu nehmen. Das Leben wird der Reflexion folgen, wenn sie tief und geduldig genug ist, um die zentralen Probleme der Seele zu berühren. Wir können darauf vertrauen, daß ein wirklicher Wechsel in der Vorstellung eine Veränderung im Leben zur Folge hat.

Ein weiteres Problem der Selbstverbesserung besteht darin, daß sei andeutet, mit uns würde etwas nicht stimmen. Alle Menschen möchten jemand anderes sein. Aber sich selbst kennenzulernen und zu lieben, heißt, sich so zu akzeptieren, wie man ist, mit allen Unzulänglichkeiten, mit aller Unvernunft. Nur wenn wir die ganze Seele lieben, können wir uns selbst lieben. Was nicht heißen soll, daß wir nicht darauf hoffen können, ein erfüllteres Leben zu leben oder ein besserer Mensch zu werden. Aber es gibt einen Unterschied zwischen Selbstverbesserung und Seelenentfaltung. Bei letzteren legen wir kein perfektionistisches Verhalten an den Tag, sondern nähern uns jenen Dingen, die wir als unvollkommen empfinden, und wir sehen in ihnen die Lücken, durch die die innere Kraft der Seele ins Leben tritt.

Jene Akzeptanz, die nichts mit passiver Resignation zu tun hat, erkennt an, daß die Kraft der Seele auf geheimnisvolle Weise funktioniert. Ich erinnere mich noch, wie ein Freund mir während eines für mich stürmischen und aufwühlenden Jahres ein Buch gab, das genau zur rechten Zeit kam. Es enthielt Paul Tillichs Predigt: »Du bist angenommen.« Damals verstand ich noch nicht, daß sich meine Gefühle, Werte, meine Lebensrichtung veränderte. Alles schien in der Schwebe zu sein. Tillich bot mir den Trost, mich selbst bedingungslos zu akzeptieren. Heute verstehe ich darunter das Akzeptieren meines eigenen Geheimnisses. Ich erkenne an, daß in mir Dinge passieren, die ich vielleicht nie verstehen werde. Ich handele vielleicht auf eine bestimmte Art, die andere stört – aber nicht aufgrund eines Charakterfehlers, sondern weil meine Seele versucht, gegen meinen Widerstand und meine Ignoranz in mein Leben zu treten.

Tillich spricht in seiner bewegenden Predigt über die Uneinigkeit, das Getrenntsein innerhalb des Individuums, und die Auswirkung, die jene Trennung auf die Beziehungen hat: »Aber die Tiefe unserer Entfremdung ist gerade darin begründet, daß wir nicht zu einer großen, barmherzigen, göttlichen Liebe zu uns selbst imstande sind«, schreibt er. »… wir sind getrennt von dem Mysterium, von der Tiefe und von der Größe unserer Existenz.« Seine Lösung heißt nicht Wissen, sondern Liebe: »(Die Gnade) trifft uns, wenn Jahr für Jahr die Vollendung unseres Lebens, nach der wir uns sehnen, ausbleibt, wenn die alten Mächte in uns herrschen, wenn die Verzweiflung alle Freude und allen Mut zerstört. Zuweilen bricht in einem solchen Augenblick eine

Welle von Licht in unsere Finsternis ein, und es ist, als ob eine Stimme sagte: ›Du bist dennoch bejaht!‹«[3]

Es ist für die Seele typisch, daß die Lösung eines ernsthaften Problems die Form eines Paradoxons annimmt. Wir werfen einen Blick auf uns selbst, und uns gefällt nicht, was wir sehen. Wir träumen von einem besseren Leben, einer empfindsameren oder stärkeren Persönlichkeit, innigeren Beziehungen. Wir versuchen, uns zu ändern und jemand anderer, besserer, zu werden. Aber die Jahre vergehen, und das alte, unvollkommene Selbst bleibt bestehen. Eines Tages lernen wir vielleicht Tillichs wichtige Lektion, uns selbst mit »barmherziger, göttlicher Liebe« anzunehmen. Und plötzlich sieht alles ganz anders aus. Ich bin derselbe Mensch, der ich immer war, und doch ein anderer. Die Welt hat sich nicht verändert, und dennoch kommt sie mir anders vor. Die Wahrheit ist nicht leicht zu begreifen; die Wahrheit, daß die eigentliche Veränderung in unserer Vorstellung vor sich gegangen ist. Das Wissen darum hilft uns, eine gute, intime Beziehung zu unserer Seele und den Seelen der anderen zu entwickeln.

Vermischte Seelen

Dem Vogel ein Nest, der Spinne ein Netz,
den Menschen Freundschaft.

William Blake

3 Die Magie und Alchimie der Ehe

Die Ehe ist nicht nur Ausdruck der Liebe zwischen zwei Menschen, sondern auch die dunkle Beschwörung eines der größten Geheimnisse des Lebens – des Zusammenwebens unterschiedlicher Seelenfäden. Da die Ehe Bereiche berührt, die mit Gefühlen befrachtet und mit absoluter Bedeutung verbunden sind, steckt sie voller paradoxer Gefühle, weitschweifender Phantasien, großer Verzweiflung, seliger Epiphanien und unerbittlicher Kämpfe – alles Anzeichen für eine aktive Gegenwart der Seele.

Viele Menschen heiraten, weil sie hoffen, in der Ehe endlich Glück und Gnade zu finden. Einige finden einen Topf voller Gold, andere nur Enttäuschung und Schmerz. Selbst »erfolgreiche« Ehen, die viele Arten der Erfüllung bieten, können manchmal anstrengend sein und am Rande der Enttäuschung entlanggleiten. Doch am beunruhigendsten ist, daß manche Menschen sich verlieben und eine Familie gründen, um sich dann gegenseitig zu verletzen.

Inmitten dieser Widersprüche ist es einfach, zynisch über die Ehe zu sprechen oder einen weiteren Plan darüber aus der Schublade zu ziehen, wie man eine Ehe zum »Funktionieren« bringt. Schwieriger ist es jedoch, die Ehe so zu sehen, wie wir sie wirklich erleben, und von ihren lebhaften Phantasien, ihren verborgenen Gefühlen und ihrem Platz im Seelenleben Notiz zu nehmen; nicht nach Vollkommenheit Ausschau zu halten, sondern sich zu fragen, weshalb die Seele uns in eine derart problematische Beziehungsform gelockt hat.

Die Diskrepanz zwischen unseren Absichten und Erwartungen bezüglich der Ehe einerseits, und der Wirklichkeit, in der sie sich darstellt, andererseits, zeigt an, wie weit die Ehe von Bewußtsein und Einsicht entfernt sein kann. Die Ehe hat weniger mit bewußter Absicht und bewußtem Willen, als mit den tieferen Schichten der Seele zu tun. Um Einsicht in die Ehe und ihre Probleme zu bekommen, müssen wir tiefer graben; tiefer gehen als in jenen vertrauten therapeutischen Untersuchungen der elterlichen Einflüsse, Kindheitsträumen und der Illusionen romantischer Liebe. Die Seele reicht stets tiefer, als wir erwarten. Besonders in der Ehe, die jenseits aller Kommunikationsmuster, jenseits jeder zwischenmenschlichen Beziehung liegt und Bereiche berührt, die für ein sinnvolles und seelenvolles Leben von höchster Bedeutung sind. Wir nähern uns der Seele der Ehe, wenn wir begreifen, daß die Ehe ein Mysterium ist, ein Sakrament, wie es in einigen Religionen heißt: ein heiliger, symbolischer Akt.

Um jene heilige, symbolische Ebene zu erfassen, müssen wir uns von der zeitgenössischen Tendenz zur wissenschaftlichen Gesellschaftsanalyse lösen und nach Heiligenlegenden Ausschau halten, von denen wir etwas lernen können. Wissenschaftliche Analyse und therapeutische Theorien lassen jene heilige Dimension außer acht, und deshalb fehlt ihrem Bild von der Ehe stets ein Teil. Andererseits bieten uns Geschichten, die mythische Phantasien heraufbeschwören, so einfach sie auch sein mögen, vielleicht zum ersten Mal in unserem Leben die Gelegenheit, die Rolle der Seele in dem wahrzunehmen, was manchmal lediglich als zwischenmenschliche Beziehungsstruktur behandelt wird.

Die Cochiti-Indianer New Mexicos erzählen sich eine seltsame Geschichte über die Ehe; eine Geschichte, die unseren Gedanken eine neue Richtung geben kann. Ein junges Mädchen, das bei seinen armen Eltern lebte, brachte sich selbst bei, auf einem Webstuhl sehr schöne Kleider herzustellen. Ihre Arbeiten erregten die Aufmerksamkeit der jungen Männer ihres Dorfes und viele von ihnen wollten sie heiraten. Aber sie konzentrierte sich weiterhin auf ihre Arbeit und zeigte keinerlei Interesse an den Männern, obwohl diese ihr wunderschöne Dinge anboten. Dann entschied Coyote, jener schadenfrohe Schelm aus der Mythologie des amerikanischen Westens, daß er sie heiraten wolle. »Ich werde ihr keines dieser Dinge anbieten, aber sie wird mir gehören«, sagte er stolz. Dann verließ er die Berge, um ein paar schwarze Johannisbeeren zu pflücken.

Er ging zu ihrem Dorf und legte feierlich ein menschliches Kostüm an. Er stampfte viermal mit dem Fuß auf, und schon trug er ein Paar weiße Wildledermokassins. Er blickte auf seine Füße hinab und sagte: »Sehe ich hübsch aus? Ja, ich sehe hübsch aus.« Mit der gleichen Magie putzte er sich weiter heraus. Dann nahm er die schwarzen Johannisbeeren in die linke Hand, ging zum Dorfplatz und tanzte.

Das Mädchen schaute zu, wie er tanzte, und war bezaubert. Sie sah die Johannisbeeren in seiner linken Hand und bat ihn darum. Dann nahm sie ihn mit nach Hause, schlief mit ihm, und im Handumdrehen wimmelte es von kleinen Coyote-Kindern. Eines Tages führte er sie von ihren Eltern fort zu einem Loch in der Erde. »Wie willst du da hineinkommen?« fragte sie. »Es ist so klein.« Aber er krabbelte mühelos hinein, und all die kleinen Coyote-Kinder folgten ihm. Sie schaute ins Loch und erblickte ein Haus, das dem ihrer Eltern ähnelte und mit Kleidern jener Art gefüllt war, die sie gemacht hatte. Also schlüpfte auch sie in das Loch und lebte dort auf immer und ewig.[1]

Diese Geschichte »verheiratet« zwei gänzlich verschiedene Erfahrensweisen – die weltliche und die magische. Beachten Sie, daß die Frau nicht an einer gewöhnlichen Heirat interessiert war. Als sich ihr die Gelegenheit zum Heiraten bietet, konzentriert sie sich völlig aufs Weben. In vielen mündlichen Überlieferungen ist das Weben eines der bevorzugten Symbole für die Phantasie. Es ist ein wichtiges Symbol für ein Volk, das eine Kultur erzeugt, die Familien, Gemeinden, Nationen, aber auch jede Form von Arbeit und kreativen Bemühungen miteinander verwebt, verbindet. Bei den Griechen war Athena die große Weberin, die Göttin, die alle Handwerker, alle Familien zu einer Stadt, einer Nation verband. Auch ein Mensch kann aus vielen Einflüssen, vielen schicksalhaften Ereignissen und vielen rohen Materialien gewebt sein.

Wie bereits erwähnt, ist die Seele kompliziert, ein Wort, das sich vom lateinischen *complicare*, »zusammenfalten, verwickeln, verwirren«, ableitet. Unsere junge Frau ist ein ausgezeichnetes Beispiel für einen Menschen, der sich völlig darauf konzentriert, eine Seele zu schaffen. Sie ähnelt der Jungfrau Maria, wie man sie auf Verkündigungsgemälden sieht: Maria liest ein Buch und bereitet sich auf ihr übernatürliches Schicksal vor, indem sie sich mit den Heiligengeschichten und Gebeten ihres Volkes vertraut macht. Auch das junge Cochiti-Mädchen bereitete sich auf eine bemerkenswerte Hochzeit vor, indem sie auf die magische Verführung durch die schwarzen Johannisbeeren wartete und indem sie sich der Arbeit widmet, eine Kultur zu schaffen und ihre kreativen Talente in die Welt einzubringen.

Von ihr können wir lernen, daß wir erst dann seelenvoll in die Ehe eintreten können, wenn wir uns vorbereitet haben, indem wir in der Welt kreativ sind, indem wir den Gobelin aus unseren Talenten und unserem Geschick weben. Die Ehe ist nicht von den anderen Bereichen des Lebens getrennt, im Gegenteil. Unsere Fähigkeit, die unzähligen Facetten, die ein Leben ausmachen, zu einer Persönlichkeit zu verweben, unser Sein in der Welt – hier durch die Kleider symbolisiert, die das junge Mädchen anfertigt –, gipfelt in der Ehe. Die Ehe selbst ist eine Form des Webens. In ihr werden nicht nur zwei Menschen, sondern jeder Aspekt des persönlichen, gesellschaftlichen, ja sogar des kosmischen Lebens miteinander verwoben.

Das ist eine Lektion, die wir aus jener Geschichte lernen können. Um ehetauglich zu sein, ist es wichtig, ein Macher zu sein, ein Mensch, der ein Leben voller Schönheit, Fülle und kreativer Arbeit führt. Wenn wir die Ehe nur als die Verbindung zweier Individuen verstehen, dann übersehen wir die Seele dieser Ehe.

Doch wenn wir erkennen, daß die Ehe auch etwas mit Familie, Nachbarschaft und einer größeren Gemeinschaft, mit unserer Arbeit und unserer persönlichen Kultivierung zu tun hat, werfen wir einen ersten Blick auf jenes Mysterium, das die Ehe darstellt. Ein Mensch bereitet sich auf die Ehe vor, indem er sich kultiviert. Nicht in dem oberflächlichen Sinn, daß er die höheren Formen der Kunst und des intellektuellen Lebens verfeinert, sondern indem er durch kulturelle Einweihung zu einer Persönlichkeit wird und einen einzigartigen Weg gefunden hat, in der Welt kreativ zu sein. Diese Kreativität muß nicht großartig sein. Sie kann einfach nur die Entdeckung sein, wie man einen kleinen, aber persönlichen Beitrag zur Gemeinschaft leistet, so wie unsere Cochiti-Braut, die auf ihrem Webstuhl Kleider fertigt.

Der Gefährte ihrer Kultivierungsarbeit ist ein panähnlicher, dämonischer Tänzer, der schöpferisch, geistig und magisch ist – Coyote. Eine Ehe findet nicht nur durch menschliche Absicht, menschlichen Willen, Erfüllung, sondern auch durch Gnade und Magie. Coyote ist ein Zauberer, der im esoterischen Sinne weiß, wie er sich kleiden muß, wie er sein magisches, mythisches Sein in eine menschliche Form hüllt. Jede intime Beziehung verlangt ein gewisses Maß an Magie. Denn Magie, nicht Verstand und Willen, befriedigt die Bedürfnisse der Seele.

Jede Ehe besitzt eine äußere und innere Dimension. Mit den Äußerlichkeiten mag man mit Hilfe der Vernunft fertig werden, aber die innere Dimension verlangt nach Mythos und Magie. Das Cochiti-Mädchen heiratete eine bezaubernde Gestalt aus der Welt animalischer Träume, die durch Magie das erschaffen konnte, was sie durch Arbeit, durch ihr Talent, anfertigte. Coyotes Heim war die geistige Version ihres weltlichen Hauses, ein Mikrokosmos in der Erde. In diesem Heim konnte sie für den Rest ihres Lebens leben, denn Coyote war ein würdiger Gefährte, sein Heim eine angemessene Erfüllung, eine tiefe, geistige Version jenes irdischen Hauses, das sie so gut kannte.

Unsere Erwartungen an die Ehe, jene tiefen und weitreichenden Phantasien, die wir von einer vollkommenen Ehe haben, weisen auf die Tiefen der Ehe hin. Wenn wir heiraten, verbinden wir nicht nur unser Leben mit dem eines anderen Menschen, sondern wir betreten auch einen Mythos, der bis weit in die sinngebenden Bereiche des Herzen hineinführt. Jenes »Glück«, das wir uns von der Ehe erhoffen, ist wie eine Tasche, in der sich alle möglichen, ausgesprochene und unausgesprochene Wünsche nach Erfüllung befinden. In gewissem Sinne bietet uns der Mensch, den wir heiraten, die Chance, in jene grundlegenden Vorstellungen davon, wer wir sind und wer wir sein können, einzutreten, sie zu erkunden und sie Realität werden zu lassen. So gesehen ist die Ehe im Grunde keine Beziehung zwischen zwei Menschen, sondern eher ein Eintritt in das Schicksal, eine Öffnung in das potentielle Leben, das im Verborgenen schlummert, bis es durch die der Ehe eigenen Gedanken und Gefühle geweckt wird.

Das äußerst bedeutsame Mysterium, das uns die Cochiti-Geschichte lehrt, ist keine Lektion, die man in modernen Eheratgebern lesen kann. Handbücher lehren uns, wie man mit dem Leben fertig wird, während der Mythos uns zeigt, was die Seele bei diesen Ereignissen erlebt. Von außen betrachtet, scheint es sich bei der Ehe um eine Beziehung zu einem anderen Menschen zu handeln. Aber jene mythische Geschichte offenbart, daß eine Ehe noch geheimnisvoller ist, daß sie eine seltsame, doch befriedigende Vereinigung mit der Welt der Träume, der Phantasie, darstellt. Wahre Ehen siedeln sich in einem Bereich an, der mit dem Außenleben nichts gemein hat. Unser Seelengefährte gehört stets einer anderen Rasse an – er ist Engel, Tier oder Phantom. Das bekannte Thema von der Schönen und dem Biest deutet darauf hin, daß wir durch Liebe und Ehe Kontakt zu einem Bereich bekommen, der vom menschlichen Leben weit entfernt ist. Vielleicht ist der Gegenstand allen Verlangens letztlich tierischer Natur; vielleicht erfordert er von uns ein größeres Verständnis und ein Gefühl, das über bloße menschliche Sympathie hinausgeht.

In der alten Erzählung von Eros und Psyche, einer Geschichte, die in den letzten Jahren von den Psychologen sehr gewürdigt wurde, verliebt sich Psyche, ein junges Mädchen, in Eros, der die Liebe selbst ist. Sie besucht ihn allnächtlich in seinem wunderschönen Haus am Fuß einer Klippe. Eine ihrer Schwestern, eifersüchtig auf Psyches Geliebten und das üppige Leben, das er ihr bietet, sagt ihr, daß er in Wirklichkeit ein Tier sei. Sie rät Psyche, nachts eine Lampe anzuzünden. Das bedeutet, Psyche muß das Eros gegebene Versprechen brechen, niemals einen Lichtschein auf ihn fallenzulassen, um sich von seiner Tierhaftigkeit zu überzeugen. Psyche gibt den Einflüsterungen ihrer Schwester nach, entzündet die Lampe und erblickt einen wunderbar geflügelten Eros in ihrem Bett. Öl tropft aus der Lampe auf den Geliebten und weckt ihn. Als er sieht, daß er verraten worden ist, springt er auf und eilt davon. Der Rest der Geschichte handelt von Psyches verzweifelten Versuchen, ihr Leben mit Eros zurückzubekommen.

Es ist verlockend, die List ihrer Schwester einfach nur als solche zu sehen – als einen Trick, um Psyches Glück zu zerstören. Aber die Beobachtung der Schwester stimmt – wenigstens teilweise. Eros ist ein Tier, ein Drache, und manchmal ein Coyote. In jeder Ehe verbindet sich die Unschuld der Seele mit einem erotischen Kobold, der nur Unfug im Kopf hat. Wenn wir zugeben würden, daß die Verführung zur Ehe stets einen schadenfrohen, mutwilligen Kern besitzt, wären wir nicht schockiert und enttäuscht, wenn das Tier erscheint. Wir halten die Ehe für eine menschliche Institution, obwohl sie, wenigstens teilweise, eine mystische Dimension besitzt, die unsere menschlichen Absichten nicht nur transzendiert, sondern auch im Widerspruch dazu stehen mag, eine Dimension, die sowohl teuflisch als auch engelhaft ist.

Das Cochiti-Mädchen ist nicht auf den Kopf gefallen. Sie läßt sich nicht mit einer gewöhnlichen menschlichen Heirat abspeisen, selbst wenn hübsche Geschenke und außergewöhnliche menschliche Talente zusätzlich reizen. Stärker, wenn auch nicht so direkt, wird sie von jenen scheinbar belanglosen Hinweisen auf eine unterweltliche Fruchtbarkeit angezogen – den schwarzen Johannisbeeren in Coyotes linker Hand. Die Johannisbeeren sind eine Reminiszenz an die Samen des Granatapfels, der in jener griechischen Geschichte einer mystischen Heirat Persephone mit dem Herrn der Unterwelt vermählt. Auch in dieser Geschichte geht die Verführung letztlich nicht von etwas Offensichtlichem, sondern von etwas Dunklem und Süßem aus, das noch Saat, noch nicht voll ausgereift ist. Wir werden eher von Möglichkeiten als von Wirklichkeiten zur Intimität verführt; eher von dem Versprechen kommender Dinge als von bewiesenen Leistungen, und möglicherweise von Verführungen, die dunkler sind als jene (ein-)leuchtenden Gründe, die wir zugeben.

Von diesem Standpunkt unserer Geschichte aus betrachtet, ist es nicht die vordringlichste Aufgabe der Ehepartner, ein Zusammenleben zu schaffen, sondern den Geliebten der Seele zu wecken, die magischen Phantasien über die Ehe wachzurütteln und aufrechtzuerhalten, und dadurch jenem individuellen, äußerst wichtigen Mythos zu dienen, der tief im Herzen des Geliebten verborgen ist und ein starkes Bedürfnis nach Sinn, Erfüllung und Bindung befriedigt. Oft hört man von Ehen, in denen alle Äußerlichkeiten stimmen – ein schönes Heim, hübsche Kinder, ein unbeschwertes Leben – und dennoch einer der Partner – oder beide – tief enttäuscht und von der erotischen Anziehungskraft eines anderen Menschen bezaubert ist, der sich gewöhnlich erheblich vom Ehepartner unterscheidet. Offensichtlich genügt es nicht, eine menschliche Ehe zu führen. Um ihr Bedürfnis nach einer himmlischen Verbindung zu befriedigen, braucht die Seele etwas weniger Handgreifliches als ein schönes Heim. Für mich lautete die Moral aus der Cochiti-Geschichte, daß jede seelenvolle Ehe nach einem Coyote verlangt. Der Mensch muß sich seines eigenen Geheimnisses bewußt werden; er muß erkennen, daß die nur menschlichen Bemühungen, die Ehe lebendig und blühend zu erhalten, sich stets als unzulänglich erweisen.

In der Cochiti-Geschichte versuchten die jungen Männer, das Mädchen zu verführen, indem sie ihr ihre besten Webereien schenken, etwas, was sie selbst viel besser konnte. Während Coyote ihr nichts, außer den schlichten Johannisbeeren anbot. Vielleicht brauchen wir in der Ehe kein zweckmäßig eingerichtetes Haus, mehrere Kinder und ein stattliches Bankkonto; Vorstellungen, die heutzutage weitverbreitet sind. Diese menschlichen Ziele können sogar den mysteriöseren Bedürfnissen der Seele nach einer geistigen Heimstatt im Wege stehen. Seltsamerweise können gerade die Versuche vieler verheirateter Paare, ein üppig ausgestattetes, wohlhabendes Ambiente zu schaffen, der Grund für das eheliche Versagen sein. Denn in der Ehe geht es nicht so sehr darum, eine materielle menschliche Welt zu schaffen, sondern eher darum, jenen Geist der Liebe heraufzubeschwören, der nicht von dieser Welt ist.

Erneut möchte ich Rilkes bemerkenswerten Ratschlag für Paare, daß einer des anderen Einsamkeit schützen solle, ergänzen, oder wenigstens interpretieren. Man sollte eher jene geheimen Phantasien schützen und nähren, von denen die Liebes- und Ehevorstellungen des Partners umgeben sind. Dadurch wird es möglich, die Einsamkeit des anderen zu verstehen. Wenn wir die Seele unseres Partners kennenlernen, können wir feststellen, was seine Phantasie bezaubert. Vielleicht können wir einen Blick auf jene verborgenen Hoffnungen werfen, die unser Partner in bezug auf die Ehe hegt, vielleicht sogar auf jene Ziele, die sich unter der Oberfläche des Bewußtseins verbergen.

Als Ehepartner könnte ich mich fragen: Wie kann ich Coyote

heraufbeschwören und zu einem Teil dieser Ehe machen? Was sind die schwarzen Johannisbeeren, die den von mir geliebten Menschen erfreuen und die er zu würdigen weiß? Welche einfache, aber nicht unbedingt naheliegende Sache kann sein Herz rühren und seine Vorstellungen von der Liebe nähren? Was kann ich in meiner mystischen linken Hand halten, um ihn zu bezaubern, während die rechte sich mit den irdischen Geschäften befaßt, den Lebensunterhalt verdient oder ein Haus baut?

Das Cochiti-Mädchen fragt sich, ob sie mit ihrer Familie in Coyotes beengtem Heim wohnen kann. Das Reich der Seele erscheint manchmal klein, ja unbedeutend, verglichen mit der »großen Welt dort draußen«. In der Überlieferung wird dieses Seelenreich manchmal Mikrokosmos genannt. Es ist verführerisch, sich statt auf das Mikro, das mikroskopisch Kleine, auf das Kosmische zu konzentrieren. Doch sollten wir anerkennen, daß für die Seele die kleinsten Dinge entscheidend sein können. Jung spricht in seinem Werk verschiedentlich von den »kleinen Leuten« – den Gnomen, Elfen und Däumlingen, die die Seelenarbeit leisten. Die Seele der Ehe macht da keine Ausnahme: Sie setzt sich aus trivialen Handlungen, unbedeutenden Worten, und kleinen, alltäglichen Interaktionen zusammen.

Wie können wir Coyote in unserer Ehe tanzen lassen? Eine Ehe funktioniert nicht dann am besten, wenn wir unseren Verpflichtungen nachkommen und das richtige tun, sondern indem wir viermal mit dem Fuß auf den Boden stampfen und Dinge tun und sagen, die das Gefühl, die Phantasie und nicht nur den Verstand anrühren. Wenn wir diese Kraft verlieren, wissen wir, das Coyote sich aus dem Staub gemacht hat. »Die Magie ist aus unserer Ehe verschwunden«, sagte jemand, der intuitiv und klar erkannt hatte, daß die Ehe, wie alle Angelegenheiten der Seele, eher durch Magie als durch Mühe funktioniert.

Eine Idee, die zwar für einen aufgeklärten, technisch und wissenschaftlich gebildeten Menschen des zwanzigsten Jahrhunderts nur schwer zu akzeptieren, aber dennoch nicht von der Hand zu weisen ist. Wenn es um die Seele geht, kann eine wohlüberlegte, rituelle Handlung, ein sorgsam gewähltes Wort, eine anregende Geste, ein symbolisches Geschenk, selbst eine gutmodulierte Stimmlage den gewünschten Effekt erzielen. Häufig zeitigt eine unscheinbare Geste oder Handlung große Wirkung: etwas, das zu den althergebrachten Gesetzen der Magie gehört.

Im Laufe einer Therapie muß ich manchmal feststellen, daß Paare oft ein mechanisches und strukturelles Bild von ihrer Ehe haben. Sie glauben, sie könnten ihr Verhalten überprüfen wie ihr Automechaniker ihr Fahrzeug überprüft; sie finden heraus, was falsch läuft, und man versichert ihnen, daß ihr erfahrener Therapeut wissen wird, wie man es beheben kann. Häufig versuchen Paare auch neue Verhaltensmuster zu finden, die jene notwendigen Elemente in ihre Ehe einfügen. Sie verteilen die Hausaufgaben neu, legen Gesprächszeiten fest und achten darauf, daß sich die Zeit, die sie mit ihren Kindern verbringen, und die Zeit und Aufmerksamkeit, die sie dem beruflichen Fortkommen widmen, die Waage halten. Diese strukturelle Einstellung ist zwar aufrichtig, doch hängt sie von mechanischen Entschlüssen ab, die normalerweise nur für eine überraschend kurze Zeit eine neue Qualität der Beziehung erhalten.

Immer wieder wurde ich als Therapeut Zeuge davon, wie sich Ehen auf bemerkenswerte Weise veränderten, wenn, nach allen Rechtfertigungen und Vorschlägen, endlich die vertrautere, rauhere Sprache des Herzens – intimere, offenere Herzensworte – gesprochen wurden. Wie ernsthafte Magier im Laufe der Jahrhunderte lehrten, haben Worte, hat manchmal bereits der bloße Klang eines Wortes, eine mächtige Wirkung. Dies gilt vor allem für jene Magie, die benötigt wird, um die Seele unserer Ehe zu erhalten.

Obwohl beide aufrichtig sein mögen, müssen die Probleme des weltlichen Lebens nicht immer mit den Interessen der Seele identisch sein. Die Seele der Ehe fragt nach intuitiver Einsicht in ihre Möglichkeiten und Bedürfnisse. Sie verlangt nach Weisheit, nach jenem Wissen, das weit tiefer liegt als Information und Verständnis. Manchmal sind die Forderungen der Seele paradox. Sie mag um etwas bitten, das oberflächlich gesehen einer »guten Ehe« widerspricht. Doch seelenvolle Ehen erscheinen oft seltsam, wenn man nur die Oberfläche betrachtet. Man trifft ungewöhnliche Vereinbarungen, wie zum Beispiel eine meiner Bekannten, die in der einen Stadt lebt, während ihr Mann in einer anderen wohnt; oder ein anderer Freund, der regelmäßig über zweitausend Kilometer fährt, um seine Frau zu besuchen. Wie wir im ersten Kapitel dieses Buches lasen, braucht die Seele manchmal Distanz, schlechte Kommunikation, Zweifel und Bedauern. Diese Bedürfnisse bedrohen die Ehe als solche nicht, doch sie zeigen, daß die Seele der Ehe bunter gewebt ist als jenes farblose, sentimentale, strukturelle Bild der Ehe, das wir häufig aufrechtzuerhalten suchen.

Die Seele richtet sich generell nicht nach den vertrauten Lebensmustern. Wann immer die Seele stark zu sein scheint – in der Liebe, in der Leidenschaft – scheinen ihre Stimmungen, ihre Verhaltensweisen seltsam und nur schwierig ins Alltagsleben integrierbar zu sein. Woraus folgt, daß eine besonders seelenvolle Ehe sonderbar erscheinen mag, und ihre Formen und Strukturen den akzeptierten Mustern widersprechen können. Wenn die Seelenfülle in menschlichen Institutionen auftaucht, dann verlangt sie von uns ungewöhnliche Toleranz und ein ausgeprägtes Vorstellungsvermögen.

Wir wissen alle, daß manche Ehen die Hölle auf Erden sind und andere voller Schwierigkeiten stecken. Dennoch heiraten wir in der Hoffnung, daß unsere Ehe anders werden wird. Wir bringen eine gewisse Unschuld in die Ehe ein und hoffen, daß wir trotz der Scheidungsstatistik in unserer Ehe Sinn und Erfüllung finden. Obwohl unschuldige Hoffnung und Erwartung bei einer Heirat ganz natürlich sind, sind sie für verletzende Erfahrungen verantwortlich, die – so sehr wir uns auch dagegen wehren mögen – oft unerwartet zu einer Feuerprobe für die Ehe werden. Um zu heiraten, brauchen wir diese Unschuld, nur um danach festzustellen, daß die Ehe kein reines Honigschlecken, sondern eher eine weitere Einweihung ist.

Aber übertriebene Unschuld in bezug auf die Ehe kann zu Schwierigkeiten führen. Wir könnten jene sentimentale Sicht der Ehe, wie sie häufig in Filmen und Anzeigen dargestellt wird, als Schutz gegen die Herausforderungen der Ehe oder wenigstens als Entschädigung betrachten. Je mehr uns bewußt wird, daß die Ehe die Hölle sein kann, desto oberflächlicher wird unsere bewußte Darstellung von ihr.

Andererseits ist Humor eine der besten Möglichkeiten, die dunklen Seiten des Lebens zu würdigen. Deshalb machen sich die Menschen in Witzen, in Zeichentrickfilmen, auf lustigen Grußkarten und in vielen Familiengeschichten über die Ehe lustig. Dank des Humors können wir zugeben, daß Ehen nicht nur im Himmel geführt werden, sondern daß auch der Teufel eine Rolle darin spielt.

Als ich noch auf dem College war, verdiente ich mir meinen Lebensunterhalt unter anderem damit, daß ich zu Hochzeiten in der Kirche aufspielte. Ich habe bestimmt bei über hundert Hochzeiten gespielt. Und zu den interessantesten Dingen, die ich bei diesen Gelegenheiten sah, gehörte die Art und Weise, wie jene

Gauner und Geister aus der Unterwelt die sentimentale Vollkommenheit der von langer Hand vorbereiteten Hochzeit beeinträchtigten. Ich fragte mich damals schon, ob diese unheiligen Besuche ein Hinweis darauf waren, daß auch die Ehe, samt den perfektionistischen Vorstellungen der beiden Ehepartner, Schiffbruch erleiden würde.

In einem Fall beispielsweise, bei einer großen und kostspieligen Hochzeit, schritt die Braut hinter einem Dutzend oder mehr Brautjungfern durch den Mittelgang. Ihr Vater folgte ihr in geringem Abstand. Auf halbem Wege wurde er nervös, geriet aus dem Takt und trat auf die Schleppe des Brautkleides, die sich von der Taille löste und einen Teil des Kleides mitriß. Mitten in der Kirche, von feierlicher Musik umgeben, drängten sich die Brautjungfern um die Braut und schützten ihre Sittsamkeit wie die Nymphen der Artemis ihre Herrin beim Bade, während eine der Brautjungfern das Kleid notdürftig zusammennähte, damit die Hochzeitszeremonie weitergehen konnte.

Bei einer anderen Hochzeit fiel die Braut in Ohnmacht, was bei derartigen Anlässen nicht ungewöhnlich ist. Ich sah, wie die Brautjungfern ihr zur Hilfe eilten, während der Bräutigam durch eine Seitentür aus der Kirche stürzte. Das ist zwar nicht das idealistische Bild des Helden, der seiner Geliebten nicht von der Seite weicht, aber ein gutes Zeichen dafür, daß es bei einer Ehe nicht nur um Vereinigung, sondern auch um Uneinigkeit geht. Ich erinnere mich noch an eine Hochzeit, bei der der Sopran eine erstaunliche Höhe erreichte, das Fortissimo hielt, bis die Stimme brach. Was einen durchdringenden Schrei erzeugte, bei dem es allen Anwesenden kalt den Rücken hinablief. Woraufhin alle Babys zu schreien begannen. Ich nehme an, aus Mitgefühl. Die Feier mußte unterbrochen werden, bis wieder Ruhe eingekehrt war.

Diese Vorfälle wirken unter anderem deshalb so befreiend, weil durch sie das gute, schöne und vollkommene Bild von der Ehe schon zu Anfang zerstört wird. Eine realistische, umfassende Sichtweise der Ehe kann unserer Vorstellung von ihr einige menschliche Dimensionen zurückgeben. Ambrose Bierce definiert in seinem Buch *From The Devil's Dictionary*[2] die Ehe als »Stand oder Zustand einer Gemeinschaft, die aus einem Herrn, einer Herrin und zwei Sklaven besteht, was alles in allem zwei macht.« Ehe bedeutet Leibeigenschaft, und ein gewisses Maß an wissendem Masochismus dabei mag in Ordnung sein. Unsere Vorstellung von der Ehe sollte so weit reichen, daß sie einige der Schatten und Schwierigkeiten einschließen kann.

Dem Schweizer Jungianer und Analytiker Adolf Guggenbühl-Craig zufolge ist die Ehe keine Straße zur Glückseligkeit, sondern eher eine Art Individuationsprozeß. »Individuation« ist ein Begriff aus der Jungianischen Psychologie und bezeichnet den, ein ganzes Leben lang andauernden Prozeß, ein Individuum zu werden, an der Seele zu arbeiten, um weniger den kollektiven Vorstellungen zu gleichen, sondern mehr einem einzigartigen Menschen. Von diesem Standpunkt aus betrachtet ist die Ehe auch eine Form von Alchimie und eine Beziehung ein wahrer Schmelztiegel.

Der Wert der Guggenbühl-Craigschen Analyse besteht darin, daß sie uns von dem sentimentalen Bild der Ehe als eines immerwährend glücklichen Zustandes befreit und uns daran erinnert, daß die Ehe eine Arena ist, in der die Seele reift und sich entwickelt. In einer Ehe geht es zwar um Beziehung; aber sie ist auch ein Tiegel, in dem die Seele geschaffen werden kann. Gleichzeitig ist sie für jeden Menschen natürlich viel mehr als nur eine Gelegenheit, den Weg zur Individualität zu ertragen.

Ehe ist ein athenisches Zusammenweben von Familien, von zwei Seelen mit ihren persönlichen Schicksalen und Bestimmungen, von Zeit und Ewigkeit. In ihr vermählt sich das Alltagsleben mit den zeitlosen Mysterien der Seele. Leben und Kultur werden mit jeder Ehe komplizierter. Denn nicht nur Menschen, auch Kulturen, Ideen, politische Vorstellungen, Gefühle und Mythen werden durch die Ehe miteinander verbunden. Und jede Ehe innerhalb einer Gemeinschaft beeinflußt alle Angehörigen dieser Gemeinschaft.

Es ist interessant, festzustellen, daß der Gesellschaft Eheprobleme gefallen. Der Wurm in der Ehe bietet Stoff für Tratsch, Sensationsblätter, Seifenopern und Filme. Wir hungern nach einer Anerkennung der dunklen Mächte der Ehe: ihrer Fähigkeit, zu enttäuschen, starken emotionalen Schmerz zuzufügen und das Leben traurig zu gestalten. Doch zusammen mit jenen humorvollen Schilderungen aus der ehelichen Welt retten uns diese Geschichten vor der Sentimentalität, von der die Ehe umgeben ist. Obwohl es anfangs so aussehen mag, als schütze uns diese Sentimentalität vor dem Gewicht des Lebens, kann sie sich später in eine Last verwandeln, in eine unerträgliche Leichtigkeit.

Die Ehe in ihrer ganzen Fülle ist eine Seeleneinrichtung und trägt als solche zwangsläufig das Gewicht des Lebens. Die Cochiti-Geschichte erinnert uns daran, daß es nicht ausreicht, schwer an einer »guten« Ehe zu arbeiten. Die arbeitsamen jungen Frauen wünschen sich einen Mann mit schwarzen Johannisbeeren – die dunklere, animalische Welt. Die Geschichte erinnert an eine von Wallace Stevens dreizehn Möglichkeiten, eine Amsel zu beobachten: »Mann und Frau sind eins. Mann und Frau und Amsel sind eins.« Die dunkle Tiergestalt spielt stets eine wichtige Rolle, denn keine menschliche Institution von tiefgreifender Wirkung ist ohne jene anrührenden Geheimnisse einer anderen Spezies.

Jung erfuhr durch die Alchimie eine wichtige Wahrheit über das Seelenleben, der man mühelos ausweichen kann: Ihre Gegenwart und ihr Gedeihen hängen davon ab, wieviel Verdruß man erfährt. Unsere freundlichen Vereinbarungen und Erwartungen, unsere vernünftigen Bemühungen und Methoden, unsere hohen

Werte und Überzeugungen sind Gegenstand der Mortifikation, der Abtötung, der Demütigung, die in Jungs alchimistischen Quellen als Ermordung des Königs oder der Sonne dargestellt wird. Jene Orte, von denen aus wir Kontrolle ausüben – samt unserer glänzenden und heilsamen Visionen –, müssen in der Seelenarbeit einem Auflösungsverfahren unterworfen werden. Mittelpunkt des Jungschen Verständnisses ist es, anzuerkennen, daß diese Mortifikationen für ein seelenvolles Leben nötig sind. Sofern sie als Einweihungsritual in den Seelendienst fungiert, kann man damit rechnen, daß die Ehe alle Formen der Mortifikation liefert. Was sie auch tut. Gerade durch die Schwierigkeiten, die durch die Intimität entstehen, vertieft sich unsere Persönlichkeit, wird die Beziehung beständiger, erhält das Leben selbst eine zusätzliche Intensität, während unsere allzu heiteren Gedanken und Gefühle den verderblichen und nagenden Prozessen der Ehe zum Opfer fallen. Die Quelle unseres Schmerzes liegt nicht darin, daß unser Partner »unmöglich« ist. Ein solches Verhalten würde die Ehe zu persönlich nehmen. Die Ehe selbst bringt uns in unmögliche Situationen. Unmöglich, weil sie nicht durch menschliche Findigkeit gelöst werden können. Natürlich, wäre Coyote anwesend, würde er nur mit den Füßen aufstampfen und der Tanz begänne wieder von vorn. Wir brauchen Coyotes verschlagene, schelmische Art, wenn wir den Mortifikationen mit dem nötigen Verständnis, der nötigen Geschicklichkeit, begegnen wollen.

Die Ehe verlangt von uns, daß wir unsere anfänglichen Ideale und Einschätzungen in bezug auf sie, unseren Partner und uns selbst morden. Wie sollen wir das bewerkstelligen, ohne eine zynische Sicht über die Ehe zu entwickeln, ohne buchstäblich Opfer des verletzenden Potentials zu werden, das in einer Ehe steckt? Zunächst einmal müssen wir einen Weg finden, aus dem Denken in Gegensätzen herauszukommen. Vielleicht sind wir, wenn wir unser Bild von einer Beziehung erweitern, nicht mehr so sehr überrascht, wenn Schwierigkeiten auftauchen. Wir schließen die Möglichkeit ein, daß sie einmal glückselig und an anderes Mal verletzend sein kann – mit einer Mischung aus allen anderen Zwischenmöglichkeiten.

Doch es reicht nicht, sich auf Probleme vorzubereiten. Es ist erforderlich, die Tiefgründigkeit des geisterhaften Tieres zu würdigen, das wir bei der Hochzeit mit so augenscheinlicher Unschuld heraufbeschwören. Die Intimität, die wir bei dieser Feier versprechen, ist zugleich eine Einladung, Pandoras Büchse mit all den Gnaden und Verderbtheiten der Seele zu öffnen. Die Ehe gräbt sich tief in die Seele ein. Eine lebenslängliche, intensive, gesellschaftlich starke Beziehung kann nicht existieren, ohne die tiefsten, unzivilisiertesten Reservate der Seele zu berühren. Nur wenige Erfahrungen erreichen derart ferne und unkultivierte Herzensregionen, jenen überirdischen Stoff, der nicht nur unglaublich schöpferisch, sondern auch erschreckend ursprünglich ist.

Die Ehe mag wie eine Vereinbarung zwischen zwei Menschen erscheinen. Aber auf einer tieferen Ebene wühlt sie die Seele auf. Wie alle Einweihungen markiert die Ehe eine grundlegende Veränderung der Wahrnehmung von uns selbst und anderen. Und so wie Einweihungsriten oft Blut und Schmerz einschließen, ordnet die Ehe die Gefühle und die Sehweise des Menschen neu, was häufig mit einer schmerzlichen Ausdehnung des Herzens und der Phantasie Hand in Hand geht. Häufig müssen Menschen, die erwarten, in dieser Vereinbarung die Glückseligkeit zu finden, feststellen, daß das Neusortieren jener neuen Gefühle und Gedanken in der Ehe eine schmerzliche Verwirrung mit sich bringt. Dann schieben sich die Partner gegenseitig die Schuld zu und werfen einander vor, schrecklich unangepaßt zu sein. Sie erkennen nicht, daß sie durch die simple Entscheidung, als Teil eines Paares und nicht als Single weiterzuleben, in der Seele einen Mahlstrom in Gang gesetzt haben.

In einer seelenvollen Ehe werden Zynismus und Ernüchterung durch eine Würdigung jener unpersönlichen Mächte ersetzt, die in dem, was wir ungenau als menschliche Beziehung bezeichnen, am Werk sind. Die Indianergeschichte erinnert uns daran, daß der »andere« in einer Ehe nicht nur ein Mensch ist. Er ist auch ein Tier, und zwar ein ganz besonderes Tier: ein listiger, einfallsreicher, erdverbundener, geheimnisvoller, unbezähmbarer Coyote, der das Potential von Freude und Spaß, aber auch von Angst und Macht in die Ehe einbringt.

In einer Ehe, die um die Seele weiß, finden die beiden Partner eine Mischung der Intimität, die tiefer geht als persönliches Vertrauen und gegenseitiges Verstehen. Eine Mischung, die seltsamerweise im Mißtrauen und einem Mangel an Verständnis wurzelt, in einer Distanz, die aber zuläßt, daß die Seele des anderen und die Seele der Ehe unberechenbar und unerklärlich sind. Oscar Wilde sagte einmal: »Nur die Seichten kennen sich selbst.« Das gleiche könnte auch über Ehepartner gesagt werden.

Die Sorge um die Seele der Ehe

Wenn wir uns um die Seele einer Ehe sorgen, sollten wir jenen Spruch Heraklits im Kopf haben, den ich als Leitsatz benutzte: »Die Seele ist ihre eigene Entfaltungsquelle.« Es ist verlockend, aber falsch, die anfänglichen Absichten der Menschen, die heiraten, als Richtschnur dafür zu nehmen, wie die Ehe gelebt werden soll. Es kommt oft genug vor, daß Menschen sich gegenseitig beschuldigen, nicht nach den Versprechungen zu leben, die sie damals, als sie heirateten oder sich verlobten, gegeben haben. Aber diese Schuldzuweisung ist nur ein Schutz gegen die sich unaufhörlich entwickelnde Seele. Zu Beginn einer jeden Lebensform befindet sich die Seele in einem rohen, unentwikkelten Zustand. Es ergibt Sinn, daß die Ehe nach ein paar Jahren bedeutend anders sein wird als zu Anfang.

Ehre das Schicksal

Erstens können wir jenem schicksalhaften Geist die Ehre erweisen, der uns zusammenbrachte. Vom Standpunkt der Seele aus geschieht nichts zufällig. Jene Schicksalhaftigkeit, die den Beginn einer Beziehung umgibt, weist auf eine Vorsätzlichkeit hin, die weit über den Horizont der daran Beteiligten hinausgeht. Indem wir diese Wendung des Schicksals anerkennen, finden wir möglicherweise ein wenig Frieden und ein Fundament und vielleicht auch ein wenig Demut, falls die Beziehung weiterhin unerwartete Schwierigkeiten bereithält. Im Laufe der Beziehung können wir uns an ihren schicksalhaften Anfang erinnern und auf weitere Anzeichen dafür achten, daß sie eine Triebkraft besitzt, die weit über die Absichten der Partner hinausgeht. Sie kann unerwartete Wendungen nehmen oder überraschende Elemente offenbaren, die gleichzeitig befriedigend und bedrohlich sein können.

Natürlich entpuppen sich manche Beziehungen, manche Ehen, als Katastrophen. Doch selbst dann können wir immer noch die schicksalhafte Sternenkonstellation respektieren, die uns in diese Geschichte hineingezogen hat.

Die Schicksalhaftigkeit einer Beziehung kann nicht nur wie ein außergewöhnliches Ereignis oder wie Synchronizität aussehen, sondern auch wie ein Element innerhalb eines ganz normalen Ereignisses, bei dem es unangemessen ist, sich das Geschehen als Verdienst anzurechnen. Wenn die Karriere eines Menschen eine bestimmte Wendung nimmt, mag einiges davon den Entscheidungen, der bewußten Wahl, zuzuschreiben sein, doch manches auch dem allmählichen Entfalten der Seele; unbekannte Kräfte und tiefergehende Motive sind beteiligt. Paare verschwenden oft einen Großteil ihrer Energie und Zeit darauf, sich über getroffene

Entscheidungen zu streiten, statt gemeinsam mit einer gewissen Demut und Empfänglichkeit jene Elemente zu untersuchen, die in ihr Leben eingetreten sind.

Indem ein Paar auf die schicksalhafte Dimension ihrer eigenen Erfahrung und auf die Beziehung selbst reagiert, kann es das Fundament für eine wirkliche Spiritualität als wesentlichen Bestandteil ihrer Liebe legen. Indem wir nicht nur auf die Entscheidungen und Rechtfertigungen des Partners reagieren, sondern auch auf verborgene, unpersönliche Faktoren, gelangen wir zur Seele der Beziehung und etablieren eine Form der Intimität, die tiefer geht als jede wechselseitige Analyse. Dann kann die Beziehung auf ein Fundament gegründet werden, das nicht gänzlich menschlich ist, auf ein Grundgestein, das beständiger ist als alles, was menschlicher Erfindergeist schaffen kann.

Unsere bewußten Absichten sind häufig neurotisch bestimmt und besitzen möglicherweise unterschwellige Mechanismen und Ziele, die eher dazu dienen, der Seele zu widerstehen, als sie zu respektieren. Doch indem wir weniger bewußtes Material enthüllen, nähern wir uns dem Reich des Schicksals und der Vorsehung, wo ein spirituelles Verhalten, welches das Schicksal und andere transpersonale Elemente respektiert, eine weit tiefergehende Intimität erzeugt. Wenn wir für die Seele einer Beziehung sorgen wollen, müssen wir Mittel anwenden, die zu ihren heiligen Dimensionen passen.

Den Genius der Ehe ehren

Etwas Geheimnisvolles und Unergründliches, einem Tier ähnlich, das im Herzen der Beziehung ruht, tief in ihrem Innersten, bewegt, verändert und verwandelt die Ehe. Die Römer nannten es Genius, andere Dämon, wieder andere Engel – eine einflußreiche, doch verborgene Erscheinung, die unseren Erklärungs- und Rationalisierungsversuchen gegenüber unempfindlich ist.[3] Der Genius dient von altersher der Zeugung. Damit ist nicht nur die körperliche Zeugung gemeint, sondern die Zeugung allgemein, die alle Arten jener Kreativität umfaßt, die einer Beziehung entspringt. Die eheliche Kreativität beinhaltet nicht nur das Zeugen von Kindern, sondern auch das Schaffen einer neuen Familienkultur, eines Heimes und einer lebendigen intimen Beziehung, die sich mit den Jahren ändert und nicht nur die Ehepartner, sondern auch deren Freunde und die weitere Gemeinschaft beeinflußt.

Wenn wir den Genius unserer Ehe respektieren, konzentrieren wir uns ebenso stark auf seine Kreativität wie auf die Pläne, die wir für unsere Beziehung haben. Durch die Heirat öffnen wir uns dem Einfluß des Genius; nicht nur, damit die Ehe nicht zerbricht, sondern auch, um etwas aus ihr zu machen. So wie die Römer jenem Geist Opfer brachten, sollen wir ihn durch unser Verhalten ehren und respektieren, beispielsweise indem wir auf seine Stimme als eine Quelle der Führung hören. Auf diese Weise kümmern wir uns um das Wesen der Ehe, statt um unsere abstrakten Vorstellungen darüber, was eine Ehe sein sollte.

Ich habe einmal mit einem überaus aufrichtigen Paar gearbeitet, das auf psychologischem Gebiet sehr beschlagen war und die Kunst, seine Beziehung zu untersuchen, perfekt beherrschte. Der Mann sagte mir, seine Ehe würde stagnieren, weil er in ein Haus gezogen wäre, das kalt und lieblos sei, während die Frau der Meinung war, daß sie mehr Freiheit als ihr Mann brauche und das Gefühl hatte, gefesselt zu sein. Meiner Meinung nach waren beide Erklärungen, obwohl bis zu einem gewissen Grade scharfsinnig und überzeugend, Rationalisierungsversuche, die beide Partner davon abhielten, sich ihre Ehe einmal genauer anzuschauen, um festzustellen, was sie aktuell von ihnen forderte. Ich weiß nicht genau, worin diese Forderung bestand, aber ich hatte das Gefühl, daß die Ehe der beiden, wie jedes Lebewesen, beseelt war und sich lediglich in eine andere Richtung bewegte. Und gibt es einen besseren Weg, um der Herausforderung einer solchen Entwicklung aus dem Weg zu gehen, als sich in Ursachen und Erklärungen zu verstricken, die auf eine sehr subtile Weise gegen die Stichhaltigkeit und die Werte der empfundenen Veränderungen Einwände erheben? Ich schlug ihnen vor, die Veränderungen als Äußerungen des ehelichen Genius zu betrachten und sich nicht mehr darauf zu konzentrieren, einander zu analysieren.

Eine Rückkehr zur Würdigung des Genius, während man von archaischen Überzeugungen und Praktiken angezogen wird, könnte das moderne Leben bereichern. Manche Menschen mögen eine solche Rückbesinnung als eine »postmoderne« Art betrachten, den Alltag zu leben – als eine Rückkehr der alten seelenvollen Möglichkeiten, die neben der modernen Blasiertheit existieren können. Wenn wir die Tatsache anerkennen, daß jede Ehe ihren eigenen Geist besitzt, so kann uns das bei jenen Problemen helfen, die unvermeidlich auftauchen und der Ehe eine eigene Individualität und einen tieferen Wert geben.

Techniken der Sorge um die Seele der Ehe

Wir brauchen Techniken, um die Seele der Ehe nicht zu vergessen. Die Einzelheiten des Alltags können derart überhand nehmen, daß wir den geheimnisvollen Genius vernachlässigen, der alles zusammenhält. Eine Ehe erfordert unterschiedliche Arten der Reflexion, der Aufmerksamkeit und der Kommunikation, nicht nur mit unserem Partner, sondern auch mit jenem Dämon, der unserer Ehe Charakter und Dynamik verleiht. Der berühmte Spruch von Heraklit »Sein Wesen ist dem Menschen Gott (Dämon)« kann sowohl auf die Ehe, als auf den Menschen angewendet werden. Der dämonische Hüter oder Genius, der der Ehe innewohnt, offenbart etwas von ihrem einzigartigen Wesen. Eine einfache Methode, einen Blick auf diesen Genius zu werfen, besteht darin, einander seine Träume zu erzählen. Zu diesem Zweck braucht man nicht den Traum als Ganzes zu deuten, sondern nur die unterschiedlichen Situationen beachten, in denen sich der Lebensgefährte Nacht für Nacht befindet. Ohne jegliche objektive Analyse auf symbolischer oder mythischer Ebene gelingt es uns vielleicht, die unberechenbaren Seiten der Seele unseres Partners zu würdigen. Eine Methode, die Komplexität und Rätselhaftigkeit eines Traumes zu verstehen, besteht darin, ihn als Offenbarung der Seele zu betrachten, die weit über das Alltagsleben hinausreicht. Gespräche über Träume können den einen Partner zu den charakteristischen Symbolen und Themen der Seele des anderen führen. Ein Gespräch über Träume führt die Unterhaltung von den rationalen Deutungen und Lösungen fort, hin zu einem poetischeren Reflexionsstil. Ein wichtiger Schritt, da die Seele eher von der Poesie als von der Vernunft motiviert wird.

Gesellschaften, in denen die Menschen den Familien oder Ehen Altäre errichten, erkennen die dämonischen Seiten der Ehe an und ehren den ihr innewohnenden Geist, der nicht willentlich kontrolliert werden kann und dem man nicht naiv vertrauen darf. Wir können unserer Ehe entweder tatsächlich einen Altar errichten, eine Skulptur, ein Gemälde, einen Baum, einen Steinhaufen, einen Ring, und auf diese Weise ein Gattungsidol bewahren; eine Methode, sich an jene wichtige Wahrheit zu erinnern. Oder wir können, weniger physikalisch, jenes Mysterium im Kopf behalten, das im Inneren unseres Partners und im Fundament der Ehe verborgen ist.

Nicht nur, wenn wir über Träume sprechen, sondern auch in normalen Gesprächen, können wir dem unserem Partner und dem der Ehe innewohnenden Geist Aufmerksamkeit zollen und ihm seine Berechtigung zugestehen. Plato beschreibt Sokrates als einen Menschen, der in seinen Beziehungen von seinem Dämon geleitet wurde; als einen Menschen, der stets auf Anzeichen dafür achtete, ob der Dämon tatsächlich ein Gespräch, eine Gemeinschaft, erlaubte. In Platos Theaitetos-Dialog spricht Sokrates über Schüler, die zu ihm kommen, um zu lernen: »Wenn sie zurückkommen und mit guten Argumenten um ein weiteres Gespräch bitten, erlaubt es mir das dämonische Symbol, das zu mir kommt, manchmal nicht. Mit anderen Menschen mag es gestattet sein, und das ergibt den Fortschritt.« Das ist ein Beispiel dafür, wie man im Einklang mit seinem Genius lebt und jenen Zeichen Aufmerksamkeit zollt, die darauf hinweisen, daß die Seele – durch die Gegenwart des Dämons – daran beteiligt ist. Wenn es so ist, besitzt die Beziehung ein tiefreichendes Fundament. Anderenfalls wird, trotz vielem Gerede, nichts Bemerkenswertes geschehen.

Wir sollten auf den Genius in uns und in unserem Partner achten. Er kann sich in so einfachen Dingen wie im Versunkensein, in einem Gefühl des Getriebenseins, einem starken Verlangen, dem es oft an guten und überzeugenden Gründen mangelt, oder in einer Spur von Unvernunft zeigen. Ficino, ein Anhänger Platos, sagte, daß unsere alltäglichen Bemühungen vergeblich sein werden, wenn wir dem Dämon keine Aufmerksamkeit zollen. Wir sollten das intuitive, unbegründete, doch starke Verlangen oder auch die Scheu unseres Partners ernst nehmen, und ihnen noch mehr Gewicht verleihen, als er selbst es tut. Ein Leben, das dem Dämonischen gegenüber empfindsam ist, gründet sich insgesamt mehr auf Intuition als auf Vernunft, gesteht den flüchtigen Inspirationen eine bedeutende Rolle zu und lädt zu Exkursionen ins Unbekannte und Unerfahrene ein.

Jenes auf die Seele zentrierte Bild von der Ehe, für das ich mich stark mache, respektiert die weniger subjektiven, weniger vorsätzlichen Elemente einer Beziehung. Das könnte zu einem Leben führen, in dem das Individuum Platz hat, sein exzentrisches Potential auszuspielen. Wir können die Seele der Ehe ehren, indem wir herausfinden, was sie möchte. Einige Ehen bitten bezeichnenderweise um Distanz, andere um Nähe; manche um Kinder, andere um ein Leben als Paar. Manche wollen anscheinend nur kurz sein, andere ein Leben lang andauern. Einige wollen stetige Veränderung, manche begeben sich in eine Struktur und wollen darin bleiben. Einige legen Wert auf Glückseligkeit, andere auf Schmerz. Manche sind flach, andere spitz oder voller Schluchten. Einige Ehen bevorzugen die Sentimentalität, andere das Praktische. Wir können nur herausfinden, was uns gefällt, wenn wir einen Geist der Offenheit in unsere Ehe einbringen; einen Geist, der mit Vorurteilen und gesellschaftlichen »Modellen« aufräumt. Nur durch Versuch und Irrtum werden wir den Geschmack unserer einzigartigen Ehe kennenlernen.

Und eben weil das Schicksal unberechenbar und – per definitionem – keine Kette von Ursachen offenbart, noch Erklärungen bietet, kann es ein Paar in Verwirrung stürzen. Sollte dies der Fall sein, ist es das beste, miteinander zu reden, und zwar mit Worten, die von Herzen kommen, um das Leben so kennenzulernen, wie es sich zeigt. Wir neigen dazu, uns erst einmal in Abwehrposition zu begeben und nach Rechtfertigungen für unsere Taten zu suchen. Das Schicksal erbittet ein wenig Loyalität von uns, damit wir einen Weg finden können, in einer Weise darüber zu sprechen, die seinem Mysterium angemessen ist. Ohne uns der Verantwortung zu entziehen, können wir unser Erstaunen über den Ereignisablauf ausdrücken, über das sprechen, was so unerklärlich erscheint, und anerkennen, daß wir bereit sind, jenes Leben, das das Schicksal in uns erschafft, anzunehmen und dafür verantwortlich zeichnen.

Manchmal kann man die Seele nur erreichen, wenn man einen Blick auf das Negative wirft; indem man nach den Methoden Ausschau hält, mit denen wir uns unbewußt vor den Stacheln der Lebenszielsetzungen schützen. Wir könnten erkunden, was uns in einem bestimmten Entwicklungsstadium schmerzlich und schwierig erscheint, was uns am meisten widerstrebt, und die Methoden herausfinden, wie wir uns der Herausforderung entziehen oder vor ihr fliehen. Ohne uns Selbstvorwürfe zu machen oder nach Mitgefühl zu heischen, können wir dabei den Druck offenbaren, den die Seele auf uns ausübt, und so unserem Partner mit ungewöhnlicher Offenheit zeigen, was uns formt und unser Leben beeinflußt. Diese Form objektiver Ehrlichkeit uns selbst gegenüber kann enthüllender sein als jede subjektive, persönliche Verwirrung.

Eine andere Methode, sich um die Seele der Ehe zu kümmern, eine Methode, auf die man sich früher wahrscheinlich besser verstand als heute, besteht darin, die Ehe zu preisen und zu feiern. Das kann auf offensichtliche Weise – Essen und Geschenke zum Hochzeitstag – oder auf ungewöhnliche Weise geschehen. Wir könnten, wie ich im sechsten Kapitel zeigen werde, Gelegenheiten finden, Briefe an unseren Gefährten zu schreiben, obwohl wir Tag für Tag mit ihm zusammenleben. Der Brief kann eine einfache, von Herzen kommende Gefühlsäußerung sein oder die Form eines Gedichtes annehmen. Das Gedicht braucht nicht professionell oder »gut« zu sein, um seiner Bestimmung, die Ehe zu feiern, Genüge zu tun. Und es bietet ein Element der Förmlichkeit und Nachdenklichkeit, das dem Gefühl keineswegs fern ist.

Eine weitere Methode besteht darin, die Gelegenheit, den Partner zu preisen und zu feiern, beim Schopfe zu packen, wann immer sie sich bietet: indem wir ihm sagen, was wir für ihn empfinden, oder anderen davon erzählen. Es ist einfach, solche Gelegenheiten zu übersehen und letztlich nur wieder über Probleme zu sprechen. In der modernen Kultur gibt es etwas, was dem Lob mißtrauisch entgegensteht. Oft bekommt man zu hören, man sei »selbstsüchtig«. Diese Angst davor, selbstsüchtig zu sein, ist selbst ein modernes Problem; natürlich in der ähnlich schwierigen Aufgabe verborgen, wirklich bescheiden zu sein. Was wiederum schmerzliche Folgen zeitigt, weil das Herz sich nach Anerkennung und Würdigung sehnt. Nur ein neuro-

tischer, puritanischer Geist würde der Seele diese Gunst ab-
schlagen.

Manchmal verlangt die Seele auch nach etwas, was nicht ganz
so stark ist wie ein Lob, aber stärker als bloßes Interesse. Was für
eine interessante Sache so eine Ehe doch ist! Wir sollten uns alle
mehr für unsere Ehe interessieren, empfindsamer für das werden,
worum sie täglich bittet; festzustellen, wie einzigartig jede einzelne Ehe ist und tagtäglich entdecken, was eine Ehe im allgemeinen bedeutet. Unsere Standardvorstellungen von der Ehe mögen
langweilig sein, aber eine gelebte Beziehung, in der man das
Staunen noch nicht verlernt hat, mag eine gänzlich ungenormte
Sicht der Ehe zeigen. Und auch das Interesse selbst kann seine
Seele enthüllen, indem es seine Aufmerksamkeit vom Menschen
fort auf den Vorgang lenkt.

Die Ehe und das Heilige

Die Überlieferung lehrt, daß die Seele eine bedeutende Dimension besitzt. Lebt man auch in der Ehe mit der Seele, ist ein
spirituelles Leben die Folge, das direkt der Beziehung entspringt.
Jung spricht in seinen Werken oft vom *hieros gamos* oder der
»heiligen Hochzeit«, einer Vereinigung, die auf einer weit tieferen oder höheren Ebene als die Persönlichkeit und das Leben
angesiedelt ist. In gewissem Sinne beschwört jede Ehe die »Ver-
mählung« aller Dualitäten herauf und nimmt daran teil. Arbeit
und Spiel, Nacht und Tag, Gefühl und Verstand – alle Gegensätze, die wir uns vorstellen können, vermählen sich bei der
heiligen Hochzeit der Eigenschaften. Zu Anfang seines gewichtigen Werks über Alchimie, dem »Mysterium Coniunctionis«,
führt Jung einige Paare auf, die sich bei der »Seelenhochzeit«
miteinander verbinden:

feucht/trocken
kalt/warm
oben/unten
Geist/Körper
Himmel/Erde
Feuer/Wasser
hell/dunkel
aktiv/passiv
gasförmig/fest
teuer/billig
gut/böse
offen/verborgen
Ost/West
lebendig/tot
männlich/weiblich
Sonne/Mond

Die Ehe, die zwei Menschen eingehen, mag als Ritual oder als ein normales Leben betrachtet werden, in dem im Laufe der Zeit jene anderen »mystischen« Elemente erfolgreich vermählt wurden. Vielleicht sollte man einmal über diese einzelnen Begriffspaare nachdenken, um unter der Oberfläche der Ehe jene Elemente zu erkennen, die darin eine weitere wesentliche Rolle spielen. Die Aufarbeitung der Beziehung ist eine Methode, Alchimie an diesen Seeleneigenschaften durchzuführen. Wobei sich allerdings letzten Endes herausstellen könnte, daß die Seele für die Ehe wichtiger ist als die Aufarbeitung unserer persönlichen Probleme.

Es überrascht nicht, daß Jesus sein erstes Wunder auf einer Hochzeit in Kanaan wirkte, wo er Wasser in Wein verwandelte – die langweilige Lebensnotwendigkeit in die lebhafte, dionysische, aktive Geistessubstanz. Alle Ehen werden in Kanaan geschlossen, denn in allen verwandelt sich der zwangsläufig schale

Stoff des Lebens (Wasser) in ein funkelndes, prickelndes, anregendes Element der Seele (Wein).

So ist es nur angemessen, daß auf Hochzeiten und bei der Erneuerung des Versprechens Paare die Vereinigung ihrer beiden Leben und der Eigenschaften ihrer Seelen mit traditionellen Gebeten, Gedichten, Wein und rituellen Handlungen feiern. Die Ehe ist nicht nur deshalb heilig, weil sie eine kostbare und ehrwürdige Gelegenheit ist, menschliches Leben zu gestalten, sondern weil sie auch in sich selbst eine Art Religion darstellt, eine spezielle Methode, durch die Spiritualität ins Leben strömt.

Doch man braucht nicht über Mythen, Theologie und Alchimie nachzugrübeln, wenn man das Wunder der Ehe leben will. Man muß nur gänzlich in sie eintreten und für ihre Seele sorgen, wie immer sie auch sein und wohin sie auch führen mag, und sei es in die Dunkelheit. Die Ehe ist von Natur aus übernatürlich und magisch. Wir begreifen sie nicht und können nicht wissen, wohin sie führt. Für die Sorge der Seele ist es wichtiger, ihre Mysterien zu ehren, als zu versuchen, ihre Absichten durch das zu ersetzen, was wir mit unserem kleinen Verstand für besser halten. Wenn Sie die Seelenfülle in Ihrer Ehe garantieren möchten, wäre es auf jeden Fall besser, ihr einen Altar zu errichten, ihren Gott oder ihre Göttin zu finden und ihr Bild zu pflegen, als dem »Handbuch« zu folgen und alles richtig und klug zu machen. Eine Ehe ist für uns alle, welcher Religion wir auch angehören oder nicht angehören mögen, ein Sakrament. Um für die Seele der Ehe zu sorgen, müssen wir mehr Seelsorger als Techniker sein und stärker von der Quelle der gewöhnlichen Ehrfurcht als von Theorien und Formeln angezogen werden.

4 Die Familie der Seele

Um der Seele jenes Familienleben zu schenken, das sie sich wünscht, und dem Familienleben die Seele zu geben, die sie braucht, muß man die Poesie diesen würdigen, was eine Familie darstellt. Eine Familie ist kein abstraktes kulturelles Ideal: Mann, Frau und Kinder, die froh und glücklich in einem mit Hypotheken belasteten Haus in einer ruhigen Seitenstraße wohnen. Die von der Seele gewünschte Familie ist ein fühlbares Beziehungsnetz, die Beschwörung einer bestimmten Form wechselseitiger Verbindung, die sich erdet, Wurzeln schlägt und sich häuslich einrichtet. Die Beziehung muß nicht vollkommen sein, um zu funktionieren und uns zu beschenken; doch sollte sie die Phantasie wachrütteln und die Gefühle in einer Weise anrühren, die für die Familie spezifisch ist.

Die Seelenfamilie ist ein Echo, ein poetischer Widerhall der eigentlichen Familie; es gab sie bereits in mythischen Zeiten, noch bevor ihr eine wirkliche Familie Leben einflößte. Da die Familie für die Seele kein prosaisches Wesen ist, kann sie durch unterschiedliche Dinge heraufbeschworen worden sein – einen Elternteil, ein zufriedenstellendes Zuhause, ja sogar durch eine Schule oder eine andere Institution. Zwischen der Seelenfamilie und der wirklichen Familie herrscht ein ständiges Zwiegespräch, so daß die Erinnerungen an unsere eigene Kindheit eine wichtige Rolle bei der Gestaltung der imaginären Familie spielen und unsere Phantasie die Art und Weise beeinflussen, in der wir unserer wirklichen Familie verbunden sind.

Die Seele braucht gefühlte Familienerfahrung, gleichgültig, ob wir Kinder sind, die diese Erfahrungen meistens zu Hause machen, oder Erwachsene, die am Arbeitsplatz oder in der Nachbarschaft nach einer Familie Ausschau halten. Im weitesten

Sinne ist »Familie« keine bloße Metapher, sondern eine bestimmte Art der Beziehung, die viele verschiedenen Formen annehmen kann. Sie sorgt stets für eine elementare Zugehörigkeit, die weder von der Anziehungskraft noch von der Harmonie abhängt. Beispielsweise können Menschen, die gemeinsam an einem Projekt arbeiten, das Gefühl der Familie spüren, während sie miteinander reden, arbeiten und einander kennenlernen. Wenn wir hoffen, daß unser Land wie eine Familie zusammenhält oder die Länderfamilie in Frieden leben kann, so ist das keine Metapher, sondern der Ausdruck eines tiefempfundenen Bedürfnisses der Seele nach einer auf besondere Art begründeten Beziehung, die innige, bedingungslose und stabile Sicherheit bietet.

In der Psychologie, der Soziologie und der Politik wird so viel über die Bedeutung der Familie als »Zelle« gesprochen – ein seelenloser, abstrakter Begriff –, daß wir das einfache Bedürfnis der Seele nach einer lebendigen Familienerfahrung möglicherweise übersehen. Indem sie ihrer Hoffnung auf eine Menschheitsfamilie Ausdruck verleiht, ruft die Seele nach einer ihrer ersehnten Freuden. Jung wies auf die Archetypen Mutter, Vater, Kind, Ehemann und Ehefrau als die »höchsten regulierenden Prinzipien des religiösen und politischen Lebens« hin, die eine »enorme psychische Macht« besitzen.[1] Ein inniges Bild von der Familie, das wirksam in unserem Herzen, unserer Phantasie, wohnt, kann uns helfen, auf eine Art und Weise miteinander zu leben und zu arbeiten, wie es nach einem Prinzip der Vernunft nicht möglich ist. Aber um eine Familie bis zu jenem Grad der Innigkeit zu hegen und zu pflegen, müssen wir sie mit einem poetischen Sinn betrachten, der mit den tiefsten emotionalen Bedürfnissen harmonisiert und dennoch in der Lage ist, sich das Wesen der Familie in groben Zügen vorzustellen.

Da es so einfach ist, die Familie nüchtern zu betrachten und ihre Seelenfülle zu vernachlässigen, ist es besser, wenn wir uns zuerst mit unserem Familienbild beschäftigen und zu einem tieferen Verständnis darüber gelangen, welche Rolle es im Leben der Seele spielt, und dann erst über unsere wirkliche Familie und unser wirkliches Zuhause nachdenken. Es ist möglich, in einer Familienstruktur zu leben, die jenes Bild der Familie, nach der sich die Seele sehnt, nicht heraufbeschwört – die Seele folgt nicht automatisch der Struktur. Möglicherweise stellen wir auch fest, daß eine bestimmte Familie keine Idealfamilie darstellen muß, um der Seele das zu geben, was sie haben will.

Als fundamentale Lebensstruktur betrachtet, bietet eine Familie Kindern Schutz, Anleitung, Bildung, körperliche und emotionale Sicherheit und Liebe. Eltern mögen im Familienleben die sinnvolle Arbeit finden, Kinder aufzuziehen und für sie zu sorgen. Andere Familienmitglieder – Großeltern, Cousins und Cousinen, Onkel und Tanten, Neffen und Nichten – sind durch die Familie mit anderen verbunden, gleichgültig, wo sie wohnen und wie sie sich verhalten. Die Seele kann auch auf andere Weise gehegt werden. Ein Kind erhält von seiner Familie eine Geschichte und Kultur. Seine Identität, seine Werte, seine Weltanschauung und seine Lebensgewohnheiten sind stark von jenen Erfahrungen beeinflußt, die es in einer bestimmten Familie machte. Im Familienleben treffen sich Vergangenheit und Zukunft.

Die Kultur einer Familie hat nicht nur gestaltenden Einfluß, sondern stellt auch eine Ressource dar, auf die ein Mensch bei seiner Suche nach Richtung, Sinn und Lebensart ein Leben lang zurückgreifen kann. Menschen unserer modernen Zeit klagen oft über den Verlust traditioneller Werte und darüber, wie unnütz, wurzellos und hilflos sie sich vorkommen. Wenn wir die Familie als eine reiche Quelle der Überlieferungen, Geschichten, Eigenarten und Werte betrachteten, würden wir uns vielleicht nicht so einsam und einem Leben preisgegeben fühlen, das Tag für Tag neu erzeugt werden muß. Wir können unser Leben nicht aus dem

Nichts erschaffen. Wir brauchen Rohmaterial, von dem etwas unseren eigenen, inneren Ressourcen entstammen mag, doch den Rest liefert das Leben. Unsere Familien bieten, obgleich sie uns kaum als perfektes Modell erscheinen, einiges an Rohmaterial, das wir nach unserem eigenen, kreativen Vermögen zu einem Leben formen können.

Wenn wir Eltern werden und unsere eigenen Familien schaffen, sollten wir uns der Bedeutung der Familientraditionen und anderer Aspekte unseres Familienerbes für die Seelen unserer Kinder bewußt sein. Viele Gesellschaften, Rituale, Sitten und Gebräuche bewahren noch jene traditionellen Methoden der Kinderaufzucht und des Familienzusammenhalts. Unsere Kultur hat sich derart der Produktivität, Mobilität, Kommunikation und Information verschrieben, daß wir jegliches Verständnis für die Wichtigkeit der Familientraditionen verloren zu haben scheinen. In vielen Fällen sind die jungen Menschen feindlich dagegen eingestellt, sagen sich von ihnen los und machen ohne sie weiter, um dem zu entgehen, was sie als die Last und Beschränkungen der Traditionen empfinden. Vielleicht erlangen sie ein wenig Frieden; und zweifellos können Traditionen in Familien als ein Mittel mißbraucht werden, die Macht aufrechtzuerhalten. Doch der Verlust der Familientraditionen kann ausgedehnte emotionale Lücken und große Löcher hinterlassen, die zu einem Gefühl der Leere und der Nutzlosigkeit beitragen mögen.

Beim Problem der heutigen Familie handelt es sich, wenigstens teilweise, um das alte »Huhn-und-Ei«-Problem. Um ein befriedigendes Seelenleben zu führen, brauchen wir eine reichhaltige Familienerfahrung, zu Hause und in jedem Aspekt des Lebens. Doch um die Familie umfassend würdigen zu können, muß das seelenvolle Leben allgemein intensiviert werden. Die einzige Lösung dieses Problems besteht darin, beiden stärkere Aufmerksamkeit zu schenken; zu erkennen, daß wir mehr Seelenfülle bei unserer Beschäftigung mit der Familie einbringen und uns wegen unserer Seelenbedürfnisse nach Sicherheit, Anleitung, Verbundenheit und Tradition häufiger an die Familie wenden könnten. In der Familientherapie bekommt man die Brüche in den vielen Beziehungen zu sehen, die eine Familie ausmachen. Mann und Frau können sich nicht darüber einigen, wie sie mit ihren Problemen am Arbeitsplatz oder zu Hause umgehen sollen, und lassen sich deshalb auf zersetzende und beunruhigende Streitigkeiten und Kämpfe ein. Eltern verstehen nicht, wie ihre Kinder eine Leben führen können, das sich derart von ihrem Leben unterscheidet, und fühlen sich von ihnen abgelehnt. Erwachsene Kinder wiederum fühlen sich von ihren Eltern vollkommen mißverstanden. Sie spüren kein Vertrauen, keine Sicherheit in ihrer Familie, und werden ohne Anleitung und Hilfe gelassen. Geschwister fühlen sich häufig durch Eifersucht, Neid oder endlose Rivalität einander entfremdet.

Eine Methode, mit all diesen Brüchen fertig zu werden, wäre, endlich die schwierige Wahrheit zu akzeptieren, daß alle Seelenäußerungen letztlich Ausdruck ihrer Bedürfnisse sind. Jene Gefühle gehören zum Familienleben; doch sie können roh und unentwickelt sein. Die Familie sollte sich mehr Zeit füreinander nehmen, um jenen Gefühlen vorurteilslos und ohne jegliche Erwartung Gehör zu schenken, damit sie sortiert, verbessert und ins Gemeinschaftsleben integriert werden können. Phantasie und Reflexion könnten in diese Spannungen eingebracht werden, wenn man ihre Notwendigkeit und ihre Ungeschliffenheit anerkennen würde.

Das Hauptproblem der Familie ist die Phantasie. Wir müssen die Schattenseiten der Familie würdigen – die Spannungen, Differenzen, Gegensätze und Konflikte –, Aspekte, die in der Familienseele eine konstituierende Rolle spielen. Bei Auseinandersetzungen geht es oft darum, daß ein Mitglied der Familie heute eine andere Vorstellung von sich selbst hat als früher, was oft der Fall ist, wenn dieser Mensch sich gerade in einem Übergangsstadium befindet. Doch wenn die einzelnen Mitglieder der Familie mutig genug sind, sich immer wieder als eine Familie zu sehen und ihrer Tradition gegenüber loyal zu bleiben, dann sorgen sie für die Familienseele. Vielleicht werden sie nicht das Glück finden – Glück ist ganz einfach kein Ziel der Seelenarbeit –, aber sie könnten der großen, reichhaltigen Belohnung, die aus Bedeutung, Zugehörigkeit, Richtung und Geschichte besteht, schlicht dadurch teilhaftig werden, daß sie die Seele ihrer Familie ehren.

Familienversäumnisse

Wenn die Seele aus jedem Aspekt unseres Lebens entweicht, hat das stets eine sehr gespaltene Lebensweise zur Folge. Wenn wir die Tiefen der Familien nicht spüren, betrachten wir sie entweder mit einer rosaroten Brille oder kritisch. Wir sprechen von der Familie, als sei sie die höchstgeachtete Institution der Gesellschaft, und wir geben ihr die Schuld an vielen Krankheiten, unter denen wir als Erwachsene leiden. Tatsächlich ist die Familie niemals so erhaben, wie wir sie darstellen, noch ist sie die Hauptursache für unser Versagen. Wir könnten die Familienseele wiederherstellen, wenn wir einen Weg aus diesem gespaltenen Verhalten fänden und das Thema Familie realistischer behandelten.

Die grundlegende Frage: »Warum entspricht das Leben nicht unseren Idealen und Erwartungen?« ist ebenso bedeutsam und geheimnisvoll wie die Frage: »Warum existiert das Böse auf dieser Welt?« Wenn wir immer nur gemäß dem Schema von Ursache und Wirkung denken; wenn wir der Meinung sind, das menschliche Leben sei hauptsächlich eine Folge äußerer Einflüsse, werden wir zweifellos einen Blick auf unsere Vergangenheit – auf Familienleben und Kindheitstrauma – werfen, um mit diesen äußerst schwierigen Fragen fertig zu werden. Es erscheint logisch, daß wir ein paar Neurosen von unseren Eltern mitbekommen oder als Kind eine traumatische Erfahrung gemacht haben, wenn wir als Erwachsene unter emotionalen oder Beziehungsproblemen leiden.

Fragen nach dem Bösen und dem Leiden gehören zu den tiefsten Mysterien, mit denen wir uns auseinanderzusetzen haben. Aber unsere sich plagenden Eltern für diese Mysterien verantwortlich zu machen, lenkt uns nur von unserer Eigenverantwortlichkeit ab. Mit dem Ergebnis, daß wir unseren Eltern und anderen Verwandten eine schwere Bürde auferlegen, die sie nicht tragen können, und somit vermeiden, uns den Mysterien des Bösen und des Leidens in unserem eigenen Leben und als unseren persönlichen, lebensgestaltenden Problemen zu stellen. James Hillman hat die interessante Beobachtung gemacht, daß wir unsere Eltern entmenschlichen, wenn wir sie vergöttlichen. Oder anders ausgedrückt: Indem wir die Familie idealisieren, dämonisieren wir sie. Wenn wir unsere eigenen Fragen nach dem Sinn des Lebens lösen, indem wir sie auf Familiendynamiken zurückführen und letztlich unsere Eltern für die Schwierigkeiten in unserem Leben verantwortlich machen, entmenschlichen wir sie und vereinfachen die Herausforderung unserer eigenen Existenz maßlos.

Philosophen und Religionsgründer haben über das Böse und das Leiden nachgedacht und sind auf weit gehaltvollere Antworten gekommen. Der Buddhismus beispielsweise hält nach den Quellen des Leidens Ausschau und weist auf unsere Sehnsüchte hin. Auch in den Überlieferungen der eingeborenen Amerikaner, wie des Bow Clans der Hopi, werden Fragen über das Leid gestellt. Für sie ist es das Werk einer gottlosen Gemeinschaft, die in grauer Vorzeit lebte. Auch die Christen stellten sich diese Frage und beantworteten sie mit der mythologischen Geschichte von Adam und Eva.

Wie wäre es, wenn wir, statt wie besessen über unsere Familiengeschichte nachzugrübeln, in den alten Geschichten nach Erklärungen für unser Leiden suchen würden. Sich beispielsweise vorzustellen, daß Adam und Eva, unsere mythischen Eltern, für das Böse und das Leid verantwortlich sind, heißt erstens, anzuerkennen, daß das Böse und das Leid keine realen Probleme, sondern Mysterien sind. Und, zweitens, wird uns vielleicht klar, daß sie nicht im Zeitlichen wurzeln, sondern auf ewig im menschlichen Herzen beheimatet sind, in jenem geheimnisvollen Teil der *conditio humana*.

Wenn wir Kinder sind, erscheinen uns unsere Eltern riesengroß, so, als besäßen sie mythische Proportionen. Aber wenn wir älter werden, nehmen sie menschliche Dimensionen an. Doch noch, wenn wir Erwachsene sind, besteht die Gefahr, daß wir die beiden Menschen, die unsere Eltern sind, mit jenem mythischen Paar verwechseln, das in verschiedenen Kulturen mit unterschiedlichen Namen bezeichnet wird. Mom und Dad beschwören vielleicht den Mythos der Familie herauf, aber sie sind nicht mit Adam und Eva identisch.

Adam und Eva sind die wahre und wahrscheinlich einzige gestörte Familie. In der Geschichte heißt es, daß sie das Paradies in Reichweite hatten. Doch sie verloren es, weil sie ein von Gott gegebenes Gesetz brachen und vom Baum der Erkenntnis von Gut und Böse aßen. Der Gedanke, daß das Leben paradiesisch sein könnte, geht uns häufig durch den Kopf, aber immer geschieht etwas, was uns aus dem Paradies vertreibt. Aus mythischer und archetypischer Sicht betrachtet, liegt dieses Muster der eigentlichen Natur der Dinge zugrunde. Doch weil es im persönlichen Leben gelebt wird, ist es verführerisch, es persönlich zu nehmen. Und so machen wir unsere Eltern dafür verantwortlich, daß wir keine unschuldigen und vollkommenen Paradieskinder sind. Aber aufrichtiger und ehrlicher wäre es, wenn wir begreifen würden, daß beides – das Paradies und die Vertreibung daraus – zu ein und demselben Mysterium gehört und für die *conditio humana* unentbehrlich ist.

Unsere Aufgabe als Erwachsene kann es deshalb sein, unseren Eltern ihre Unvollkommenheit zu vergeben, so schwer es uns auch fallen mag. In manchen Fällen ist diese Unvollkommenheit vielleicht nur geringfügig, in anderen mag sie bedeutend sein. Aber wir müssen auf jedem Fall mit dem Bösen und dem Leid in unserem eigenen Leben fertig werden und auf die bequeme Funktion eines Sündenbocks verzichten. Tatsächlich wäre unser Leben um einiges reicher, wenn wir aufhören könnten, die Fehler der Eltern als Entschuldigung anzuführen. Die Herausforderung einer Welt, in der das Böse und das Leiden eine Rolle spielen, könnte unser Erwachsenenleben interessant gestalten. Und wenn wir in noch größerem Umfang zulassen, daß die Sozialwissenschaft die Eltern für die mythischen Herausforderungen des menschlichen Lebens verantwortlich macht, werden wir in einer unreifen Gesellschaft verbleiben und unter den Symptomen einer Kultur leiden, die zu unreif ist, um mit den dunklen Elementen des Lebens fertig zu werden.

Wenn wir unsere Eltern und andere Familienmitglieder aus der Verantwortung für unser Schicksal entlassen, haben wir als weiteren Vorteil die Möglichkeit, eine befriedigende Beziehung zu ihnen herzustellen – keine geringe Leistung für die Seele. Wenn wir negativ über die Familie denken und sie für pathologisch halten, entfernen wir uns von ihren Mitgliedern und berauben uns so der Möglichkeit, durch sie bereichert zu werden. Vergebung ebnet den Weg für einige Beziehungsformen – geringfügig in manchen Situationen, tief befriedigend in anderen. Zweifellos wäre es weit besser um die Familie bestellt, wenn wir alle erwachsen würden und uns den ewigen Herausforderungen der menschlichen Existenz offen, nach unseren eigenen Bedingungen, stellen und die volle Verantwortung für unser Leben übernehmen würden.

Aber es gibt da noch eine Schwierigkeit. Wenn wir unseren Eltern die Schuld an unserem archetypischen Leiden geben, werden wir gerade dadurch an sie gefesselt. Nicht, weil wir von ihnen abhängig sind, sondern wegen der Schuldzuweisung. Doch selbst der kleinste Schritt in Richtung eines eigenständigen Lebens kann uns von diesem statischen Zustand befreien. Menschen, die jahrelang mit ihren Eltern in einer Pattsituation steckten und den Wunsch verspüren, ihr eigenes Leben zu leben, fühlen sich plötzlich frei, in eine andere Region zu ziehen, fort von ihren Eltern. Oder sie verleihen ihrer Befreiung weniger direkten Ausdruck, indem sie Dinge tun, die sie jahrelang auf die lange Bank geschoben haben. Und häufig stellen sie fest, daß das Durchbrechen des Verhaltensmusters ihnen erlaubt, ihren Eltern gegenüber jene positiven Gefühle zu hegen, die sie vorher nie zugelassen haben.

Und die Eltern erkennen möglicherweise, wie wichtig es ist, ihre Kinder zu ermutigen, ein eigenes, verantwortungsbewußtes Leben zu führen. Diese Lektion kann man ihnen vielleicht am besten durch ein gutes Beispiel beibringen. Eltern gehen manchmal der Verantwortung für ihr eigenes Leben aus dem Weg, indem sie sich hinter ihren Kindern verschanzen und statt für sich selbst, die Verantwortung für ihre Kinder übernehmen. Wenn wir unser eigenes Leben führen, geben wir nicht nur ein gutes Beispiel, sondern schaffen dadurch auch eine wirkliche Gemeinschaft innerhalb der Familie. Denn eine Gemeinschaft kann nur dann bestehen, wenn ihre Mitglieder die Freiheit besitzen, Individuen zu sein.

Um mit jenen entmutigenden Mißerfolgen und schlechten Kritiken umgehen zu können, mit denen sie während der Erziehung ihrer Kinder konfrontiert werden, sollten Eltern berücksichtigen, daß die Geschichte von Adam und Eva auch auf die Eltern anwendbar ist: Solange wir perfekte Eltern sein möchten und hoffen, daß unsere Familie für unsere Kinder zum Paradies wird; ist der Fall unvermeidlich. Seit Jahrhunderten warnen die Theologen, daß das Paradies auch eine Art Gefängnis war, aus dem wir vertrieben werden *mußten*. Einer Überlieferung zufolge war Adams und Evas Vertreibung ein *felix culpa*, ein »glücklicher Fehler«. Jene gewöhnlichen Fehler, die Eltern machen, die »negativen« Gefühle, die sie bezüglich ihrer Elternschaft hegen, Gefühle wie Selbstsucht und Widerwillen, spielen eine Rolle bei der Erziehung der Kinder. Die Seele unterscheidet nicht so sehr zwischen gut und böse, als zwischen nahrhafter und reizarmer Kost.

Die Familie in der Heiligen Phantasie

Wir müssen nicht nur den Schatten der Familie als Teil ihrer Kreativität würdigen und im Familienleben zwischen persönlich und schicksalhaft unterscheiden, sondern wir brauchen auch inspirierende Bilder, die uns die Heiligkeit der Familie zeigen. Unsere Bücher, Zeitschriften und Filme sind von Bildern der Familie als einem sozialen Konstrukt oder einem hygienischen Treibhaus für die menschliche Entwicklung durchsetzt. Doch diese humanistische Familie besitzt nicht zwangsläufig auch eine Seele. Denn die Seele bedarf einer spirituellen Vision und einer tiefen Würdigung des Heiligen.

Zu den interessantesten Methoden, die Jung in seinen Schriften anwendete, gehörte, daß er Lehren, Rituale und Bilder verschiedener Religionen als Äußerungen der Seele interpretierte, die auf jeden anwendbar sind. Beispielsweise war für ihn in der katholischen Lehre die Verkündigung von der Himmelfahrt Mariens ein wichtiger Augenblick für die ganze Welt, der einen Wendepunkt in der Geschichte darstellte, weil damit dem weiblichen Aspekt ein Platz von höchster Bedeutung zugewiesen wurde. Ebenso können wir die christliche Idee der »Heiligen Familie« als einen Hinweis auf die Heiligkeit der menschlichen Familie betrachten und als eine Feier derselben.

Die Katholiken benennen Kirchen nach der Heiligen Familie, und ein Tag im Jahr ist ihrer Feier gewidmet. Ein Gebet, das an diesem Tag in der Messe gesprochen wird, zeigt recht deutlich ein Wissen um die wahrhaft heilige Natur der Familie:

> Herr Jesus Christus, der du Joseph und Maria untertan warst, du hast das häusliche Leben mit unaussprechlicher Macht geheiligt. Lehre uns durch das Beispiel deiner Heiligen Familie und mit der Hilfe jedes ihrer Mitglieder, und hilf uns, in der ewigen Gemeinschaft zu leben.

Dieses Gebet erkennt nicht nur die Heiligkeit des Familienlebens an, sondern nimmt auch seine außerordentliche Macht zur Kenntnis. Diese Macht ist weder politisch noch persönlich, sondern eher eine Macht der Seele. Die Fähigkeit einer Familie, ein Kind oder ein anderes Familienmitglied zu stärken, zu erziehen und zu bereichern, geht weit über jeden meßbaren Einfluß hinaus. Der Familie wohnt ihrer Natur nach die Macht inne, menschliches Leben aufzuziehen. Diese Macht ist, dem Gebet nach, »unaussprechlich« – sie ist so groß und geheimnisvoll, daß man sie nicht in Worte fassen kann. Weder eine psychologische noch eine soziologische Analyse kann ihre Quelle erklären, aber die Religion kann sie bestätigen. Und wie jede Macht, die einer solch tiefen Quelle entspringt, kann sie zum Guten oder Schlechten verwendet werden: In der einen Familie wird der Mensch darauf vorbereitet, mit den Herausforderungen des Lebens fertig zu werden, während die andere ihren Mitgliedern derart tiefe Wunden zufügt, daß man sich fragt, ob sie jemals heilen werden. Wenn wir von persönlichen Problemen überrascht oder von gesellschaftlichen Mißerfolgen überwältigt werden, wenn all unsere Bemühungen vergebens scheinen, sollten wir uns an den Gedanken in jenem Gebet von der Heiligen Familie erinnern, daß die Familie eine Macht besitzt, die über alle menschlichen

Bemühungen hinausgeht. Es ist etwas Magisches um diese Macht der Familie; eine Magie, die wir, mit Respekt und Demut, wirksam nutzen können.

In Harmonie mit der Seele zu leben, bedeutet, Kräften wie der Macht der Familie zu trauen, die jenseits allen Verstehens sind und menschliche Mühen transzendieren. Diese Vorstellung mag jenen, die dem modernen Leben anhängen und auf ihr persönliches Verständnis und ihre Fähigkeiten bauen, seltsam vorkommen. Doch weltweit wissen Kulturen um die Wirksamkeit von Ritualen, magischen Verrichtungen, Wallfahrten, Liedern, Gebeten und heiligen Künsten, wenn es darum geht, mit den Schwierigkeiten des Lebens fertig zu werden. Die Macht der Familie bietet auch eine Möglichkeit, die geheimnisvollen und forderndsten Probleme des menschlichen Lebens in den Griff zu bekommen. Im Laufe der Geschichte haben sich die Familien nicht nur wegen des körperlichen Schutzes zusammengeschlossen, sondern auch wegen jener besonderen Seelenmacht, die man in einer Familie finden kann. Auch wir in unserer modernen Welt, können uns nicht nur für vernünftige Ratschläge und finanzielle Unterstützung an unsere Familie wenden, sondern auch wegen der geheimnisvollen, schöpferischen Macht, die ihr innewohnt.

Ein ungewöhnliches Gebet aus der indianischen Überlieferung feiert die heilige Macht der Familie, unsere Welt zusammenzuhalten. Jedes Zeitalter war Zeuge der Teilung, der Feindschaft zwischen den Völkern und suchte politische und militärische Lösungen für dieses Problem. Doch Black Elks Gebet, seiner Darstellung der sieben Riten der Sioux entnommen, bietet eine religiöse Lösung:

> Er, der unser Großvater und Vater ist, ging eine Beziehung zu meinem Volk, den Sioux, ein; es ist unsere Pflicht, einen Ritus zu schaffen, der diese Beziehung auf die unterschiedlichen

Menschen in den verschiedenen Nationen ausdehnt ... O Großvater, Wakan-Tanka, schau uns an! Hier sollen wir Verwandte und Frieden schaffen; das ist dein Wille. Mit diesem süßen Gras, das dir gehört, erzeuge ich jetzt Rauch, der zu dir aufsteigen wird. In allem, was wir tun, bist du der Erste, und diese unsere geheiligte Mutter Erde ist die Zweite.[2]

Indem es die Göttlichkeit der Mutter- und Vaterschaft anerkennt, dehnt dieses Gebet das Familiengefühl auf alle Völker und Geschöpfe aus. Die Menschheitsfamilie entwickelt sich hier aus einer geheiligten Beziehung zwischen einer Gemeinschaft und ihren geistigen Eltern und Großeltern. Black Elk bittet nicht um eine Weltregierung oder um internationale Vereinbarungen. Sie sind zwar wichtig, doch zuerst einmal müssen wir die Familie in ihrer eigentlichen Bedeutung erkennen und anerkennen. Nach Black Elks Ansicht können wir eine internationale Familie nur erschaffen, wenn wir in uns eine tiefe spirituelle Vorstellung von der Familie entwickeln.

Unsere weltliche Vorstellung von der Familie, die in der heutigen Zeit als selbstverständlich betrachtet wird, wendet sich nach innen und ist übermäßig persönlich und letztlich fremdenfeindlich geworden. Sie pathologisiert jene Menschen, die uns aufzogen, statt sie dafür zu ehren, daß sie einer heiligen Pflicht nachgekommen sind, und pathologisiert somit im weitesten Sinne die gesamte Menschheit. Falls wir eine beschränkte und weltliche Vorstellung von der Familie haben, stehen wir möglicherweise auch unseren eigenen Beziehungen abwehrend gegenüber. Dadurch wird es für die Völker der Welt schwierig, wenn nicht unmöglich sein, in Frieden zu leben. Aber wenn wir die Familie als wahrhaft heilig betrachten und als eine Möglichkeit würdigen könnten, ein erfolgreiches und einflußreiches Leben zu führen, hätten wir eine solide Grundlage für eine Beziehung auf internationaler Ebene.

Wenn unser Rauch nicht wie Black Elks Rauch zu den göttlichen mystischen Eltern emporsteigt, werden wir auch nicht jene Empfindsamkeit besitzen, die für eine umfassende Würdigung der Familie erforderlich ist, die auch alle Nationen einschließt. Doch wir brauchen diese globale Sensibilität, nicht nur um zu überleben, sondern auch wegen jenes Seelenlebens, das uns eine derart mannigfaltige globale Familie schenken kann. In Anbetracht der wissenschaftlichen Entdeckungen der letzten hundert Jahre und der fortwährenden Erfindungen ist es für jeden klar, daß wir in einem »globalen Dorf« leben. Doch offensichtlich ist es noch nicht klar, daß wir in einer »globalen Familie« leben könnten, mit all jenen Gefühlen der Verbundenheit, Unterstützung, Sicherheit, Liebe und Gemeinschaft, wie sie eine wirkliche Familie bieten kann.

Black Elks Bild von der internationalen Familie ist kein utopischer Wunschtraum. Diese Familie kann eine sich entwickelnde Gemeinschaft sein, voller Mühen und Gegensätze, die manchmal durch große Fehler behindert wird. Deshalb ist ein seelenvolles Gefühl der Verbundenheit, einer umfassend familiären Ehrfurcht, erforderlich. Ich benutzte das alte Wort Ehrfurcht in positivem Sinn, weil ich betonen möchte, wie wichtig es ist, die Familie zu ehren. Wir brauchen Hingabe, Riten des Gedenkens und des Respekts, Symbole der Heiligkeit und Gebete wie jene aus der katholischen Liturgie und von Black Elk, um diese kreative, familiäre Ehrfurcht zu pflegen.

Als Kind lernte ich das Gebot: »Du sollst Vater und Mutter ehren.« Ich hielt es für eine Vorschrift, die besagte, wie ich mich meiner Mutter und meinem Vater gegenüber verhalten solle. Doch heute betrachte ich es auch als Ausdruck eines ungeheuren Mysteriums. Wenn wir unsere Eltern wirklich ehren können und dabei die »Heilige Familie« entdecken, finden wir unermeßliche Reichtümer an Bedeutung, Anleitung, Sicherheit und Gemeinsamkeit in unserem Leben; eine Macht, die mehr in der Ehrerbietung als im Gehorsam und eher in einem poetischen Sinn wie dem Black Elks als im prosaischen Geist der Sozialwissenschaft wurzelt.

Weil dieses Thema so wichtig ist, möchte ich noch ein letztes Beispiel hinzufügen. Im jüdischen Sohar geht es bei der folgenden Lehre eindeutig um die göttliche Natur der Familie:

> Wann heißt man einen Mann dem Überirdischen vollständig ähnlich? Wenn er sich mit seiner Gattin in Einheit, Freude und Vergnügen verbindet und ihm und seinem Weib ein Sohn und eine Tochter geboren wird. Das ist der ganze Mann, der dem Oben ähnelt.[3]

Hierbei handelt es sich um eine weitere starke Affirmation der Familie, die auf eine Parallele zwischen der menschlichen Erfahrung der Familie und der wahren Natur der Göttlichkeit hinweist. Wir sind am göttlichsten, wenn wir mit unserem Partner geschlechtlich verbunden sind und eine Familie haben. Wie sooft unterscheiden sich die religiösen Aussagen in Ton und Betonung beträchtlich von unserem weltlich-wissenschaftlichen Standpunkt.

Das Sohar-Gebet könnte die allgemeine Verweltlichung des Geschlechtsverkehres und der Familie korrigieren, indem es uns daran erinnert, daß wir in beiden Bereichen das Privileg genießen, am größten Mysterium des menschlichen Lebens teilzuhaben, an der Zeugung. Wieviel näher können wir der Göttlichkeit noch kommen, als neues Leben auf die Welt zu bringen und eine wesentliche Rolle dabei zu spielen, dieses Leben sinnvoll, kreativ, individuell und gemeinschaftlich zu gestalten? Wenn es etwas im Leben gibt, dem Heiligkeit innewohnt, dann dem Geschlechtsverkehr und der Geburt.

Wie verlieren wir jene Heiligkeit aus den Augen? Sowohl Männer als auch Frauen sagen oft, die Geburt ihrer Kinder sei der packendste Moment in ihrem Leben gewesen; der Augenblick, der sie am meisten verändert habe. Wir hegen vielleicht ähnliche Gefühle in bezug auf unsere sexuellen Erfahrungen. Aber wir vergessen die Numinosität, die diesen Erfahrungen innewohnt – das ehrfurchtgebietende Gefühl der Heiligkeit – während der täglichen Auseinandersetzungen mit Kindern und Familie.

Doch leider leben wir in einer Gesellschaft, die stolz darauf ist, die ehrfurchtgebietendsten, beglückendsten Seiten des Lebens verweltlicht zu haben. Wir haben aus der Geburt vor allem eine medizinische Erfahrung gemacht und betrachten Sex als Ausdruck persönlicher Gefühle. Aus der Familie wurde eine soziale Organisation und aus der Elternschaft eine Fähigkeit, die man erfolgreich trainieren kann. Diese pragmatische Einstellung in bezug auf die Familie bringt der Seele nicht viel, da diese, obwohl sie stets voll und ganz an den Alltagsangelegenheiten beteiligt ist, auch eine ewige Dimension besitzt, die ähnliche Aufmerksamkeit und Fürsorge fordert. Wir sollen uns zwar am weltlichen Leben erfreuen, doch ist dieses Leben ohne sein spirituelles Gegenstück unvollkommen.

In den religiösen Traditionen ist schon lange die Tendenz des Menschen bekannt, sich vom Weltlichen einfangen zu lassen und das Ewige zu vergessen. Riten, Gesetze, geistliche Künste und heilige Schriften bilden zusammen eine »Kunst der Erinnerung«, die darauf abzielt, die spirituelle Dimension in unseren Köpfen und Herzen lebendig zu halten. Vielleicht brauchen wir auch Möglichkeiten, uns an die »Heilige Familie« zu erinnern, und symbolische und poetische Werkzeuge, um sie zu ehren.

Wir könnten damit anfangen, indem wir den Tendenzen unserer Zeit und Kultur gegen die Seele widerstehen. Und wir können Möglichkeiten finden, unser Geschlechtsleben und die Geburt unserer Kinder zu heiligen. Es braucht nicht viel, um das Ewige heraufzubeschwören: sorgsam ausgewählte Musik, Kerzen, Gemälde, Gedichte, Geschichten, Stoffe, Kleider – die Kirche hat diese Dinge stets als Werkzeuge benutzt, um das Heilige zu beschwören. Es ist nicht schwierig, Mittel und Wege zu finden, um die Familie zu ehren und zu feiern: Parties, Gespräche, Karten und Briefe, Besuche am Grab, Reisen zu anderen Familienmitgliedern, die Ehrung von Familiensitzen und Besitztümern, Möbel und Kleider von einer Generation zur anderen weiterzugeben. Das ist nicht nur nützlich, sondern es hilft auch dabei, jene besondere Spiritualität der Familie aufrechtzuerhalten. All diese Taten können, wenigstens teilweise, durch eine Empfänglichkeit für die Heiligkeit der Familie motiviert sein.

Sorge um die Seele der Familie

Wenn man für die Seele der Familie sorgen will, sollte man alles Notwendige tun, um ihre Heiligkeit zu würdigen. Aber es gibt noch andere Möglichkeiten. Da die Familie eine Gemeinschaft ist, könnten wir nach Möglichkeiten Ausschau halten, uns und die übrigen Familienmitglieder zu ehren. Familientreffen helfen bei der Pflege des Gruppengefühls. Doch ebenso wichtig ist es, die Individualität der einzelnen Mitglieder zu respektieren und zu fördern. Oft führt ein Familienmitglied ein Leben, das sich von dem der anderen unterscheidet, oder es hat mit einem Problem zu kämpfen, das dem Rest der Familie ungewöhnlich erscheinen mag. Diese Gelegenheiten geben uns die Möglichkeit, uns schöpferisch um die Familienseele zu kümmern, indem wir auf den Einzelnen reagieren, wissend, daß die Seele sich mehr in einzigartigen Formen als im normalen und erwarteten Verhalten manifestiert.

Ich habe die Stärke meiner Familie stets daran gespürt, daß sie zwar die für irische Katholiken typischen Werte hochhält, aber sich um das einzelne Familienmitglied schart und ihm warmherzige Akzeptanz und Unterstützung bietet, wenn ungewöhnliche

Umstände eintreten, zum Beispiel Scheidungen, uneheliche Kinder, emotionale Störungen. Als jemand, der sich recht weit von den familiären Verhaltensmustern und -gedanken entfernt hat, weiß ich diese Gnade zu würdigen. Ich weiß, daß sie einem tiefen Glauben an das wahre Herz der Familie entspringt.

Eine andere Möglichkeit, für die Familienseele zu sorgen, besteht darin, sich um ihr spezielles kulturelles Erbe zu kümmern. So wie Regionen und Nationen Probleme auf eine bestimmte Weise angehen, bestimmte Überzeugungen und Werte hegen und ihre eigenen Helden und Schurken besitzen, verfügt auch die Familie über eigene kulturelle Stoffe. Die Seele zieht Nutzen aus der Fülle und der Besonderheit von Familiengeschichten und -gebräuchen. Die Orte, Ereignisse, Gestalten und Themen der Familiengeschichten sind für die Seele genauso wichtig wie es Mythologie und Literatur für die Gesellschaft sind. Sie sind Geschichte, Mythos, und eine stetig sprudelnde Quelle der Phantasie. Die Psychologie mag die Familienerfahrungen eines Menschen selbstbewußt betrachten, um die Ursache für eine gegenwärtige Störung oder Spaltung herauszufinden. Auf einer weniger bewußten Ebene handelt es sich allerdings um ein simples Aufspüren der Geschichten als solche, denn unsere Familiengeschichten machen einen Großteil dessen aus, wer wir sind, und unsere Seele liegt in den Einzelheiten dieser Geschichten. In diesem Sinne sind auch jene Biographien und Autobiographien, die die Kindheit in allen Einzelheiten erkunden, eine Suche nach der Seele, die dem Familienleben so reichlich innewohnt.

Wegen der Sorge um die Seele sollten wir jede Anstrengung unternehmen, jene Geschichten lebendig zu halten und der Familie Gelegenheit zu geben, zusammenzukommen und ihre Kultur zu erneuern. Wir können die Geschichten unserer eigenen Familienerfahrung und deren Vorgeschichte an unsere Partner, unsere Kinder und unsere Freunde weitergeben. Das fördert nicht nur die Intimität mit denjenigen, die uns nahe sind, sondern hält uns auch in Kontakt mit jenem großen Teil unserer eigenen Seele, der in der Familie seinen Wohnsitz hat.

Da unsere Familien so sehr ein Teil unserer eigenen Identität sind, wäre es besonders seelenvoll, wenn wir es vermeiden würden, unser Arbeits- und Berufsleben von der Familie zu trennen. Als ich noch ein kleiner Junge war, nahm mein Vater mich manchmal mit einer seiner Klassen – er lehrte Installationsarbeiten an einer Berufsschule – zu einer Besichtigungstour mit. Ich erinnere mich noch, wie wir eine Fabrik besichtigten, die nicht nur Toilettensitze – nur wenigen jungen Menschen ist es vergönnt, einen Blick hinter diesen Vorhang zu werfen –, sondern noch viele andere Installationswaren herstellte. Ich bin sicher, mein Vater betrachtete diese Exkursionen als Gelegenheiten, mir etwas beizubringen. Aber für mich war es mehr als das. Ich lernte ihn als berufstätigen Menschen kennen, was auf mich einen nachhaltigen Eindruck machte. Bei einer anderen Gelegenheit nahm er mich ins County-Leichenschauhaus mit, wo bestimmte Installationsarbeiten durchgeführt werden mußten. Dieser Ausflug entpuppte sich als ein wahres Abenteuer, in dem sich die Tiefe seines Interesses an meiner Seele zeigte, denn offenbar wollte er, daß ich Erfahrungen machte, die als intensive Einweihungen ins Leben dienten.

Unsere Gesellschaft tendiert dazu, Familie und Arbeit zu trennen. Ausnahmen bilden einzig gelegentliche Familienpicknicks und Familienbetriebe. Die Arbeit wird oft im Namen der Effizienz und Produktivität seelenlos verrichtet, und die Anwesenheit der Familie könnte mit diesen Zielen in Konflikt geraten. Einige Firmen wirken fast klösterlich. Dort erwartet man, daß die Angestellten, sobald sie sich an ihrem Arbeitsplatz befinden, von ihren Familien abgeschnittene Individuen sind. Doch es könnte in solchen Firmen mehr Seele geben, wenn diese bei ihren Entscheidungen das Familienleben ihrer Ange-

122

stellten stärker berücksichtigen und dem Wesen der Arbeit ein neues Image geben würden, das auch die Familie mit einschließt.

Das moderne Leben scheint Ordnung und Einfachheit zu schätzen. Doch Familien machen das Leben kompliziert. In manchen Ländern sind die Züge und manchmal auch Flugzeuge voller Familienmitglieder, die darauf achten, daß ihre Verwandten bequem sitzen, und sich ausgiebig von ihnen verabschieden – eine in Amerika unübliche Praxis. Manchmal »stürmt« eine Familie ein Restaurant und schart sich lärmend um einen Tisch, um zu feiern. Es macht mir immer ein besonderes Vergnügen, die Eltern und andere Verwandte jener Menschen kennenzulernen, mit denen ich beruflich zu tun habe, nicht nur deren Partner und Kinder. Die Einbeziehung der Familie in das alltägliche Leben, besonders in Bereiche, in denen sie normalerweise nicht auftauchen, ist eine einfache und wirksame Methode, die Seele einzubringen. Und es tut meiner Meinung nach auch der Familie gut, die dadurch ihre Wichtigkeit spürt und stärker in der Öffentlichkeit vertreten ist. Regierungschefs, deren Familien gerade durch jene Berühmtheit, die sie durch die Presse erlangt haben, gelegentlich verleugnet werden, könnten das Image des einsamen Individuums ablegen und ihren Partner und andere Familienmitglieder in ihre Arbeit miteinbeziehen. Die Familie »miteinzubeziehen« ist eine Methode, aus unserem hübschen, einsiedlerischen Puritanismus auszubrechen und die Seele erstrahlen zu lassen.

Wenn wir nur eine Seite des Lebens eines Menschen betonen, wie beispielsweise seinen Rang oder seinen Beruf, landet der Rest möglicherweise in einer Ecke, um dort Stoff für Klatsch, Spekulation und Gerüchte zu bieten. Manchmal landet auch die Familie in dieser Ecke. Wenn wir jemals das Gefühl haben, als fehle es uns in einem bedeutenden Lebensabschnitt an Seele, sollten wir unsere emotionelle Ecke untersuchen und nachschauen, was dort liegt und nur darauf wartet, in unser Leben zurückgeholt zu werden.

Die Familie stärker in unser persönliches Leben einzubeziehen, das bereichert nicht nur, sondern kann uns auch dabei helfen, mit gebührender Sorgfalt die unterschiedlichen Rollen zu betrachten, die die einzelnen Familienmitglieder spielen. Wir können immer tiefer in das Mysterium des Menschen eindringen, der Mutter, Vater, Bruder, Schwester, Sohn oder Tochter ist, und dort jene Paradoxa und Widersprüche entdecken, die ein Markenzeichen für die Seele sind. Der Mensch, der als freundlicher Vater bekannt ist, ist vielleicht tief in seinem Herzen voller Zorn. Die gebende Mutter kann eine selbsterhaltende Spur von Egoismus in ihrem Inneren verbergen. Der strenge, kühle Elternteil besitzt möglicherweise ein tiefes, unausgelebtes Liebesreservoir. Meine Frau erzählt, wie hilfreich es gewesen sei, anläßlich des Begräbnisses ihres Vaters von seinen Freunden Geschichten aus alten Tagen zu hören. Diese Geschichten, erzählt von Menschen, die andere Seiten an ihm kannten als sie, zeichneten ein komplizierteres Bild ihres Vaters. In vielen Familien wird der einzelne durch die Rolle, die er spielt oder von jenen heftigen Gefühlen verschleiert, die wir ihm gegenüber hegen und die sich auf eine bestimmte Beziehungsstruktur gründen. Wenn die umfassendere Persönlichkeit eines Elternteils oder Kindes enthüllt wird, kann das eine tiefere Intimität zur Folge haben, denn durch sie wird die Seele vollkommen verfügbar. Wofür man vielleicht mit dem Verzicht auf das einfachere Bild, das man sich von diesem Menschen gemacht hat, bezahlen muß. Doch ein innigerer Kontakt mit der Seele kann die Belohnung sein.

Um es einmal allgemein auszudrücken: Wir sorgen für die Seele der Familie, wenn wir zulassen, daß sie sich im Laufe der Jahre in den Persönlichkeiten, aus denen die Familie besteht, und in der Familie als solche, enthüllt. Die Seele ist kein statischer Gegenstand, sondern eine unerschöpfliche Quelle sich verändernden

Lebens. Ein Grund für die Schwierigkeit, ein seelenvolles Leben zu führen, besteht darin, daß Veränderungen nicht immer sicher sind. Da die Seele für gewöhnlich in Bewegung ist – entweder vorwärts oder rückwärts –, ist es notwendig, sie genau zu beobachten. So können wir interessiert erkennen, wie unsere Eltern und Großeltern Veränderungen im Leben verarbeiten, mit Krankheiten und Krisen fertig werden und einige jener Ziele entdecken, nach denen sie suchten. Wir können zusehen, wie unsere Brüder, Schwestern, Cousinen und Cousins erblühen und reifen, während sie über die holprige Straße der Bildung einer Seele fahren. Wir können stets für unsere Kinder und Enkelkinder, Nichten und Neffen und unsere Patenkinder dasein, ohne einzugreifen, während sie ihren Weg suchen; ihnen jedoch unser Interesse zeigen und unsere Fürsorge, Aufmerksamkeit und unseren Erfahrungsschatz anbieten. Vielleicht entdecken wir zu guter Letzt den lebendigen Familiengeist und -mythos in uns, wieder einmal auf einzigartige Weise erfüllt. Und so mögen wir, diesem Geist gegenüber loyal, stolz auf ihn sein und ihn bewußt und kunstvoll in unser Leben einweben.

Das sind einfache Methoden, für die Familie zu sorgen. Sie zeichnen sich alle durch einen Geist verhaltenen Ehrgeizes und eine Technik aus, bei der es nicht um Anstrengung und Leistung geht. Im Gegenteil. Bei der Seel-Sorge geht es darum, die Seele aus eigenem Antrieb auftauchen zu lassen, sie zu pflegen, wenn sie blockiert und verletzt ist, und ihre geringsten Manifestationen, ihre bescheidensten Einweihungen zu ehren und zu feiern. In einem solchen Milieu mag sich die Familie, diese normale Wesenheit, als die stärkste kreative Macht in unserem Leben herausstellen.

5 Freundschaft und Gemeinschaft

Ein Großteil meines Werkes gründet sich auf die Einsichten, Metaphorik und Weltsicht der »Florentinischen Akademie«, die in den letzten Jahrzehnten des fünfzehnten Jahrhunderts von Marsilio Ficino geleitet wurde. Gelehrte streiten sich über den sichtbaren Aufbau dieser Akademie, aber für Ficino selbst war sie eindeutig kein simples Lehrinstitut, sondern eine lebendige Gemeinschaft von Freunden.[1] Es ist einfach, über eine derartige Unterscheidung hinwegzusehen oder sie als belanglosen, sentimentalen Gedanken abzutun. Doch stellen Sie sich einmal vor, wie sehr sich unsere Gesellschaftsstruktur verändern würde, wenn wir der Freundschaft höchste Priorität gäben und unsere zweckbetonten Ziele als zweitrangig betrachteten.

Wenn wir uns die Mühe machen, die Seele in den Mittelpunkt unseres Interesses zu rücken, wie Ficino es in seiner Rekonstruktion der Kultur tat, verändern sich die Werte merklich. Immer wenn Menschen sich versammelten, sei es im Geschäftsleben oder in der Politik, würde die Gemeinschaft für wichtiger gehalten als die Organisation, Freundschaft für kostbarer erachtet als Produktivität. Wenn diese Vorstellung anachronistisch erscheint oder wenn es so aussieht, als sei es unmöglich, sie in unserer Kultur zu leben, dann ist es offensichtlich, wie weit wir gehen müssen, um unser Leben seelenvoller zu gestalten.

Freundschaft

Eine unserer ältesten Schriften bestätigt die Wichtigkeit der Freundschaft für das menschliche Leben. In jenem sumerischen Epos von Gilgamesch wird der stolze Held zu tränenreicher

Selbstreflexion getrieben, als sein Freund Enkidu durch die Hand eines Riesen stirbt, den sie gemeinsam bekämpften. Gilgamesch hatte für seinen Freund eine Statue gemacht, »von Lapis die Brust, von Gold der Körper«. Die kostbaren Materialien der Skulptur spiegeln den hohen Wert der Freundschaft wider. Doch dann wird sich Gilgamesch durch den Tod seines Freundes der eigenen Sterblichkeit bewußt. »Wenn ich sterbe, werde ich dann nicht wie Enkidu sein? Weh hat sich in meinen Eingeweiden breitgemacht. Den Tod fürchtend, durchstreife ich die Steppe.« So beginnt Gilgameschs epische Frage nach der Unsterblichkeit – ein Zeichen dafür, wie sehr die Freundschaft in der Seele zu Hause ist.

Im Alten Testament erfreut sich der große König David einer gefeierten Liebe mit Jonathan, dem Sohn König Sauls. Bei mehreren Gelegenheiten schützt Jonathan David vor Schaden. Doch Jonathan und sein Vater fielen im Kampf, und bei Jonathans Tod sang David, Komponist heiliger Lieder, ein Klagelied: »O Jonathan! Dein Tod verwundete mich tödlich.« (Samuel II: 25). Auch hier geht es um den Tod eines Freundes; einen Tod, der mit der eigenen Sterblichkeit und Verwundbarkeit gleichgesetzt wird.

Es überrascht nicht, daß der Verlust eines Freundes uns so stark bewegt, denn derart tiefe Freundschaften werden Teil unserer eigentlichen Natur. In einem Brief, der vom Tod ihres lieben Freundes Judge Lord handelt, schreibt Emily Dickinson: »Vergib die Tränen, die für wenige fallen, aber waren diese Wenigen nicht zuviel, war nicht jeder eine Welt?«[2] Jeder Freund ist eine Welt – eine besondere Sphäre bestimmter Gefühle, Erfahrungen, Erinnerungen und persönlicher Eigenschaften. Jeder Freund nimmt uns mit in eine Welt, die auch die unsere ist. Jeder von uns besteht aus vielen dieser Welten, und jede Freundschaft schenkt einer oder mehreren dieser Welten das Leben. Eine Freundschaft schafft eine Konstellation (vom lateinischen »constellatio«, womit die Position der Gestirne zueinander gemeint ist) des eigenen Sinn- und Werteuniversums. Man teilt mit einem Freund den einzigartigen Standpunkt, von dem aus man das Leben betrachtet und erfährt; und so sind unsere Freundschaften eine Art Astrologie der Seele. Sie eröffnen uns planetare Welten und verleihen unserem Leben Kultur und Ausdruck. Einen Freund zu verlieren, heißt, Welten zu verlieren. Und wenn es einem gänzlich an Freundschaft mangelt, ist es so, als wäre man auf eine tiefempfundene Art von einer Möglichkeit abgeschnitten, in der Welt zu sein.

Wenn der Körper schmerzt, versuchen wir zuerst einmal, herauszufinden, ob wir krank sind; schmerzt die Seele, sollten wir nach einem Mangel an Freundschaft Ausschau halten. Eine Freundschaft erschafft jene Kosmologien, in denen wir leben. Und wenn wir durch freundschaftliche Gespräche und freundschaftlichen Gedankenaustausch keine kultivierte Welt geschaffen haben, werden wir uns zwangsläufig isoliert und deplaziert vorkommen. Wie bei so vielen Angelegenheiten der Seele glauben wir vielleicht, daß eine Freundschaft nur flüchtig, nur eine zusätzliche Wohltat oder bloßes Beiwerk sei. Doch wenn wir Epikur, Ficino, Thomas More, Emily Dickinson und viele andere Schriftsteller beim Wort nehmen würden, würden wir erkennen, daß sie eine Notwendigkeit ist. Wenn wir sie vernachlässigen, werden wir ihren Mangel als eine Krankheit der Seele empfinden. Die Freundschaft hat einen bedeutenden Anteil am Schaffensprozeß der Seele. Ohne sie verspüren wir einen schmerzlichen Mangel, eine Schwäche des Herzens.

Außer Phantasiewelten, bietet die Freundschaft der Seele Intimität und Verwandtschaft. In vielen Bereichen des täglichen Lebens kommt man ganz gut ohne intime Bindungen aus. Die Arbeit setzt keine intimen Beziehungen voraus, und es ist möglich, auch ohne sie ein politisches und gesellschaftliches Leben zu führen. Doch ohne Intimität verhungert die Seele. Denn die Nähe, für die eine intime Beziehung sorgt, erfüllt die eigentliche Natur der Seele. Familie, Heim, Ehe, Heimstatt, Erinnerungen, persönliche und Familiengeschichten – sie alle geben der Seele, was sie verlangt. Jung beschreibt das ideale Gefäß der Seelenarbeit als alchimistisches Gefäß, einen Glaskolben, der alle Seelenmaterialien enthalten kann. Freundschaft ist ein solches Gefäß. Sie hält den Seelenstoff zusammen. Dort, in der Freundschaft, kann er sich entwickeln. In Zeiten emotionaler Schwierigkeiten können wir zu einem Gespräch mit Freunden Zuflucht nehmen, weil wir wissen, daß unsere gravierendsten Probleme bei einem Freund sicher aufgehoben sind und daß die Freundschaft unsere Gedanken und Gefühle, so schmerzlich oder ungewöhnlich sie auch sein mögen, aushalten kann, während wir sie sortieren und zuschauen, wie sie sich entwickeln.

In der tätigen Freundschaft sollten wir diesen wichtigen Aspekt der Seele nicht vergessen. Unsere Fähigkeit, ein Geheimnis für uns zu behalten, kann für den Freund wichtig sein, der uns ein Geheimnis anvertrauen möchte. Und oft muß das, was zwischen Freunden abläuft, vor anderen geschützt werden. Emily Dickinsons Biograph Richard Sewall erwähnt in seinem Buch, daß sie ihre Briefpartner und Freunde wie getrennte Welten behandelte: »In den Briefen an Higginson steht nichts über Bowle; die Briefe an Bowle enthalten nichts über Higginson; in den Briefen an Helen Hunt Jackson ist nicht von den beiden Vorgenannten die Rede.«[3]

Ein Freund kann auch Zurückhaltung üben, indem er die Gedanken und Gefühle des anderen einfach nur annimmt, ohne sie zu interpretieren oder zu kommentieren. Manchmal bitten wir unsere Freunde um ihre Meinung, um ihr Urteil über bestimmte Angelegenheiten. Doch selbst dann wollen wir in hohem Maße akzeptiert und als das anerkannt werden, was wir sind. In einer Freundschaft möchten wir nehmen und angenommen werden.

Während meiner langjährigen Arbeit als Therapeut baten mich viele Menschen darum, eher ihr Freund zu sein als ihr Therapeut. »Können wir nicht einfach eine Tasse Kaffee zusammen trinken?« fragten sie, oder: »Wenn Sie mir von sich selbst erzählen würden, wäre das Gespräch nicht so einseitig.« Natürlich ist es ein Unterschied, ob man ein Freund oder ein Therapeut ist. Letzterem mangelt es an jener Wechselseitigkeit der Freundschaft. Heute ist mir klar, daß dieser weitverbreitete Widerwille gegen die therapeutische Rolle und der Wunsch nach Freundschaft eine Bitte der Seele um etwas ist, das sie am besten kennt. Für die Seele ist kaum etwas heilsamer als eine Freundschaft. Ich vermute, daß der Wunsch des Patienten nach einer Freundschaft mit seinem Therapeuten eher auf richtiger Intuition als auf Abwehr beruht.

In einer Freundschaft mag es mehr Untätigkeit als Tätigkeit geben. Freundschaft fragt nicht viel nach Aktivität, aber sie fordert Loyalität und Nähe. Schließlich sehnt sich die Seele nach Bindung. Eine distanzierte Freundschaft ist ein Widerspruch in sich. Deshalb verlangt sie, wie alle Formen eines seelenvollen Lebens, Aufmerksamkeit. Wir können unseren Freunden durch Besuche, Anrufe, Briefe oder Postkarten nahe sein. Wir können eine Freundschaft pflegen, indem wir jede Möglichkeit nutzen, einfache, von Herzen kommende Freundschaftsbezeugungen zu zeigen. Meine liebsten Freundschaftsbeweise sind Postkarten, auf denen nur ein angefangener Satz steht.

Am besten ist es, wenn dieser Halbsatz dazu noch geistvoll ist oder wenn er zwischen mir und dem Absender eine Intimität heraufbeschwört. Ich besitze eine in Ehren gehaltene Postkarte von James Hillman, auf der einfach nur steht: »Meine Gesundheit? Wurzelkanal und böses Gift verspritzen. Und Deine?«

Freundschaft verlangt nicht nach Verträglichkeit. Die Seele kann sich ausdehnen und mittels oder trotz unterschiedlicher Meinungen, Überzeugungen und Glaubensbekenntnisse Verbindungen herstellen. Die Freundschaft ist das Gefäß der Seele. Sie ist nicht dazu da, harmonische Kameradschaften zu weben. Einklang. Das Tao Te King verwendet ein Bild, das auf alle Aspekte des Lebens paßt: »Man bildet Ton und macht daraus Gefäße: Auf dem Nichts daran beruht des Gefäßes Brauchbarkeit.«[4] Gerade dort, wo wir uns nicht um Homogenität bemühen müssen, sondern einfach nur durch eine Empfindsamkeit für die Intimität ein Raum geschaffen wurde, liegt der Nutzen einer Freundschaft. Die Seele verlangt nach verschiedenen Gefäßen, vielen Räumen, um jenes Rohmaterial verarbeiten zu können, das uns täglich vom Leben aufgetischt wird. Freundschaft gehört zu den wirksamsten und kostbarsten dieser Gefäße.

Kultivierung der Freundschaften

Eine Freundschaft ist nicht eigentlich ein Zusammenschluß von Persönlichkeiten, sondern sie beruht auf der Anziehungskraft und dem Magnetismus der Seelen. Freundschaften beginnen oft auf seelenvolle Weise, und häufig hat das Schicksal dabei seine Hand im Spiel. Wir lernen »zufällig« einen Menschen kennen und entdecken ein Fundament für eine Beziehung, so schmal es auch sein mag. Mit den Jahren lernt jeder von uns viele, viele Menschen kennen. Doch nur wenige von ihnen werden zu Freunden. Und im Laufe des Lebens werden vielleicht nur wenige von ihnen zu wahrhaft intimen Freunden – zu Seelengefährten.

Die Tatsache, daß es unmöglich zu erklären ist, weshalb aus einem Fremden ein so enger Freund wurde oder weshalb wir nicht einfach ein Formular ausfüllen können, um einen wahren Freund zu finden, deutet darauf hin, wie tief und unbewußt eine Freundschaft sein kann. Es ist, als würde eine Seele den verborgenen Schatz im anderen erkennen und die Verbindung knüpfen, während der bewußte Geist weiter seine Ziele, Hoffnungen und Erwartungen verfolgt.

Es wäre also klug, Freundschaften auf indirekte Art zu kultivieren, denn sie müssen nicht unbedingt positiv auf Druck reagieren. Es wäre besser, nach Anzeichen einer potentiellen Freundschaft Ausschau zu halten und zuzulassen, daß sie sich langsam entwickelt. Manchmal scheint es, als würden »andere« in uns Freundschaften schmieden, während wir uns an der Glut ihrer Bekanntschaft wärmen. Wie sooft, ist es auch hier besser, sich zurückzuhalten und zu beobachten, ob sich eine Freundschaft entwickelt oder nicht. Und doch braucht auch eine solche Freundschaft, die tief im Unbewußten entsteht, von uns hingebungsvolle Pflege als Teil unserer Seel-Sorge.

Manchmal sieht es so aus, als würden Freundschaften gegen unseren Willen und unsere Erwartungen geschlossen. Ich führte einmal mit einem Mann ein Radiointerview, der vollkommen mit meiner Empfindsamkeit zu harmonisieren schien, und wünschte mir, daß wir Freunde würden. Ich unternahm sogar einen zaghaften Annäherungsversuch, aber bislang hat er noch nicht reagiert. Vor ein paar Jahren rief mich ein Mann an und erkundigte sich nach der Renaissance-Philosophie. Wie sich herausstellte, war er früher einmal ein professioneller Footballspieler gewesen – Teil einer Welt, von der ich nur wenig wußte. Aber seit damals sind wir, durch jene Magie und Gnade, die sich nicht um unsere Vorgeschichte kümmert, die besten Freunde.

Manchmal scheinen Freundschaften von einem Augenblick zum anderen zu erblühen. Mir werden immer jene Stunden in Erinnerung bleiben, die ich mit meinem Football spielenden Freund und einem Dramatiker, verbrachte. Wir vertrödelten einen Sommernachmittag damit, uns im Swimmingpool herumzutreiben und über unsere Erfahrungen und einige der Vater-Gestalten in unserem Leben zu reden. Es war ein surrealistischer Augenblick intensivster Freundschaft; ein Augenblick, den ich niemals vergessen werde. Und doch war auch dieser Moment flüchtig.

Die Ewigkeit ist nicht nur in langjährigen Freundschaften, sondern auch jenen zu finden, die nur für eine gewisse Zeit halten. Doch in keinem von beiden kümmert sich die Seele um den Begriff der Zeit. Sie interessiert eher die Stimmung, die das Ereignis umgibt. Und wenn sie die Ewigkeit herausfordert, bleibt die Freundschaft selbst auf immer in der Phantasie, auch wenn die persönliche Freundschaft auseinandergeht. Lou Andrea-Salomé erfreute sich in einer Variante der ewigen/flüchtigen Natur der Freundschaft neun oder zehn Jahre lang einer engen Freundschaft mit dem Dichter Rainer Maria Rilke. Nach dem zweiten gravierenden Bruch schrieb sie ihm: »Ich bleibe Erinnerungen auf ewig treu; Menschen werde ich niemals treu sein.«[5] Wir können diese Äußerung als einen Beweis für sexuelle Freiheit verstehen oder aber als eine Reflexion über die Seele in der Beziehung: die Gefühle bleiben auf ewig, lange nachdem die sichtbare Freundschaft bereits endete.

Freundschaft innerhalb strukturierter Beziehungen

Eine Freundschaft kann einmal die äußere Form einer Beziehung annehmen, während sie ein andermal zur Intimität tendiert, oder sie wird vielleicht nur von einem starken Gefühl der Intimität zusammengehalten. Die Freunde mögen weder Nachbarn noch

Kollege sein und Tausende von Kilometern voneinander entfernt leben. Dann wird die Freundschaft zweifellos von der Loyalität des Gefühls aufrechterhalten. Und wenn die Loyalität – oder das Gefühl – schwächer wird, kann die Freundschaft vergehen. Oft jedoch spüren wir, daß die besten Freunde gerade jene sind, mit denen uns eine fest strukturierte Beziehung verbindet. Ein Mensch kann ohne weiteres sagen: »Mein Vater ist mein bester Freund.« Aber es kann genausogut die Frau oder der Mann, ein Bruder oder eine Schwester, der Vorgesetzte oder ein Nachbar sein. In jenen Augenblicken, in denen wir feststellen, daß eine wichtige, strukturierte Beziehung auch eine Freundschaft ist, begreifen wir vielleicht das einzigartige Geschenk, das eine Freundschaft uns, über jegliche Beziehung hinaus, bietet.

Eine Frau verkündet stolz und voller Gefühl: »Mein Mann ist auch mein bester Freund.« Womit sie sagen will, daß sie ihrem Mann nicht nur so nahe ist, wie man einem Ehepartner nahe ist, sondern auf eine ganz bestimmte Weise. Es gibt ein hohes Maß an wechselseitigem Verstehen, ein allgemeines Interesse an der Persönlichkeit und möglicherweise eine Empfindsamkeit für die Seelenarbeit des anderen. Diese Form der Freundschaft mag die seelenvollste Beziehung sein, da die äußere Struktur, die die Menschen miteinander verbindet, für die Seele letztlich weniger interessant ist als ihr eigenes tiefempfundenes Leben.

Diese Vorstellung kann uns eine Ahnung davon vermitteln, wie wir auf etwas reagieren könnten, was viele als den Zusammenbruch der modernen Familie betrachten. Familien, deren Mitglieder einander nicht freundschaftlich verbunden sind, mangelt es an jenem Klebstoff der Seele, der sie zusammenhält. Statt Freundschaft sieht man in jenen Familien, in denen die Eltern erwarten, daß ihre Kinder gewisse Werte aufrechterhalten, und Kinder sich ein ganz bestimmtes Verhalten von ihren Eltern wünschen, meistens nur Machtkämpfe.

Freundschaften erfordern eine paradoxe Mischung aus Intimität und Individualität. Freunde verlangen, anders als Familien, von uns nicht, daß wir auf eine ganz bestimmte Art und Weise leben. Sie genießen in dieser Hinsicht eine gewisse Distanz, die die erforderliche Individualität aufrechterhält. Und diese Distanz ermöglicht Freunden die Wahl, einander nahezusein. In Familien und anderen strukturierten Beziehungen können wir tiefe Freundschaften pflegen, indem wir die Machtfragen lösen, die solchen Strukturen innewohnen, und jenen Arten freigewählter Freundschaft mehr Aufmerksamkeit schenken. Wir können natürlich auch Freunde in die Familienstruktur einbringen.

Während meines religiösen Gemeindelebens erlebte ich ein umfassendes Gefühl der Bruderschaft. Aber ich hatte auch gute Freunde – Menschen, die als besondere Seelengefährten herausragten. In meiner Familie sind die Schwestern meiner Mutter zugleich ihre Freundinnen; sie können miteinander ausgehen oder sich reihum zu Hause treffen, und zwar nicht nur als Mitglieder einer Familie, sondern auch als Freundinnen, die ein starkes Band verbindet. Auch am Arbeitsplatz tauchen schnell Anzeichen für eine potentielle Freundschaft auf; und man entdeckt mögliche Freunde unter den Kollegen. Firmen wären gut beraten, die Wichtigkeit dieser Freundschaften in Betracht zu ziehen, wenn sie die Seele des Geschäfts pflegen wollen.

Auch die Eheberatung kann aus der Reflexion über die Wichtigkeit der Freundschaft innerhalb der Struktur der Ehe Nutzen ziehen. Wenn wir uns zwei Menschen nicht als Ehepaar, sondern als Freunde vorstellen, schieben sich andere Werte und Erwartungen in den Vordergrund. Und wieder kommt das Paradoxon der individuellen Distanz auf der einen, und der Intimität auf der anderen Seite ins Spiel. Es kann genauso wichtig sein, dem individuellen Seelenleben des Partners Raum zu geben, wie die Nähe und das Zusammensein zu pflegen. Das Interesse an der Entwicklung der Seele des anderen sorgt für Distanz und Objektivität, und auf einer tieferen Ebene auch für Vertrautheit. Als

Freundschaft gesehen, kann eine Ehe die Freiheit besitzen, ihre einzigartige Natur außerhalb der gesellschaftlichen Vorurteile zu entdecken.

Die Intimität, die durch Aufmerksamkeit gegenüber der Seele erzeugt wird, unterscheidet sich von zwischenmenschlicher Nähe. Der Seele verbunden, betrachten zwei Freunde gemeinsam etwas Drittes. Die Seele ist autonom, um einen Jungschen Begriff zu benutzen; sie entwickelt sich nach ihren eigenen Regeln, wie Heraklit es ausdrückt. Freunde, die auf der Seelenebene aneinander interessiert sind, betrachten nicht einfach nur das Leben des anderen und lauschen seinen Absichten und Erklärungen. Sie schauen gemeinsam auf jenen Dritten im Bunde, die Seele, und entdecken und erhalten dadurch ihre Freundschaft.

Wenn sich das wie ein romantisches, leicht zu erreichendes Ziel anhört, dann wurde jene Herausforderung, die die Autonomie der Seele darstellt, nicht in Betracht gezogen. Das Streben nach Freundschaft verlangt von mir, daß ich die Seele meiner Frau ohne jegliches Eigentumsrecht, ohne Besitzgier betrachte, während sie sich ständig entwickelt. Meine Vorstellung davon, wie eine Ehe sein und wie ein Partner handeln sollte und was die Zukunft bringen wird, muß in den Hintergrund treten, damit die Seele im Mittelpunkt stehen kann. Auch die Besitzgier hat einen Platz in der Ehe; manchmal als starkes Schattenelement. Aber Freundschaft verlangt nach einer objektiveren Intimität. Die Seele ist zwar die alleinige Quelle unserer Individualität und unseres persönlichen, subjektiven Lebens, doch sie besitzt auch ein gewisses Maß an Objektivität. Es ist nicht nur eine Frage des »Was«, sondern auch des »Wer«. Das macht aus unserem Partner den Menschen, der er ist, und verfolgt dennoch seine eigenen Ziele, von denen die meisten tief unter der Oberfläche des Bewußtseins verborgen sind.

Es ist nicht einfach, in der modernen Kultur Freundschaften zu kultivieren. Nicht nur, weil das Leben so schnell und geschäftig vonstatten geht, sondern auch, weil viele von den Werten verschwunden sind, die früher einmal Freundschaften in Gang hielten. Oft wichen ganze Wohnviertel, eine wichtige Brutstätte für Freundschaften, einer Eigenheimsiedlung, von denen jedes einem Palast oder einem sicheren Hafen gleicht, der seine Bewohner vor den gefährlichen Straßen schützt – kein besonders guter Nährboden für Freundschaften. Eine seelenvolle Aktivität wie die Freundschaft verlangt nach einem seelenvollem Ambiente, nach einem Wohnviertel mit Läden, Veranden und sicheren Gehwegen, wo Menschen sich treffen und einander kennenlernen können.

Freundschaft beruht auf einer breiten Intensitätsskala, die vom wahren Seelengefährten bis zum freundlichen Nachbarn oder Taxifahrer reicht. Auf der unteren Ebene dieser Skala ist es manchmal schwierig, zwischen wirklichen Freunden und bloßen Bekannten zu unterscheiden. Manchmal bezeichnen wir vielleicht jemanden als »Freund« und nehmen es später, wenn uns klar wird, daß wir uns nur einmal mit diesem Menschen unterhalten haben, wieder zurück. Aber auch Freundschaften von geringer Intensität sind wertvoll, denn sie verleihen dem Alltag Seele. In einer Gemeinschaft hängt das Gefühl umfassender Freundschaft von der Fähigkeit ab, sich in dieser Gemeinschaft wahre Freunde zu machen und sie auch zu behalten. So kann ein kurzer Wortwechsel mit dem Briefträger zu einem Faden werden, der auf geheimnisvolle Weise ein ganzes Viertel zusammenhält. Freundschaft wird vielerorts von einem paranoiden Geist bedroht, der überall Gefahren lauern sieht. Die Welt ist tatsächlich ein gefährlicher Ort. Doch eine ausgeprägte und unkritische Paranoia ist keine realistische Reaktion auf eine wirkliche Gefahr. Statt reale Gefahren und reale Gelegenheiten für Freundschaft wahrzunehmen, verbreitet die Paranoia nur eine Atmosphäre allgemeinen, höflichen Mißtrauens. Statt angesichts des Bösen in der Welt und im Leben das Vertrauen aufrechtzuerhalten, hält die Paranoia zuerst nach Gründen Ausschau, in Abwehrposition zu gehen. Kurz gesagt ist die Paranoia eine Methode, zu vermeiden, uneingeschränkt am Leben mit seiner Sicherheit und seiner Gefahr, mit seinem Potential für das Gute und Böse, teilzuhaben.

Doch wie alle Symptome birgt auch die Paranoia eine tiefe Wahrheit in sich. Sie besitzt sehr viel Seele, die jedoch im Buchstabenglauben ihrer Symptomatik gefangen ist. »Paranoia« heißt im Griechischen wörtlich »Neben-denken«, frei übersetzt könnte man von einem »parallelen Geist« sprechen. Der Paranoia wohnt ein Wissen inne, das nicht direkt, nicht rein intellektuell und bewußt ist. In ihrer Symptomatik zeigt sich die Paranoia als gedankenloses, unkultiviertes, dunkles Mißtrauen. Der Paranoiker argwöhnt, daß um ihn herum mehr vor sich geht, als ihm bewußt ist. Natürlich können wir nicht alles wissen, was um uns herum geschieht, also mag es Lösungsmethoden geben, mit deren Hilfe wir unsere Paranoia und unsere Ängste so lange bearbeiten können, bis sie nützlich und wirksam sind und sich vielleicht sogar in ein seelenvolles Parallelwissen verwandeln.

Die Idee, daß sich im Unterbewußtsein möglicherweise wichtiges Wissen verbirgt, ist die Schlußfolgerung und die Lösung in James Hillmans bemerkenswertem Essay über Paranoia.[6] Er schreibt, daß weniger rationale Kulturen die Grenzen des bewußten Denkens erkannt haben und auf Orakel, Seher, Auguren und Propheten vertrauten, wenn es um Visionen und Einsichten ging. Als Gesellschaft waren sie laut Hillman zwar nicht gänzlich ohne Fälle von Paranoia, was jedoch daran lag, daß sie die Orakel zu wörtlich nahmen. »Dennoch«, schreibt er, »lenkt die Vorstellung des Unbewußten die Aufmerksamkeit auf die Anderen jenseits aller menschlichen Kontrolle und fort von der Fixierung auf die verborgenen Absichten des Feindes.« Er verweist auf jenes Wissen, das wir aus weniger rationalen Quellen wie Träumen, aus der Intuition, der Phantasie, und durch indirekte Mittel wie den modernen Gegenstücken zu Sehern und Propheten erlangen können.

Um in dieser Welt unser Gefühl für Freundschaft und Freundlichkeit wiederzuerlangen, wäre es gut, wenn wir unsere beherrschende Paranoia dadurch bekämpften, daß wir mehr Wert auf Intuition, Serendipity[7] und auf imago-ähnliche Methoden legen, um unsere Erfahrungen zu deuten. Wenn wir täten, was viele Menschen in der Vergangenheit taten, nämlich jenen Geistern Altäre bauen, die das Alltagsleben beeinflussen, und von Engeln, Dämonen, Elfen und Gnomen erzählen würden, die die physische Welt verzaubern, könnten wir einen Weg aus der Paranoia finden und den Boden für ein angenehmes Leben vorbereiten.

Die Anerkennung der »Vertrauten«, der Geister eines Ortes, macht die Natur selbst vertraut und freundlich.

In diesen Tagen mag sich das Wort »freundlich« zu unbeschwert und unbedeutend anhören, um ernstgenommen zu werden. Wir scheinen den Sturm und Drang herzzerreißender Beziehungen vorzuziehen. Dennoch ist ein freundliches Wort für die Kultivierung der Seele notwendig. Freundlichkeit ist ein Zeichen dafür, daß das Leben samt seiner Höhen und Tiefen mit einem Schuß Quecksilber, mit Phantasie und Witz erobert wird. Sie ist weder im besonderen noch im allgemeinen für den Umgang mit anderen nachteilig. Einige Menschen sagen, Freundlichkeit innerhalb einer Gemeinschaft sei seicht und verdecke nur negative Gefühle. Aber vielleicht können wir sogar lernen, eine gewisse Form von Seichtheit zu schätzen. Der Geist einer simplen Gemeinschaftsfreundlichkeit kann seicht sein und dennoch den Boden für Beziehungen bereiten. In einem tieferen Sinne braucht Freundlichkeit die Ehrlichkeit und Negativität in unseren Beziehungen nicht auszuschließen; sie kann mit ihnen coexistieren und uns erlauben, unsere negativen Gefühle offener zu zeigen, ohne den Stoff zu zerstören, aus dem unsere Familien und Gemeinschaften gewoben sind.

Gute Manieren als ein Weg zur Gemeinschaft

Eine freundliche Welt wird von guten Manieren aufrechterhalten, einem Bereich menschlicher Interaktion, der heute anachronistisch erscheint. In einer demokratischen, pragmatischen, auf das wesentliche reduzierten Gesellschaft verschwinden jene Manieren, die einige Wertschätzung für die Menschheit im allgemeinen zeigen. Statt dessen finden wir tyrannische Gesetze und Verfahren auf der einen und achtlose Unhöflichkeit auf der anderen Seite. In die Welt hinauszugehen bedeutet heutzutage oft, vor einer Ladentheke zu stehen und etwas kaufen zu wollen, während der Verkäufer am Telefon steht und plaudert; oder auf einer Schnellstraße zu fahren, während der Fahrer hinter uns mit aller Macht versucht, uns abzudrängen. Es ist nicht einfach, in solchen Situationen freundlich zu sein.

Höflichkeit – wörtlich übersetzt der Lebensstil, der bei Hofe gepflegt wird – tritt in unserer Zeit, in der die Effektivität den Stil ersetzt hat, nicht besonders in Erscheinung. Unsere demokratische Gesellschaft ist stolz darauf, weder königliche Hoheiten, noch einen Hof ihr eigen zu nennen. Unser Vorbild ist der »Leiter der Verwaltung« oder der »Chefbürokrat«. Aber gleich Hillmans Empfehlung, in den Orakeln ein Mittel gegen unsere Paranoia zu finden, ohne zu buchstäblichen Prophezeiungen Zuflucht zu nehmen, könnten wir uns die Höflichkeit mit poetischer Freiheit vorstellen und, ohne Schlösser zu bauen, einiges von der Freundlichkeit der Seele wieder in den Alltag zurückholen.

Unser Heim ist unser Hof, und er würde vielleicht etwas weniger effizient, dafür aber mit mehr Takt geführt, wenn wir den Wert guten Betragens kennen würden. Das Heim des modernen Amerikaners hat zwei seelenvolle, höfische Räume verloren; das Eßzimmer und den Salon. Im Eßzimmer ißt man einfach anders als in irgendeiner Ecke oder am Küchentisch. Auch der Salon erzeugte früher einen imaginalen Raum, der sich vom Wohn- oder Familienzimmer unterschied. Doch selbst ohne diese Räume können wir eine Spur von Freundlichkeit in unser Heim, und ein kunst- und stilvolles Denken in unsere gewöhnlichsten Aktivitäten einbringen und übermäßige Formalismen oder Künstlichkeit umgehen, während wir etwas Freundlichkeit und Seele hereinbitten.

Alles, was ohne Phantasie getan wird, ist für die Seele unzugänglich. Und es erfordert so wenig Mühe, um vom Praktischen zum Stilvollen zu gelangen. Eine Blume auf einem Tisch, eine farbige Wand oder ein imposanter Steinblock vor dem Haus können helfen, jene Geister heraufzubeschwören, die sowohl natürliche als auch künstlich hergestellte Dinge beseelen. Ladenbesitzer könnten mit ihrer engstirnigen Anbetung der Kosten/Nutzenrechnung aufhören, auf einer guten Anlage einladende Musik spielen, ein bißchen weniger Plastik benutzen und Zeichen von Individualität zeigen. Ich kenne ein Restaurant, dessen Besitzer den Angestellten befohlen hat, wegen der Wäschereikosten keine Serviette zu ersetzen, selbst wenn der Kunde das wünscht. Doch so einfache Dinge wie eine saubere Stoffserviette, ein Stück hübsche Spitze oder ein gutgeöltes Stück gemasertes Hartholz verleihen dem gewöhnlichen Leben zusätzlich Anmut und bringen alle, die damit in Berührung kommen, dazu, gute Manieren zu zeigen.

Ficino rühmt gute Manieren nicht nur als Hauptaspekt eines seelenvollen Lebens, sondern er präsentiert auch eine ausführliche Philosophie und gibt Anweisungen darüber, wie man sein

Leben kunstvoller gestaltet. Eines der dazu benutzten Mittel war das Convivium, eine Feier, die an Platos Symposium erinnert. »Convivium« bedeutet »Zusammenleben« oder, wie er es ausdrückte, »die süße Gemeinschaft des Lebens«. Das, was er über die Feier sagt, paßt auch auf das Leben in Freundschaft und Gemeinschaft im allgemeinen. Er beschreibt das Convivium folgendermaßen: »Convivium heißt, von der Arbeit auszuruhen und von Sorgen befreit den Genius zu nähren; es ist die Demonstration von Liebe und Pracht, die Kost des guten Willens, die Würze der Freundschaft, das Zulassen von Schicklichkeit und der Trost des Lebens ... Alles sollte mit dem Salz des Genius gewürzt und mit den Strahlen des Geistes und guter Manieren erleuchtet sein.«[8]

Natürlich gibt es auch rein äußerliche und steife Manieren. Dennoch können gute Manieren eine wirksame Methode darstellen, den gewöhnlichen Alltag samt seiner Details mit der menschlichen Empfindsamkeit in Einklang zu bringen. Ein wahrhaft stilvolles Dinner oder ein Treffen unterschiedlicher Menschen schafft eine Atmosphäre, in der die Seelen verschmelzen und ein wahres Convivium schaffen können. Wenn wir bei unseren Reflexionen über die Beziehung einzig die persönlichen Interaktionen betonten, würden wir uns mit übermäßiger Verantwortung belasten; die Kulissen und Rituale unserer Interaktionen sind genauso wichtig. Sie sind der Kontext und die Kultur, in denen eine Beziehung Fuß faßt. Sie geben der Seele Nahrung, deren Ziel es ist, sich mit anderen zu vereinen, und sie nähren jene Freundlichkeit, die zu einer echten Gemeinschaft führen kann.

Falls es Ihnen seltsam erscheint, in einer Welt voller hungernder Menschen, allgegenwärtiger Kriege und der Straßenkriminalität Freundlichkeit und Manieren zu empfehlen, sollten Sie daran denken, daß Ficino zu einer Zeit schrieb, als es um ihn herum nur so von Verschwörungen wimmelte und die Verlierer eines Komplotts öffentlich vor dem Rathaus gehängt wurden. Es mag eine direkte Beziehung zwischen dem Verlust der Seele im Alltag, den Greueltaten internationaler Kriege und dem Barbarentum auf unseren Straßen geben. Nur in einer gänzlich beziehungslosen Welt können wir die Natur gewissenlos vergiften, unsere Kinder und die Armen vernachlässigen und Tausende von feindlichen Soldaten rechtschaffen abschlachten, weil wir nicht die Geduld oder die Phantasie besitzen, Verhandlungen zu führen.

Als Stärkungsmittel für unsere geplagte Welt mag Freundschaft und rücksichtsvolles, fürsorgliches Verhalten harmlos und vielleicht sogar frivol erscheinen. Doch das liegt möglicherweise daran, daß wir das Feingefühl für die Seelenwerte verloren haben. Unsere Seelenlosigkeit zeigt sich in unserem hartnäckigen Pragmatismus und in unserem reduzierten Denken. Selbst unseren Sozialwissenschaftlern erscheint es sicherer, harte Fakten wie Chemikalien, Traumata und direkte Familieneinflüsse als Quelle unserer Probleme zu untersuchen, statt jene philosophischen Fragen, die tief in der Gesellschaft verborgen sind. Um dies zu kompensieren, wenden sich manche Menschen der Spiritualität zu und versuchen, die Grenzen menschlichen Wissens und menschlicher Mühen durch übernatürliche Mittel zu transzendieren. Doch nichts davon nährt die Seele. Wir müssen zu den schlichten Tugenden der Freundschaft und der guten Manieren zurückkehren, wenn wir dem Leben wieder menschliche Dimensionen und Werte verleihen wollen.

Geselligkeit:
Eine Renaissancevorstellung von Gemeinschaft

Ficinos Vorstellung vom Convivium führt uns zu einem seelenzentrierten Bild der Gemeinschaft. Vom Standpunkt der Seele aus betrachtet, stellt die Identität keine Einzelleistung, sondern eine Gemeinschaftserfahrung dar, die immer eine Beziehung zu anderen beinhaltet. Eine seelenvolle Identität ist nicht so einzigartig, wenn wir sie in selbstgefälligen Begriffen beschreiben, noch legt sie eine Polarisierung von Individuum und Gemeinschaft nahe. Wenn man erkennt, daß die eigentliche Identität unter anderem durch jene Menschen geformt wird, mit denen man zusammenlebt, kann man seine Seele als veränderlich und vielfältig begreifen. Manche Menschen sorgen sich, weil sie sich nicht abgrenzen können. Aber ich vermute, hinter dieser Sorge versteckt sich unsere Unfähigkeit, sowohl ein wirkliches Gemeinschaftswesen als auch ein wahrhaftiges Einzelwesen zu sein.

Auf der praktischen Ebene bedeutet diese Theorie der seelenvollen Identität, daß ich am meisten ich selbst sein kann, wenn ich mit anderen zusammen bin. Ich empfinde mich als ein Individuum im Kontext und in Beziehung zu anderen. Ich muß nicht auf meiner Isoliertheit beharren und glauben, daß ich nur dann ein unabhängiger Mensch sein kann, wenn ich meine Individualität schütze. Hektische Abwehr der Gemeinschaft ist keine wirksame Methode, sich sicher und geerdet zu fühlen.

Wenn wir ein seelenvolles Leben führen, ist, laut Ficino, unser eigentliches Wesen gesellig. Mit geselligen Werten leben wir in einer Welt, in der die Grenzen, die uns von den anderen trennen, sowohl fest umrissen, als auch verschwommen sind. Wir arbeiten und spielen um der Geselligkeit und nicht so sehr um des individuellen Erfolges willen. Wenn sie seelenvoll und nicht selbstgefällig sind, verfügen unsere Bemühungen, unsere eigenen einzigartigen Talente in die Welt einzubringen und sie in unserer persönlichen Kultur zu verkörpern, über gesellige Dimensionen. Nach Ficino würde diese Feier unsere Menschlichkeit, unsere Ahnen, Familie und Freunde umfassen; es würde bedeuten, daß wir unsere physikalische Welt ordnen, um der Geselligkeit zu frönen. Gesellig sein heißt nicht, die Verantwortung für den Rest der Welt auf sich zu nehmen; Geselligkeit ist eher das Vergnügen daran, daß wir in einem Netz von Beziehungen leben.[9]

Bei dieser seelenvollen Einstellung zur Gemeinschaft geht es nicht so sehr darum, Menschen zu versammeln. Die heute üblichen Vorstellungen von einer Gemeinschaft trivialisieren die Idee, indem sie Menschen nach ihren politischen Vorlieben und nach anderen Kriterien zuordnen. Oder nach Problemen, die ihnen gemein sind, oder, um nach Art der Utopisten mit Gesellschaftsformen zu experimentieren, die sich auf Überzeugungen und Prinzipien gründen. Aber eine Gruppe ist nicht zwangsläufig eine Gemeinschaft.

Wir können anhand zweier Fragen feststellen, ob eine Gruppe wirklich eine Gemeinschaft ist: 1. Gibt es Zusammenarbeit, Zuneigung und Uneinigkeit und Gemeinsamkeit? 2. Sind die Mitglieder wirkliche Individuen, oder wird von ihnen erwartet, daß sie ähnlich denken, die gleichen Ziele und Werte haben, dieselbe Sprache sprechen oder sich an ein Parteiprogramm halten? Eine Gemeinschaft ist geboren, wenn Individuum und Gruppe nicht mehr als zwei unabhängige Wirklichkeiten definiert werden. Wie jede Seelenangelegenheit ist auch die Gemeinschaft paradox. Das Convivium, ein Wort, das vielleicht noch mehr aussagt als der Begriff Gemeinschaft, bleibt selbst dann »die süße Gemeinschaft des Lebens«, wenn es Differenzen und Unstimmigkeiten gibt. Es funktioniert nicht auf der Persönlichkeits- und Vorstellungsebene, sondern ist tief im Inneren der Seele beheimatet.

Eine der intensivsten Erfahrungen mit der Geselligkeit im Sinne Ficinos war mein Leben in einem religiösen Orden. Wie viele junge Katholiken in den fünfziger Jahren trat ich mit dreizehn Jahren in den Orden ein und besuchte dort ein vorbereitetes Priesterseminar. Ich verließ den Orden mit fünfundzwanzig Jahren, nachdem ich mich sieben Jahre lang an die Gelübde gehalten hatte. Ich hatte Glück, in einer Gemeinschaft zu leben, die das intellektuelle Leben schätzte, eine entschieden epikureische Liebe zu den einfachen Freunden des Lebens hegte und anerkannte, wie wichtig die Schönheit in der spirituellen Praxis ist. Ein Zeichen für die Seelenfülle dieses Lebens waren, wie gewöhnlich, die Paradoxa: Der Rückzug von der Welt fördert die Intensität des Lebens; die Bejahung des Vergnügens wurde von einem ungewöhnlichen Maß an Askese begleitet, und ein Gemeinschaftsleben, das mir erlaubte, meine Individualität zu finden.

Obwohl ich dieses Leben vor vielen Jahren hinter mir ließ, kommt es mir heute so vor, als wären seine Gesetze auf die Welt als Ganzes anwendbar. Ich sehe, wie die Gelübde der Armut, Keuschheit und des Gehorsams, die unser klösterliches Leben formten, uns alle leiten könnten, welchen Lebensstil wir auch haben mögen. Wir könnten jene Gelübde ablegen und sie entsprechend unserer Stellung leben. Ich glaube, daß unser Leben durch die ihnen innewohnende Weisheit an Seele gewänne.

Im Mönchstum, wie ich es verstehe, bedeutet Armut nicht, nur wenig zu haben oder ohne Bedürfnisse zu sein. Die Dämpfung der materiellen Bedürfnisse und des Konsumdenkens war zwar Teil dieses Gelübdes, doch im wesentlichen ging es um den gemeinsamen Besitz. Damals gehörte mir nichts, nicht einmal ein Hemd oder ein Bleistift. Dennoch war ich nie ohne Hemd und hatte normalerweise mehrere Bleistifte zur Verfügung. Gemeinschaftsbesitz erzeugt ein lebendiges Gefühl für Geselligkeit und nimmt ihr viel von jenem Egoismus, der die Armut umhüllt, ohne materielle Güter als solche zu verteufeln.

Die Idee des Gemeinschaftsbesitzes, des Lebens ohne materielle Güter, kann zu einem derartigen spirituellen Ehrgeiz werden, daß die Seele darunter leidet. Doch ich glaube, es gibt eine Möglichkeit, sich Gemeinschaftsbesitz als eine Methode der Seelenpflege vorzustellen. Wenn unsere Bürgermeister beispielsweise nach diesem Gelübde lebten, würden sie alles tun, um öffentliche Plätze wie Parks, Flußuferwege und Seeufer zu erhalten. Sie wüßten, daß es nicht ausreicht, das Überleben der Menschen zu sichern; daß jene einfachen Freuden des Gemeinschaftslebens genauso wichtig sind. Sie würden erkennen, daß es wichtiger ist, die Geselligkeit zu verteidigen, als Privatunternehmen zu unterstützen. In unserer High-Tech-Gesellschaft ist die Lebensqualität sehr stark ständiger Entropie unterworfen, weil die Öffentlichkeit immer weniger in den Genuß des gemeinsamen Reichtums kommt. Eine große Kluft zwischen Armen und Reichen ist ein deutliches Zeichen dafür, daß das seelenvolle Potential im Geld verlorengegangen ist. Wir alle verlieren, selbst die Wohlhabenden, wenn der Gemeinschaftsgeist in unserem öffentlichen und privaten Leben versagt.

In der Geselligkeit vermischen sich persönlicher und Gemeinschaftsbesitz. Der Mensch, der Geld verdient, ist fähig, auf die Gemeinschaft zu reagieren, und der Mensch, der nur wenig Geld hat, kann immer noch die Seen, die Luft und die Erde »besitzen«. Geldprobleme hängen in keinem Fall nur von der Menge des Geldes ab. Ein armer Mensch kann sich wie ein Großgrundbesitzer aufführen, und ein reicher Mensch kann gesellig sein.

Auch die Keuschheit, ein weiteres Gelübde, hat Folgen für die Geselligkeit in der modernen Welt. Viele Menschen fragen sich, wie ein Mönch oder eine Nonne in Keuschheit leben kann, ohne sich hoffnungslos frustriert zu fühlen. Zweifellos gibt es auch im zölibatären Leben Probleme ähnlich denen in der Ehe oder in der Welt der Singles. Doch der Rückzug einer bestimmten Form von Sexualität kann eine andere Art von Erotik heraufbeschwören, eine Art, die der Geselligkeit entspringt und diese aufrechterhält.

Ich kann zwar nicht für andere sprechen, aber ich habe innerhalb des Ordens nicht nur ein Gemeinschaftsleben, sondern auch ein geselliges Leben angetroffen. Ich glaube, daß unsere Welt einiges von dieser Keuschheit gebrauchen könnte, nicht als nüchterne Lebensweise, sondern als eine Eigenschaft der Beziehung. Wir befrachten die Sexualität mit so vielen Forderungen, daß es nicht überrascht, wenn vieles von unserem emotionalen Leid sich darauf konzentriert. Man sollte Keuschheit nicht als Unterdrük-kung des Eros sehen, sondern als eine Form seelenvoller Subli-mation, ein Übergreifen des Eros ins Leben, eines Eros, der nicht auf den Geschlechtsverkehr beschränkt ist, wie es für gewöhn-lich verstanden wird. Keuschheit ist eine Form der Liebe, eine Möglichkeit, andere in das eigene Leben eintreten zu lassen. Sie beschränkt sich nicht auf die Beziehung zu einem einzelnen Menschen. Mönche und Priester sind es. Auch wir können es in unseren Beziehungen leben.

Ebenso wie das Gelübde der Armut nicht bedeutet, daß man sich von allen materiellen Dingen verabschiedet, aber ein gewisses Maß an Asketentum erfordert, gibt es bei der Keuschheit eine gewisse Zurückhaltung, Wege, um sexuelle Aktivitäten und In-teressen einzuschränken. Dieses Asketentum kann, auf den Sex bezogen, dem seelenvollen Leben dienlich sein, vorausgesetzt, daß es nicht zu einem gegen die Seele und gegen den Körper gerichteten Rückzug aus dem erotischen Leben verkommt. Wenn wir uns die Keuschheit als einen wesentlichen Bestandteil des sexuellen Lebens vorstellen könnten, würden uns die ver-schiedenen Ausschweifungen und Repressionen nicht derart faszinieren. Botticellis berühmtes Gemälde »Frühling« spiegelt die Welt der Venus wider und zeigt beides, Eros und Keuschheit. Die Keuschheit tanzt mit der Freude und der Schönheit als eine der drei Grazien des menschlichen Lebens. Keuschheit verstärkt die Freude und enthüllt die Schönheit, die ansonsten in der Lust ertrinken würde. Sie spielt eine notwendige Rolle im von der Geselligkeit geprägten Sexualleben.

In den vergangenen Jahrzehnten hörte und las man viel darüber, wie wichtig es sei, die Sexualität nicht zu unterdrücken, eine zweifellos notwendige Diskussion. Doch mit dem gleichen Recht könnten wir auch auf der Wichtigkeit und Notwendigkeit der Keuschheit beharren, besonders in Namen der Gemeinschaft. Unsere Herzen können durch eine Art der Keuschheit geöffnet werden, an die aus tiefstem Herzen geglaubt wird und an der wir uns innig erfreuen, selbst wenn wir unsere Sexualität so weitgehend wie möglich ausleben. Auf diese Weise finden wir einen Weg zur Gemeinschaft, der nicht nur erotisch, sondern auch lustvoll ist. Unsere Mitgliedschaft in dieser Gemeinschaft gründet sich dann nicht auf kalten Prinzipien, schwerer Verantwortung oder ehrgeizigem Idealismus, sondern wurzelt im reinen erotischen Vergnügen an der Gesellschaft des anderen.

Das dritte Gelübde betrifft den Gehorsam. Viele Ordensleute geben zu, daß dieses Gelübde am schwierigsten einzuhalten ist: Den eigenen Willen dem göttlichen zu übergeben, wird manchmal als innerer Ruf, manchmal als Schrift und Struktur des Ordens, ein andermal als die Stimme einer anerkannten Autorität interpretiert. Dieses Gelübde ist so schwierig einzuhalten, weil hier die Frage nach Macht und Unterwerfung auftaucht. Zweifellos ist es wichtig, daß die eigene Stimme, die eigene Identität, nicht durch Unterwerfung ausgelöscht wird. Aber auch das Beharren auf dem eigenen Willen scheint mir einseitig zu sein. Wir müssen zu einer Form finden, die sowohl Unterwerfung als auch persönliche Macht beinhaltet.

Im Ordensleben geht es letztlich darum, daß wir unser eigenes Schicksal finden und jene tiefsitzende persönliche Macht nicht durch Eigensinn, sondern durch eine heilige Form der Unterwerfung entdecken. Dies soll nicht eine wörtlich verstandene Unterwerfung unter einen anderen Menschen sein, sondern die Entdeckung des göttlichen Willens durch jene Unterwerfung. Natürlich kann das auch falsch verstanden werden und zu einer Entmachtung der schlimmsten Art und zu masochistischen Symptomen führen. Aber es gibt eine Möglichkeit, sich die Unterwerfung mit angemessener Gründlichkeit und Scharfsinn vorzustellen, durch die wir die Gefahren einer allzu wörtlichen Auslegung, die in diesem Bereich lauert, vermeiden und jene notwendigen Paradoxa entdecken können, die Eigensinn und Unterwerfung umgeben.

Dort wo die Mönche in den Befehlen ihres Abtes nach dem göttlichen Willen suchen, können wir unser Schicksal, den Keim unseres Lebens und unsere Berufung in den Erfordernissen jener Welt entdecken, die uns umgibt. Mit dieser Form von »Unterwerfung« bewegen wir uns auf eine grundlegende Weise in Richtung Gemeinschaft. Wir sehen unsere eigene Erfüllung mit der jener Menschen in unserer Umgebung verbunden. Wenn wir unsere wahre Berufung finden und sie ausleben, werden andere gedeihen; und wenn andere als Gemeinschaft Erfüllung finden, versorgen sie uns mit einer unersetzlichen Atmosphäre für unsere eigene Entfaltung und Selbstentdeckung.

Aber wir können uns auch ebensogut unmittelbar in den anderen Mitgliedern unserer Gemeinschaft entdecken. Wir zollen dem Willen der anderen Aufmerksamkeit, weil dieses respektvolle Verhalten das Wesen der Gemeinschaft ist. Indem wir die »süße Gemeinschaft des Lebens« leben, stellen wir fest, daß es nicht nötig ist, in allen Dingen nur den eigenen Willen durchzusetzen. Eine Gemeinschaft entsteht, wenn wir die interessante, aber auch radikale Alternative entdecken: Dadurch, daß wir den Wünschen und Zielen der anderen Aufmerksamkeit zollen, finden wir Anleitung für unser eigenes Leben. Es ist keine Verpflichtung, sondern eine Seinsweise, die die Seele dem Ego vorzieht. Ich sehe keine Schwierigkeit darin, die Ehe als eine Institution zu betrachten, in der sich der eine Partner dem anderen unterwirft, sofern die Unterwerfung auf diese seelenvolle Weise definiert wird. Unser Partner ist für die Entdeckung unserer Berufung unentbehrlich und zeigt uns auf eine seltsame Weise, was wir möchten, oder, genauer gesagt, er zeigt uns, was von uns verlangt wird. Während diese Form der Unterwerfung sich entwickelt und reift, bewegen wir uns von der Gemeinschaft fort und hin zur Geselligkeit, da wir Spaß und Vergnügen an den Standpunkten, Wünschen und Forderungen der anderen haben, obwohl sie manchmal frustrierend sein können. Die Anerkennung dieser Paradoxa kann das Fundament der Geselligkeit sein.

Wieder einmal zeigt sich, daß die Seel-Sorge eine recht radikale Position einnimmt. Sie stellt sich gegen den populären Trend zum Privatbesitz, zur sexuellen Hingabe/Unterdrückung, gegen das eigensinnige Ego. Wir verwechseln freimütige Phantasie mit neurotischer Passivität. Aber unsere Betonung des eigenen Willens kann uns nicht jenes aktive, einweihende Gefühl des Selbst vermitteln, das wir so sehr schätzen. Paradox ist, daß die Quelle jener unabhängigen Existenz, nach der wir uns alle sehnen, so unendlich tief in der Seele schlummert, daß keine noch so starke Ich-Bezogenheit sie wecken kann. Nur die Sehnsucht nach dem eigentlichen Selbst kann jenes seltene Geschenk der Seele, das Selbstvertrauen, zum Leben erwecken.

In seinem Essay »Self-Reliance« (Selbstvertrauen) dringt Emerson bis ins Innerste der Individualität vor und entdeckt ein ganzes Universum unterschiedlicher Faktoren. »Denn jenes Gefühl des Seins, das in stillen Stunden, wir wissen nicht, wie, in der Seele entsteht, unterscheidet sich nicht von Dingen, vom Raum, vom Licht, der Zeit, dem Menschen, sondern ist eins mit ihnen und rührt offensichtlich von der gleichen Quelle her, der auch ihr Leben und Sein entspringt.«[10]

Dieses Paradoxon von Gemeinschaft und Individualität ist ein weiterer »Koan«, ein unlösbares Rätsel, über das man ein Leben lang grübeln kann. Die Phantasie so weit auszudehnen, daß sie dieses Mysterium in sich aufnehmen kann, ist ein guter Eröffnungszug zu einem Leben mit einem intensiven Gefühl für die eigene Identität im geselligen Verbund mit anderen. Es hilft auch, wenn wir unsere Vorstellung von Freundschaft in dieses Mysterium eindringen lassen. Wenn ich einem Freund mein Herz geöffnet habe, dann bin ich mehr ich selbst als vorher. Wenn ich in meinem Alltag Raum für Keuschheit schaffen kann, entdecke ich vielleicht die Seelenfreuden des Geschlechtsverkehrs. Und wenn ich mein verzweifeltes Verlangen nach Besitz dämpfen kann, werde ich entdecken, daß mir eine tiefbefriedigende Menge Leben zur Verfügung steht. Diese Mysterien entdeckte das Mönchtum bereits vor Jahrhunderten, und es würde nicht schaden, sie in der heutigen Zeit wiederzubeleben.

Die intime Phantasie

Doch wie jede einzelne Seele
eine Mischung aus vielerlei Dingen
   in sich birgt,
die sie im einzelnen nicht kennt,
mischt Liebe diese wiederum
und macht aus ihnen eins.

The Extasie, John Donne

6 Gespräche und Briefe

Die »Techniken der Intimität« sind jene Methoden, die wir benutzen, um in unseren Beziehungen Nähe zu erzeugen und zu erhalten. Sie drücken das Gemeinschafts- und Freundschaftsgefühl aus, beschwören es herauf. Es genügt nicht, sich abstrakt mit der Intimität zu beschäftigen oder sie nur als ein Gefühl anzusehen, das ohne eigenes Zutun kommt und geht. Intimität erfordert, wie alles andere im Leben, Kunstfertigkeit.

Ich spreche hier nicht von Kommunikation im oberflächlichen oder rationalen Sinn. »Kommunikation« ist in Diskussionen über Beziehungen zu einem Schlagwort geworden. Und es ist eine Binsenwahrheit, wenn man behauptet, die Schwierigkeiten innerhalb einer Beziehung seien auf ein Versagen der Kommunikation zurückzuführen. Die Kommunikation kann für die Beziehung das sein, was Information für die Bildung ist – ein seelenloser Austausch von Fakten. Wir halten uns bereits für gebildet, wenn wir eine bestimmte Datenmenge angesammelt haben, und meinen, wir seien intim, wenn wir uns privat unterhalten. Ein gutes Gespräch läßt zu, daß wir einem anderen Menschen gegenüber unsere Gedanken und Gefühle klar und angemessen ausdrücken. Doch sollte man nicht vergessen, daß Intimität sich auch in Gesprächslücken, in peinlichen Pausen, in den Versuchen, das richtige Wort zu finden, entwickeln kann, selbst in den Lügen und Ausflüchten, vor denen auch eine Beziehung manchmal nicht sicher ist.

Um die Intimität zu kultivieren, müssen wir Ausdrucksformen finden, die der Seele entspringen und sie bewegen. Folgendes wäre naheliegend: Ein besonders bedeutungsvolles Geschenk, ein mitternächtliches Gespräch, in dem Gefühle an die Oberfläche kommen, ein gefühlvoller Brief oder ein schweigender Waldspaziergang mit einem anderen Menschen, bei dem nur wenige Worte gewechselt werden. Wir wissen zwar, daß diese Formen der Intimität wertvoll sind, doch scheinen wir in unserer modernen Welt zu vergessen, wie wichtig sie für uns wirklich sind. Wir akzeptieren zwar das gegenwärtige Interesse an der Kommunikation – wir haben vielleicht eine äußerst raffinierte Telefonanlage in unserer Wohnung oder benutzen möglicherweise den letzten Fachjargon aus der populären Psychologie –, vernachlässigen jedoch jene Form des Austausches, die für die Seele wichtig ist. Möglicherweise verwechseln wir sogar bloßen Selbstausdruck mit Ehrlichkeit und glauben, wenn wir uns öffnen, wären wir intim.

Unsere Aufgabe in diesem technologischen Zeitalter besteht nicht darin, eine neue Kommunikationstheorie oder Therapiemethode zu ersinnen, sondern die Kunst und das Handwerk des intimen Ausdrucks zu entwickeln. In den meisten Fällen geht es darum, den einfachen Formen des Austausches Wert zu verleihen: Sich die Zeit zu nehmen, einen Brief zu schreiben, ein besonderes Geschenk zu kaufen oder selbst herzustellen, um so durch bedeutungsvolle Nuancen in unseren Geschenken und unserer Wortwahl die Seele des anderen zu erreichen. Sobald wir unsere Aufmerksamkeit von der Kommunikation weg zu jenen intimen Äußerungen hin gelenkt haben, sind wir auf dem Weg zu einer seelenvollen Beziehung.

Das Gespräch

In einem ehrlichen Gespräch durchdringen sich Welten. Ein Gespräch ist eine echte Seelenverbindung, die nicht krampfhaft tiefschürfend zu sein braucht, aber Dinge berühren muß, die für die Seele von Interesse sind. Der folgende kurze Abschnitt aus einem Brief von Ralph Waldo Emerson vom 30. September 1842 weist auf verschiedene Elemente eines seelenvollen Gespräches hin:

> Hawthorne und ich brachen zu einer Wanderung auf ... Unsere Wanderung verlief ohne Zwischenfälle. Wir brauchten auch keine, denn wir waren in ausgezeichneter Stimmung, hatten viel Gesprächsstoff, da wir beide alte Sammler waren, die noch nie zuvor die Gelegenheit gehabt hatten, einander ihre Schränke zu zeigen.

Da ist zum einen die Idee, einen Spaziergang, oder, wie in diesem Fall, eine Wanderung zu machen, während man sich unterhält. Spazierengehen kann eine Seelenaktivität sein, solange man keine so heroische Absichten damit verbindet, wie an ein bestimmtes Ziel zu gelangen, Gewicht zu verlieren oder einen Wettbewerb zu gewinnen. Vielleicht war es in jenen fernen Tagen einfacher gewesen, die Seele auf diese Weise auszubilden, da es damals noch angenehme Orte gab, an denen keine Gefahr von zu schnell fahrenden Autos ausging und man mehr Zugang zur Natur hatte, und noch nicht so viele alternative Reiseformen. Spazierengehen inspiriert und fördert das Gespräch, das im Körper entsteht, und schafft so der Seele einen Raum, in dem sie wachsen und gedeihen kann. Ich glaube, ich könnte interessante Geschichten über bedeutsame Spaziergänge mit anderen Menschen schreiben, bei denen Intimität nicht nur erfahren, sondern liebevoll in die Gedächtnislandschaft eingefügt wurde. Als ich noch ein Kind war, ging ich immer mit meinem Onkel Tom zu seiner Farm, durch Felder und die Hügel hinauf und hinunter. Wir unterhielten uns über viele Dinge, einige davon waren informativ, andere gänzlich unerhört. Und recht viele Geschichten entstanden während dieser bukolischen Spaziergänge. Was immer auch der Inhalt der Gespräche war, sie stellen noch heute wichtige Erinnerungen für mich dar; Erinnerungen an meine

Verbundenheit mit der Familie, mit einer bemerkenswerten Persönlichkeit und mit der Natur.

Als ich noch Student in einem katholischen Priesterseminar war, gehörten regelmäßige Spaziergänge zu unserem Stundenplan; und ich glaube, daß ich mir einen Großteil meines Lehrstoffes auf vergnüglichen Spaziergängen über das Klostergelände einprägte. Ich erinnere mich auch an einen Spaziergang, den ich jüngst mit einem Freund durch Hampstead Heath in London machte und dem ein Besuch des Hauses von John Keats folgte. Diesen Spaziergang werde ich nicht vergessen. Erstens wegen der vergnüglichen Gesellschaft, und zweitens wegen der Verbindung, die er mit einem möglichen Seelengefährten, Keats, knüpfte, dessen Werk mich inspiriert und leitet, obgleich er über hundert Jahre vor meiner Geburt starb. Ich habe aber auch schmerzliche Erinnerungen an Spaziergänge, die ich während des Kummers wegen Trennung und Scheidung unternahm. Bei bestimmten Formen des Gehens und Sprechens wagt sich die Seele aus ihrem Versteck und zeigt sich ungewöhnlich gefühlvoll.

Emerson berichtet auch, daß seine Wanderung mit Hawthorne ohne Zwischenfälle verlief und daß er auch keine gebraucht habe. Die Seele ist nicht annähernd so stark an Zwischenfällen und Aktionen interessiert wie der Verstand. Sie braucht sie nicht. Tatsächlich können sie eher hinderlich sein, falls die Seele während des Gespräches auftauchen möchte. Für Emerson war es wichtig, daß beide Männer »Sammler«, daß ihre »Schränke« voller Gedanken waren – Erinnerungen, die man austauschen, Ideen, über die man diskutieren konnte. Die Seele ist eher ein Gefäß als ein Instrument, und diese beiden seelenvollen Männer müssen sich einiges zu erzählen gehabt haben, womit sie einander erfreuen konnten, während sie die fast fünfundsechzig Kilometer wanderten, die Emerson für ihren zweitägigen Ausflug ausgerechnet hatte.

Ein seelenvolles Gespräch muß keine Beichte sein. Ich spüre, wie sich Menschen, die sich selbst in psychischer Hinsicht eben erst bewußt geworden sind, manchmal genötigt sehen, zu offen und unschuldig alles auszubreiten, was sich in ihrem Kopf oder Herzen verbirgt. Einige spielen das »Ich-habe-mein-Herz-entblößt,-jetzt-entblöße-deines«-Spiel. Doch Seelenfülle wird nicht durch naive Entblößung erzeugt. Es kommt nicht so sehr darauf an, wieviel man in einem Gespräch über sich enthüllt, sondern daß die Seele daran beteiligt ist. Zwei Menschen, die an den Plänen für ein Haus arbeiten oder von einem Rezept in Anspruch genommen sind, können in ein seelenvolles Gespräch vertieft sein. Das Thema muß nicht persönlich sein.

In einem anderen Brief, den Emerson am 13. März 1839 an Thomas Carlyle schrieb, kommt er darauf zu sprechen:

> Die Aufgabe eines Gespräches besteht darin, mir Selbstbeherrschung zu schenken. Ich ruhe träge wie ein Erdklumpen. Dann kommt ein zuverlässiger und freundlicher Geist vorbei, der sein Leben und seine Ziele ordentlich vor mir ausbreitet, nicht als Erfahrung, sondern als das Erfreuliche und Wünschenswerte. Sofort spüre ich die Gegenwart von etwas Neuem und doch Altem, einem anregenden, einem ursprünglichen Element ... Ich erlange, nach und nach, meine Fähigkeiten, meine Organe wieder; Leben kehrt in einen Finger, eine Hand, einen Fuß, zurück. Eine neue Behendigkeit – fast Flügel – entfaltet sich an meiner Seite.

Ein Gespräch, das aus der Seele kommt und von ihr handelt, kann das »Erfreuliche und Wünschenswerte« zum Thema haben; ebenso die Richtung, die die Menschen einschlagen; das Leben und die Welt, wie wir sie kennen. Die Seele scheint Gespräche zu bevorzugen, die zwar lebensnah, aber nicht pragmatisch und technisch sind. Ihre Lieblingsformen sind Träumerei, Erinnerung, Reflexion – Worte, die auf die Aufgabe der Seele hinweisen, Erfahrung mit Phantasie zu beleben. Ein Gespräch läßt wieder Blut in die Glieder strömen und schenkt dem Körper Flügel, weil es zu den Hauptadern der Seele gehört. Und es ist die Seele, die den Körper belebt und die Last des prosaischen Lebens erleichtert.

Ein Gespräch kann uns vom Druck der täglichen Aktivität, der täglichen Entscheidungen, die getroffen werden müssen, befreien, und uns bekannte Erfahrungsebenen erschließen. Die Seele wohnt in den Ober- und Untertönen, nicht in langweiligen, nüchternen Vorkommnissen. Während des Gesprächs wird die Erfahrung auf angenehme und freundliche Weise alchimistisch bearbeitet und so in Formen sublimiert, die untersucht werden können. Die Erfahrung selbst erhält durch das Gespräch Flügel. Ich möchte den Gedanken, Gespräche seien wichtig, weil sie therapeutisch sind, umkehren und behaupten, eine Therapie sei hilfreich, weil sie auf dem Gespräch basiert. Für die Seele ist es wichtig, zu sprechen, nicht zu heilen. Es ist viel wichtiger, mit jemandem zu reden, als eine Technik zu finden, wie man sein Leben wieder in Ordnung bringen kann. Das Gespräch könnte eine Emersonsche Variante der Psychoanalyse sein, durch die die Erfahrungen in die ein wenig höhergelegenen Regionen der Phantasie gehoben werden. Es vermittelt uns das Gefühl, lebendiger zu sein.

Aus Emersons Sicht ist das Gespräch eine Möglichkeit, zu sich selbst zu finden; eine Methode, mit sich selbst und anderen verbunden zu sein. Vielleicht ist das einer der Gründe, weshalb ein Gespräch so angenehm sein kann: Weil wir uns dadurch wieder neu kennenlernen. Wie oft haben wir schon Menschen sagen hören: »Ich wußte gar nicht, daß ich diesen Gedanken hatte, bis ich ihn aussprach.«

Bei der Beschreibung seiner Gespräche mit Hawthorne benutzt Emerson das interessante Bild des Schrankes. Jung zufolge ist der Schrank der Mutterschoß; die Methode der Frauen, etwas zurückzuhalten und auszubrüten. Darüber hinaus verweist ein Schrank auf die Möglichkeit, Dinge zu behalten, die einem wichtig, die vielleicht alt und mit Erinnerungen verbunden sind. Ein Großteil der Anima – die Stimmung und Gegenwart der Seele – umhüllt den Schrank. Und in diesem Sinne schlägt Emerson vor, daß wir in unsere Gespräche unsere Erinnerungs- und Gedankenschätze einbringen – all jene Dinge, die unauflösbar zu uns gehören, mit denen wir von Ort zu Ort ziehen. Dieser Schatz aus persönlichem Material bildet den Gesprächsstoff und ist das Fundament für die Entwicklung eines Seelengefährten.

James Hillman machte die wichtige Feststellung, daß nicht alle unsere Ideen der Seele entstammen. Einige von ihnen sind rein intellektuell, von der Seele getrennt. Sie mögen interessant und vergnüglich sein, doch sie fesseln die Seele nicht. Die Seele ist stets in den Eigentümlichkeiten des Lebens und der Persönlichkeit, und nicht unbedingt in Relevanz und Beziehung verwurzelt. Beim Gespräch mit einem Seelengefährten können wir unsere Vorstellungen auf eine Weise erkunden, die nicht von den speziellen Forderungen des einsiedlerischen Intellekts begrenzt ist. Wir können unsere Meinung, unsere Lebensgeschichte, unsere Vorurteile und den Stil unseres Ausdrucks einbringen. Seelenvolle Ideen sind mit den alltäglichen Ereignissen des Lebens verknüpft, ohne zwangsläufig davon zu handeln. Die Seele besitzt Kapillare, die mit jenen tiefen Gefühlen und Phantasien in Kontakt stehen, die sich durch das Leben des einzelnen oder einer ganzen Kultur ziehen.

Eine Konversation unterscheidet sich von einer Diskussion oder einer Auseinandersetzung. Sie ist weniger bestimmt und konzentriert. Früher bedeutete das Wort »converse« nicht nur Reden, sondern auch Leben, Wohnung, Umgang, Verkehr. Letzteres bedeutete manchmal auch Geschlechtsverkehr. Wir können jene alten Bedeutungen des Wortes bewahren, wenn wir es auf eine Unterhaltung anwenden. Ein Gespräch ist jene Form der

Unterhaltung, bei der man spürt, daß man lebt. Ein gutes Gespräch mag uns ein Gefühl dafür vermitteln, daß wir an einem Ort zu Hause sind. Ein Gefühl, das stärker ist als die Architektur jenes Ortes, stärker als der reale Hintergrund. Manche Räume erwachen nur dann zum Leben, wenn sich Menschen in ihnen an Gesprächen erfreuen. Und gleichgültig, wie eindrucksvoll ein Raum auch sein mag, wenn in ihm das Gespräch nicht gepflegt wird, wird er leer und kalt erscheinen. Wird die Seele nicht befriedigt, hat die Architektur versagt.

Einige Aspekte des Gesprächs, die ich während meiner Jahre als Psychotherapeut beobachten konnte, treffen auch auf alltägliche Unterhaltungen zu, nicht zuletzt, weil durch die private Gestaltung der Therapieräume eine gewisse Intimität geschaffen wird. Da ist zuerst einmal das Büro des Therapeuten, ein Ort, wo wir uns hinsetzen und reden können, ohne unterbrochen zu werden; ein Raum, der einzig und allein fürs Reden eingerichtet ist. Es ist nicht leicht, in dieser Welt Orte wie diesen zu finden. Zuweilen erfüllen Restaurants und Cafés den gleichen Zweck. Aber es kann auch derart geschäftig zugehen, daß die Menschen, die dort sitzen und reden, sich möglicherweise bedrängt und gestört fühlen.

Es ist nicht einfach, öffentliche Büros oder private Wohnungen ohne Fernseher, Telefone und Radios zu finden: technische Errungenschaften, die einzig dazu geschaffen zu sein scheinen, jedes Gespräch zu unterbinden. Vor nicht allzu langer Zeit saß ich im großen Wartezimmer eines Krankenhauses, wo ich versuchte, mich zu konzentrieren und über eine Krankheit nachzudenken. Doch der Fernseher plärrte derart laut, während zwanzig Menschen wie gebannt auf den Bildschirm starrten, daß ich mich nicht konzentrieren, geschweige denn Kontakt mit anderen aufnehmen konnte.

Ein anderer Aspekt des therapeutischen Gesprächs kann ebenfalls als Vorbild für ein normales Gespräch dienen. Was bei einer

Therapie besonders auffällt, ist, daß sich wenigstens eine der anwesenden Personen ausschließlich aufs Zuhören konzentriert. Ein Mensch, der nicht zuhören kann, kann auch kein Gespräch führen. Der eine muß annehmen, was der andere ihm bietet. Ein Gespräch bedeutet, daß der eine das Material annimmt, daß der andere aus seinem »Schrank« geholt hat, und es aufmerksam und respektvoll behandelt. Ich habe in meinem Berufsleben viele förmliche Veranstaltungen besucht, die man »Gespräche« nannte und die sich häufig als pädagogisch durchstrukturierte Diskussionen vor einem Hintergrund entpuppten, bei denen keiner dem anderen zuhörte. Mag sein, daß sich jemand Notizen macht, oder, was wahrscheinlicher ist, daß ein Kassettenrecorder alles aufnimmt. Aber niemand hört wirklich, was gesagt wird. Bei diesen Diskussionen ist kaum etwas von Erotik zu spüren, weil es dabei keine Akzeptanz und keine Freude daran gibt, die angebotenen Gedanken und Geschichten aufzunehmen – der Körper ist nicht beteiligt.

Ich habe festgestellt, daß ein Gespräch für Paare mit Eheproblemen oft schwierig, wenn nicht unmöglich ist. Ein Partner möchte bestimmte Dinge vom anderen hören, ist jedoch nicht bereit, richtig zuzuhören. Oder einer möchte zwar bestimmte Bekenntnisse oder Eingeständnisse hören, ist aber nicht bereit, zu beschreiben, wie es in seiner Seele aussieht. Anstelle eines Gesprächs spielen wir ein Unterhaltungsspiel, bei dem es hauptsächlich um die Macht geht. »Ich bin nicht bereit, die ganze Last des Redens auf mich zu nehmen«, erklärt der wütende Ehemann. »Erst wenn sie zugibt, was sie getan hat, werde ich reden.« Diese Form des Austauschs wird von der Machtfrage beherrscht, die jede Möglichkeit eines Gesprächs ausschließt. Da überrascht es nicht, daß Paare, die unter sexuellen Schwierigkeiten leiden, nicht miteinander reden können.

Es gibt noch einen weiteren Aspekt des therapeutischen Gesprächs, der ebenfalls für alltägliche Unterhaltungen von Bedeutung ist: Die Möglichkeit, schmerzliche und unklare Themen in den Dialog einzubringen. »Höfliche Konversation«, ein oberflächlicher Austausch von Artigkeiten, wird nicht ausreichen, um die Seele heraufzubeschwören. Genauso wie in einer hochintellektuellen Diskussion eine Idee entstehen kann, sobald die Diskussion jenes Maß an Abstraktion erreicht hat, das Einsichten zuläßt, so wird in einem intimen Gespräch die Seele häufig aus dem dunkelsten Innersten heraufbeschworen, jenem Ort, den beide Gesprächspartner oder alle beteiligten Parteien am liebsten meiden würden. Auf den wunden Punkt zuzugehen, ist oft der kürzeste Weg zur Seele.

Eine interessante Metapher des modernen Lebens, die »bottom line«*, verrät die übertriebene Aufmerksamkeit, die wir Schlußfolgerungen zukommen lassen. Ein Gespräch hat keine »bottom line«, es muß nicht an ein Ziel gelangen. Und oft ergibt sich, statt zu einer Lösung oder Antwort zu kommen, ein weiteres Gespräch. Unsere Vorstellung von einer Unterhaltung muß sich möglicherweise erst einmal grundlegend ändern, ehe wir den Wert eines wirklichen Gespräches zu würdigen wissen, in dem Ideen und Erfahrungen von allen Seiten beleuchtet werden; ein Gespräch, dessen feine Schattierungen die Seele mehr befriedigen als außergewöhnliche Einsichten und Erklärungen.

Da das Thema bei einem Gespräch von größter Wichtigkeit ist, ist nur wenig Ego daran beteiligt. Menschen, die versuchen, bei einer Streitfrage Sieger zu bleiben, die auf ihrem Standpunkt bestehen, die predigen, an einer Theorie festhalten oder von einem Glauben Zeugnis ablegen, sind nicht in ein Gespräch vertieft. Dieses Verhalten ist narzißtisch und bietet der Seele wenig Raum. Das Gespräch ist eine von Natur aus seelenvolle Aktivität und verlangt deshalb, daß dem Ich nur beschränkt Raum zugebilligt wird.

Ein Gespräch zwischen Menschen zögert, schwankt, braucht seine Zeit, um in Schwung zu kommen, seinen Rhythmus zu finden, und wird gegen Ende langsamer. Wahrscheinlich ist auch ein kurzes Gespräch möglich, aber es wird immer beschränkt sein. Ein Gespräch tendiert dazu, sich nach einem eigenen Tempo in eine eigene Richtung zu entwickeln. Achten Sie einmal darauf und Sie werden feststellen, daß im Laufe eines Gespräches die Verbindungen zwischen den einzelnen Themen nicht immer logisch oder vorhersehbar sind.

Doch das vielleicht wichtigste ist, dem Gespräch seine Hochachtung zu erweisen; zu erkennen, wie wertvoll es für die Seele ist, und sich darüber klarzuwerden, daß einige unserer körperlichen oder seelischen Beschwerden gelindert werden könnten, wenn wir der Seele geben würden, was sie braucht; unter anderem etwas so Einfaches wie ein Gespräch. Viele Dinge, die der Seele guttun, sind recht normal und deshalb auch leicht zu übersehen oder beiseite zu schieben, wenn scheinbar wichtigere Themen unsere Aufmerksamkeit fordern. Es mag wichtig erscheinen, zu einer Vorlesung zu gehen, statt einfach nur herumzusitzen und zu reden, obwohl die Seele letzteres vielleicht nötiger braucht, als daß der Geist noch mehr Information oder Stimulation erhält. Manche seelischen Beschwerden weisen deutlich auf einen Mangel hin, der durch ein Gespräch behoben werden könnte. Einsamkeit, Geschäftigkeit, ein übermäßiges Verlangen nach Liebe und Hyperaktivität deuten auf ein Bedürfnis nach etwas hin, das die Intimität pflegen und die Seele erden würde. Ein Historiker aus der Renaissance bemerkte einmal, daß Marsilio Ficino, Meister der Seelenkünste, der »untätigste Mensch in der gesamten, schriftlich überlieferten Geschichte« war. Oscar Wilde schrieb über seinen Roman *The Picture of Dorian Gray* (dt.: *Das Bildnis des Dorian Gray*): »Ich befürchte, er ähnelt meinem Leben – nur Gespräche und keine Handlung.«[1] Was nicht heißen soll, daß wir extrem ruhig werden müssen, wenn wir die Seele pflegen wollen. Ich will damit nur sagen, daß wir normalen, nicht zweckgebundenen, die Seele befriedigenden Aktivitäten wie dem Gespräch mehr Aufmerksamkeit schenken sollen. Das Gespräch ist der Geschlechtsakt der Seele und als solcher für die Kultivierung der Intimität höchst erforderlich.

Hermes, der Postbote: Die Rückkehr zum Brief

Zu den potentiell seelenvollsten Seiten des modernen Lebens gehört die Post und alles, was damit verbunden ist: Briefe, Umschläge, Briefkästen, Briefmarken, Stempel und natürlich auch der Mensch, der die Post austrägt. Werbebriefe und Rechnungen sind nur die Schattenseiten einer ansonsten wonnevollen Institution. Sehr viel freudige Phantasie umgibt die wichtige Seelenaufgabe des Briefeschreibens. Ein Umschlag gehört zu den wenigen Dingen in der modernen Welt, die wir versiegeln, wodurch wir persönlichen Raum für Äußerungen schaffen. Briefmarken sind normalerweise nicht nur Zeichen eines Geldaustausches, sondern kleine Gemälde, die der mittelalterlichen Miniaturmalerei noch am nächsten kommen. Sie sind für Sammler interessant, wegen ihrer phantasievollen Gestaltung, die nicht nur national bedeutenden Gestalten, sondern auch Abbildungen einheimischer Flora und Fauna umfaßt.

Aber auch der Briefkasten ist ein geheimnisvolles Gebilde. Wir werfen unsere hochgeschätzten Briefe in diesen Kasten, von wo aus sie auf mysteriöse Weise ihren Weg um die Welt finden. Manchmal überkommt mich die wunderliche Idee, mir den Kasten als ein schwarzes Loch vorzustellen, in das meine Gedanken und Gefühle fallen, um auf magische Weise von einem anderen Menschen herausgefischt zu werden, der an jenem Ritual des Selbstausdrucks teilnimmt. Ich kann verstehen, weshalb Menschen anderer Zeitalter ihre Briefe mit Wachs versiegelten – nicht nur wegen der Diskretion, sondern auch, um die Heiligkeit eines Briefes durch das Ritual des Siegelns mit Feuer und

Wachs anzuerkennen; einem Stoff, der nicht nur wie Klebstoff funktionelle, sondern auch ästhetische und religiöse Merkmale besitzt.

Ich möchte das Briefschreiben nicht mystifizieren, sondern vielmehr die Phantasie und das Ritual betonen, die in diese wichtige Technik der Intimität einfließen. Etwas geschieht mit unseren Gedanken und Gefühlen, wenn wir sie niederschreiben. Sie ähneln nicht mehr dem gesprochenen Wort, sondern werden in einen anderen, besonderen Kontext gebracht und sprechen auf einer anderen Ebene. Sie dienen eher dem Seelenorgan des Nachdenkens als der Denkfähigkeit des Geistes.

Eine Frau, deren Ehe auf des Messers Schneide stand, sagte mir, daß sie ihrem Mann selbst nach stundenlangen Gesprächen manchmal noch einen Brief schrieb, weil sie in dieser Ausdrucksform eine zusätzliche Dimension der Intimität spürte. Eine andere Frau beschrieb, wie sie in Augenblicken höchster Frustration aufhörte, mit ihrem Mann zu sprechen, und sich statt dessen hinsetzte und ihm einen Brief schrieb, den sie von der Küche ins Wohnzimmer beförderte. Diese beiden Frauen spürten, daß ein Brief das Herz ihres Partners möglicherweise stärker anrührt als das gesprochene Wort. Ein junger Mann, der eine Therapie bei mir machte, berichtete mir von den Problemen, die er damit hatte, einer Arbeitskollegin klarzumachen, daß er sie gern näher kennenlernen würde. »Vielleicht schreibe ich ihr einen Brief«, sagte er, »damit sie weiß, was ich empfinde.« Meiner Meinung nach genügt es nicht, zu sagen, daß ein Brief nur eine weitere Kommunikationsmethode sei. Jene Menschen waren von ihrem Verlangen getrieben, ihre Seele mit der eines anderen Menschen zu vereinen, und jedem von ihnen erschien ein Brief die dafür angemessenste Form zu sein.

Viele meiner Klienten schreiben mir zwischen ihren wöchentlichen Sitzungen Briefe. Ich bin mir des Argwohns bewußt, mit dem Therapeuten zuweilen diese Praxis betrachten, da sie der

Meinung sind, der Klient bekäme dadurch Macht über den Therapeuten. Doch ich sehe in diesem Interesse an Briefeschreiben mehr das Wissen darum, daß Sprache allein für die enorme Arbeit mit der Seele, die ja der Zweck jeder Therapie ist, nicht ausreicht.

Einen Brief zu schreiben dauert einige Zeit, normalerweise viel Zeit als ein Gespräch. Er verlangt nach einem gewissen Niveau an Ausdrucksfähigkeit und Nachdenklichkeit. Und ein Brief wird aufbewahrt, um wieder gelesen zu werden. Die Seiten eines Briefes rufen Seelenfülle hervor: Einen Brief erneut zu lesen, ist eine Form der Meditation; einen Brief zu behalten, würdigt die Erinnerung und nicht nur das tägliche Leben, und mit einem Briefeschreiber so zu kommunizieren, der nicht mehr gegenwärtig ist, zeugt von Respekt gegenüber der ewigen Natur der Seele. Wie interessant ist es doch, die Briefe von Künstlern und Schriftstellern zu lesen, die sich selbst auf eine bestimmte Weise in den Briefen an ihre Freunde und Geliebten, an Fremde und an die Familie offenbaren. Ich lese zum Beispiel für mein Leben gern die Briefe großer Männer und Frauen in der Hoffnung, in ihnen ein Stück Seele zu finden, auf eine Weise offenbart, die sich von ihrer bekannten Kunst unterscheidet, und um dadurch neue Einsichten in ihr Werk zu gewinnen.

Auch die Grenzen des Briefes, in Essays über das Briefschreiben oft diskutiert, tragen zum Seelengewicht eines Briefes bei. Normalerweise schweifen wir in Briefen nicht ständig vom Thema ab wie bei einem Gespräch. Wir wählen unsere Worte, auch in zwanglosen Briefen, sorgsamer und überlegen uns, was wir schreiben wollen. Diese alltäglichen ästhetischen Beurteilungen machen einen Brief kunstvoll, und es ist vor allem die Kunst, die der Seele einen Weg darbietet.

Oft bietet ein Brief, obwohl an eine ganz bestimmte Person gerichtet, für den Schreiber eine Gelegenheit, einige ernsthafte Überlegungen zu entwickeln, bei denen der Empfänger die Reflexionen des Schreibers formt und ihn inspiriert. Emily Dickinson bemerkte: »Ich empfinde einen Brief immer als unsterblich, denn er ist einzig Geist, ohne einen materiellen Freund.«[2] Bis zu einem gewissen Ausmaß, und wahrscheinlich mehr als wir uns vorstellen können, ist der Mensch, an den wir schreiben, eher irreal als real. Wir denken an ihn, während wir unsere Gedanken niederschreiben, einen Brief schreiben, der größtenteils für unsere eigenen Augen bestimmt ist. Viele Menschen haben mir gestanden, daß sie Briefe schreiben, die sie nie abschicken.

Wir neigen dazu, in Briefen der gleichen Illusion anzuhängen wie im Gespräch. Uns ist nicht bewußt, daß der andere, über den und zu dem wir sprechen, weitgehend die gleiche Seele ist, die wir in unserem Inneren spüren. Klienten berichten mir erregt von einem Partner, Gefährten, Freund oder Arbeitskollegen, der etwas Ungeheuerliches tut. Und ich merke an der Art und Weise, wie die Worte ausgesprochen werden, daß der Klient, indem er das Problem auf jemand anderen überträgt, es vermeidet, diesbezüglich in sich selbst hineinzuschauen. Auch in Briefen können wir uns, wenn auch vielleicht auf ruhigere Weise, mit einigen Seelenproblemen so auseinandersetzen, als würden sie einen anderen betreffen. Ich lese Marsilio Ficinos anmutige Briefe nicht, um etwas über seine Beziehung zu seinen Freunden herauszufinden, sondern um mehr Einsicht in sein Leben und Denken zu gewinnen.

In dem außergewöhnlichen Film *The Man of Flowers* gibt es eine wunderschöne Szene, in dem der recht sonderbare Antiheld ängstlich dem Briefträger entgegengeht, der einen Brief von der »Mutter« des Mannes bringt; einen Brief, den der Mann selbst am Tag vorher geschrieben und abgeschickt hat. In einem gewissen Sinne sind alle unsere Briefe so: Wir hören die Worte eines anderen in den Farben und im Tonfall unserer eigenen Seelengestalten, und wir schreiben an unsere Freunde, indem wir unsere Gedanken anderen Seelengestalten gegenüber ausdrücken, die wir innerlich kennen. Ich mußte an Jungs mysteriöse Worte zu Beginn des Buches *Erinnerungen, Träume, Gedanken* denken: »So wurden mir auch Menschen zu unverlierbaren Erinnerungen nur vermöge des Umstandes, daß im Buche meines Schicksals ihr Name schon seit jeher eingetragen stand und das Bekanntwerden mit ihnen zugleich etwas wie ein Wiedererinnern war.«[3] Im Mittelpunkt von Ficinos hochentwickelter Theorie der Freundschaft steht die Idee, daß ein Freund im Herzen des anderen lebt. In unseren Briefen erinnern und unterhalten wir uns mit unserer und der Seele unseres Freundes.[4]

Während wir die Briefe eines anderen lesen, seien es nun veröffentlichte, für einen anderen bestimmte Briefe, oder Briefe, die man uns schrieb, lauschen wir den Erinnerungen eines Freundes. Das macht das Wesen der Intimität aus; die Grenzen zwischen dem Ich und dem Du werden auf eine gewisse Weise weicher. Jene Frau, die aufhört, mit ihrem Mann zu streiten und statt dessen einen Brief schreibt, versucht, ihn dazu zu bringen, daß er sie besser versteht und ihr besser zuhört. Sie weiß intuitiv, daß ein Brief die Grenzen zwischen ihnen verwischt, während alles, was sie sagt, darauf abzielen mag, den anderen während eines Wortwechsels, bei dem es eher um Machtpositionen geht, zu verletzen.

Wie bereits erwähnt, bitte ich bei einer Paartherapie oft einen der beiden Partner, zu reden, während der andere zuhört. Ich versuche nicht, ihnen zu helfen, miteinander zu kommunizieren, sondern ich möchte beide dazu bringen, daß sie zuhören und einen Blick auf die Seele ihres Gefährten werfen. Ein Brief enthält schon seinem Wesen nach eine solche Vereinbarung: Wir lesen nicht einen Teil des Briefes und schicken sofort eine Antwort zurück, wie es bei einem Gespräch der Fall ist. Wir nehmen den ganzen Brief in uns auf, denken darüber nach, lesen ihn noch einmal und beantworten ihn, nachdem wir die Gedanken des anderen wahrgenommen haben.

In der internationalen Geschichte der Malerei war der Brief ein bevorzugtes Sujet. Oft fangen jene Gemälde, wie Vermeers »Der Liebesbrief«, den Augenblick ein, in dem sich die emotionelle Auswirkung zeigt, die der Brief auf den Empfänger hat. Diese Gemälde lassen uns manchmal mittels der symbolischen Elemente oder der thematisierten Gefühle den Inhalt des Briefes wissen.[5] Der Maler benutzt eine interessante, indirekte Methode, um den Inhalt des Briefes zu übermitteln; er deutet das Wesentliche an, respektiert jedoch auch, daß der Brief selbst persönlich und gedankenvoll ist.

Wenn in Filmen ein Brief für die Geschichte wichtig ist, dürfen wir, das Publikum, ihn manchmal lesen, entweder über die Schulter des Lesers oder über die des Schreibers hinweg; ein anderes Mal hören wir die Stimme des Schreibers oder Lesers aus dem »Off«. Diese »Off«-Stimme im Film ist schon seltsam genug: eine körperlose Stimme, eine Stimme, die nur das Kinopublikum vernimmt. Eine Stimme, die man im normalen Leben nicht hören würde, außer in der Phantasie. Wir können uns vorstellen, wie der Schreiber zu uns spricht, wenn wir seinen Brief lesen, aber diese Stimme entspringt einzig unserer Phantasie.

In einem Brief »äußern« wir unsere Gedanken, verhelfen ihnen zu einer Existenz außerhalb unserer selbst. Das gesprochene Wort hat häufig die Funktion, etwas darzustellen, während ein seelenvoller Brief mehr der Reflexion dient. Der Schritt von der Funktion zur Reflexion lockt die Seele an. Er schenkt einem mehr Zeit, über die Worte nachzudenken, und bietet eine Gelegenheit, den Text wiederholt zu überarbeiten. In einem Brief verwandelt sich Sprache in eine Literatur des Alltags, und so kann die Phantasie eine wichtige Rolle spielen.

Der Postbote ist Hermes, nicht nur weil er materielle Briefe von einem Ort zum anderen transportiert, sondern weil er ein Mittler der Seelen ist. Und Merkur, der Geist des Briefeschreibens, ist wahrhaft ein Seelenbegleiter. Aus gutem Grund benutzen Blumen- und Grußagenturen den geflügelten Merkur als Logo. Die Seele verspürt ein dringendes Bedürfnis nach Merkur/Hermes; nach einem Mittel, das zwei Seelen miteinander verbindet, das notwendige Brücken zwischen der Oberfläche des Lebens und seinen unterirdischen Tiefen baut. Hierbei handelt es sich um die klassischen Aufgaben Merkurs, die darauf hindeuten, daß Briefe, insofern sie ein Werk Merkurs sind, die Seele auf einer tiefen Ebene ansprechen – auf einer Phantasieebene, die jenseits des Prosaischen liegt und somit für die Seelenpflege wichtig ist.

Ein weiterer Seelenaspekt des Briefes besteht in dem Brauch, ihn aufzubewahren, ihn in ein Kästchen oder einen anderen Behälter zu legen, in einem Schrank zu verstauen, ihn hübsch ordentlich auf ein Bücherregal zu legen oder ihn abzuheften. Auf diese Weise werden Briefe gewürdigt und dem Reich der Zeit und der Funktion entzogen – sie dienen nicht länger der Kommunikation. Indem wir Briefe aufbewahren, behalten wir unsere Reflexionen und erkennen – wenn auch nur auf eine intuitive Weise – ihre objektive Natur und ihre ewige Bedeutung an. Die Seele möchte mit einer Realität harmonieren, die sich hinter unseren Grübeleien und Vorstellungen befindet. Sie muß ein Heim in den Objekten finden. Und für die Seele der Intimität gibt es kein besseres Zuhause als Briefe von intimem Wert, die ein Leben lang aufbewahrt werden.

Die Kästchen, in denen unsere Briefe sicher lagern, sind wahrhaft heilige Gefäße von der Art, wie Lynda Sexson sie in ihrem Buch *Ordinarily Sacred* als Nachahmung der Bundeslade oder des Tabernakel beschreibt. Wann immer wir zu diesen Briefen zurückkehren, wendet sich unsere Aufmerksamkeit von unseren (Alltags-)Sorgen ab, was uns aus der Zeit hinausführt und der Seele dient, denn Briefe nähren die Seele mit der nötigen Mischung aus Erinnerung und Melancholie. Vom Standpunkt der Seele aus betrachtet, ist es nicht gut, die Vergangenheit loszulassen. Für die Seele ist es besser, wenn wir jenen vergangenen, schmerzlichen und freudigen Augenblicken noch einmal einen Besuch abstatten und so unser Innerstes intakt und beschäftigt halten und ihm Nahrung zukommen lassen.

Eine lange Tradition von Essays über das Briefeschreiben betont, wie wichtig die Form ist, die wir unseren Gedanken und Gefühlen geben. Der Humanist der Renaissance, Erasmus von Rotterdam, selbst ein eifriger Briefeschreiber, beteiligte sich an dieser traditionellen Diskussion mit den Worten: »Ein Brief ist ein wechselseitiges Gespräch zwischen zwei abwesenden Freunden; er sollte niemals unhöflich, grob oder geziert sein, sich weder auf ein einziges Thema beschränken, noch zu weitschweifig und lang sein. Folglich bevorzugt die Briefform Einfachheit, Offenheit, Humor und Witz.«

Diese vier Tugenden sind zugleich Kennzeichen der Seele. Ich weise häufig darauf hin, daß die Seele kompliziert und gerade in jenen Momenten am meisten präsent ist, in denen das Leben schwierig wird. Und ich empfehle normalerweise, dieser Komplexität nicht zugunsten einer stark vereinfachten Interpretation oder Lösung auszuweichen. Doch es gibt noch eine weitere seelenvolle Form der Einfachheit: Benutzen Sie eine schlichte, direkte Sprache, sprechen Sie offen über Gefühle und Situationen, seien Sie klar und deutlich. Diese einfachen Ausdrucksformen sind Ausdruck der Seele und deshalb beim Briefeschreiben wertvoll.

Auch Humor und Witz, jene beiden anderen Eigenschaften, die Erasmus würdigt, sind ein Zeichen der Seele. Einem strengen und nüchternen Menschen mangelt es an der ironischen Perspektive der Seele. Die Seele ist immer polyzentrisch; stets fähig, jede Situation von mehr als einem Standpunkt aus zu betrachten. Humor kann, wenigstens teilweise, als eine Vielfältigkeit verstanden werden, deren man sich erfreut, so daß selbst tragische und unglückliche Ereignisse aus einem anderen Blickwinkel gesehen werden können. Humor befreit uns von der beschränkten Sichtweise.

Humor erlaubt zwei Menschen, sich aneinander zu erfreuen. Sie können die ernsthaftesten und schmerzlichsten Aspekte des Alltags betrachten, ohne zu verzweifeln. Menschen, die perfekt sein müssen oder nicht in der Lage sind, sich die schwierigen oder unmöglichen Situationen, vor die das Leben sie stellt, einzugestehen, können kaum intim werden. Sie verfügen nur über einen gewöhnlichen Perfektionismus, übersehen jedoch die volle Seele, die gerade durch das Scheitern der Perfektion gedeiht. Durch den Humor können wir uns über die Fehler und Unzulänglichkeiten des Lebens amüsieren, ohne von ihnen überwältigt zu werden. Da Briefe einige Distanz und Perspektive zu den Erfahrungen liefern und weil sie eine alltägliche Kunstform sind, rufen sie jene Phantasie hervor, die für den Humor notwendig ist.

Das letzte, von Erasmus erwähnte Zeichen der Seele ist ein Mittel, das ich für den Lackmustest der Seelenfülle halte: Witz. Eine gewisse Form des Witzes kann natürlich seicht, rein intellektuell sein; Witz, dem es offensichtlich an Seele mangelt. Aber es gibt noch eine andere Form von Witz; einen Witz, der dem Humor nahesteht, der lebendig im Ton und sehr seelenvoll ist. Er findet sich bei allen großen Schriftstellern, die über die Seele schrieben, wie in Ficinos endlosen Wortspielen über die Namen seiner Freunde und in Emersons stets einfallsreichen Wendungen. Es ist nicht einfach, richtig witzig zu sein – nicht zynisch oder raffiniert, nicht zu oberflächlich oder dumm –, aber wenn man es ist, dann kann die Seele durch die Risse in unsere Ernsthaftigkeit einsickern.

In einem Brief an seinen Cousin Sebastiano Salvini führt Ficino jene Eigenschaften auf, die er in einem Brief finden möchte: »In Briefen wünsche ich mir Klarheit und Kürze, Scharfsinn und Takt, Witz und Ernst.«[6] Eigenschaften, die sich in Ficinos Briefen und in den Briefen vieler anderer Schreiber finden, die ihre Briefe mit Kunstfertigkeit und Gefühl schrieben. Doch Ficino läßt eine weitere Eigenschaft unerwähnt, die wir bei ihm und anderen Meistern des Briefeschreibens finden: eine atemberaubende Offenheit des Herzens und einen Ausdruck der Zuneigung. In einem Brief an seinen vertrauten Freund Giovanni Cavalcanti schreibt Ficino: »Heute abend beschloß ich, dir am Morgen folgendes zu schreiben: ›Komm zurück, mein Held! Eile! Fliege zu mir, ich bitte dich!‹ Doch nach reiflicher Überlegung halte ich es für klüger, mein Verlangen zu verbergen, damit du noch schneller zurückkehrst, weil du meinst, ich sei wütend. Wohlan, das bin ich auch! Doch die Sache ist folgende: Wird Wut jenen rühren, den Liebe nicht bewegte! Ich glaube nicht. Ich weiß nicht, welchen Weg ich einschlagen soll – soll ich bitten oder schelten!«[7]

Ähnlich offen schreibt Proust an den Prinzen Antoine Bibesco: »Ich weiß nichts über Dich – und dennoch zu viel; denn wenn ich an Dich denke, und ich denke die ganze Zeit an Dich, habe ich das gleiche Gefühl wie bei der Eifersucht, obgleich es keinen Zusammenhang gibt. Ich meine, daß ich mir, ohne genaues zu wissen, das vorstelle, was mich am meisten quält; jeden Augenblick sehe ich Dich entweder derart von Schluchzern geschüttelt, daß es mich zur Verzweiflung treibt, oder so schrecklich ruhig, daß es mich deprimiert, Dich nicht weinen zu sehen.«[8]

Diese Sühneopfer des Gefühls mögen ungewöhnlich enthüllend erscheinen, doch bieten sie dem Schreiber zweifellos Gelegenheit, über seine Gefühle und Erfahrungen nachzudenken, während er sie zu Papier bringt. Je tiefer wir in die Erfahrungen der Seele eindringen, desto lebhafter wird das Gefühl; und im allgemeinen ist unser Gefühlsleben gesättigt, wenn die Phantasie intensiv ist. Wir brauchen Worte, Bilder, Gesten, die im Einklang mit der Seele stehen; keinen schwachen und seichten Mißklang.

Thomas More, ein berühmter Freund von Erasmus von Rotterdam, ein kunstfertiger Briefeschreiber und ein vielschichtiger und weltoffener Mann, konnte auch noch unter den schlimmsten Umständen humorvoll, witzig, äußerst mitfühlend und mit inniger Einfachheit schreiben und sprechen. In seinem letzten Brief an seine geliebte Tochter, den er einen Tag vor seinem Tode schrieb, heißt es: »Ich habe dir, gute Magarete, einiges aufgebürdet, aber ich wäre betrübt, wenn es noch länger als bis morgen dauern würde, denn es ist der Vorabend zu St. Thomas und die Oktav von St. Peter, und deshalb möchte ich morgen zu Gott gehen; ein Tag, der mir sehr entgegenkommt und genehm ist. Mir gefiel dein Verhalten mir gegenüber niemals besser als neulich, als du mich küßtest, denn ich mag es, wenn töchterliche Liebe und teure Barmherzigkeit nicht nach weltlicher Höflichkeit zu schauen braucht.«

Die Passagen, mit der Einfachheit des Gefühls und in einer gewählten Sprache geschrieben, zeigen, wie Liebe, Furcht und Gesinnung durch die Sprache des Schreibers geformt werden können, so daß sie nicht bloß ausgedrückt, sondern auch auf eine Weise in Zaum gehalten wurden, der ihre Wichtigkeit vertiefte und ihnen erlaubte, über Jahrhunderte hinweg zu bestehen und in allen, die jene Worte Hunderte von Jahren später lesen, die gleichen Gefühle auslösen. Die Seelenfülle dieser Worte besteht teilweise in ihrer Fähigkeit, die Seelen anderer anzurühren, über die Jahrhunderte hinweg eine Gemeinschaft zu erzeugen, die ein starkes Gefühl und Vertrauen verbindet.

Briefe bieten Gelegenheit, unsere Gefühle auszudrücken, besonders wenn die Seele gerade einer beunruhigenden Attacke ausgesetzt ist, wie es der Fall war, als Virginia Woolf ihrer Schwester Vanessa Bell von ihrer Eifersucht berichtete: »Magst du Helen Anrep lieber als mich? Die grüne Göttin Eifersucht landete heute im Morgengrauen auf meinem Kissen und schoß ihren unerbittlichen Pfeil durch mein Herz. Ich glaube, du tust es. Es ist nicht so sehr die persönliche Wunde, die mir Sorgen macht – es ist dein Mangel an Geschmack. Obgleich ich zugeben muß, daß sie den Charme einer Moosrose besitzt und sich in ihrer Brust statt Tau ein Herz verbirgt.«[9]

Emily Dickinsons letzter Brief an Louise und Frances Norcross, den sie in ihrem Testament schrieb, versammelt die klassischen Qualitäten eines seelenvollen Briefes – Kürze, Klarheit, Zuneigung und Scharfsinn – zu einem kurzen und bündigen Lebewohl: »Kleine Cousinen, wurde zurückgerufen, Emily.«[10]

Oft werde ich bei psychotherapeutischen Angelegenheiten oder bei der Seel-Sorge gefragt: »Was kann ich für meine Seele tun? Können Sie mir ein paar praktische Hinweise geben?« Es ist nicht leicht, Ideen über die Wiedereinführung der Ganzheit ins Leben so in den Alltag umzusetzen, daß sie für jeden einen Sinn ergeben. Normalerweise geht es bei diesen Fragen um Problemlösungen: »Wie komme ich aus dem ganzen Durcheinander heraus?« Doch in diesem Kapitel haben wir uns mit praktischen Ratschlägen beschäftigt, die jeder ausprobieren kann. Sie wirken vielleicht nicht therapeutisch, aber das liegt nur daran, daß wir die Therapie für eine quasi-medizinische Behandlung oder für ein Mittel zur Symptombeseitigung halten. Die kunstvolleren Methoden der Seel-Sorge bieten nicht nur ein Stärkungsmittel gegen unser emotionales Leid, sie weisen auch den Weg zu einem lust- und seelenvolleren Leben.

Bei all diesen Methoden geht es um einen nachdenklichen und kunstvollen Ausdruck des Selbst. Die richtigen Worte zu finden, Worte, die unsere Gefühle und Erfahrungen wahrhaft ausdrükken, ist eine Leistung von höchstem Rang. Eine stilvolle Dimension in unsere Gespräche und Briefe, Tagebücher und Sammlungen, Heime und Arbeitsplätze zu bringen, trägt viel dazu bei, unser Leben seelenvoll zu gestalten. Natürlich geht es auch in diesen Bereichen um den individuellen Geschmack; das ist ja gerade das schöne. Individualität ist ein wichtiger Aspekt der Seele; und zu den Leistungen eines Lebens in unverfälschtem Stil gehört Selbstausdruck und Persönlichkeit.

Alle meine Beispiele für Gespräche und Briefe entstammen dem persönlichen Bereich. Aber es besteht kein Grund, weshalb wir die gleiche Aufmerksamkeit in bezug auf Stil, des sorgsamen Gebrauchs der Worte und des ergreifenden Gefühlsausdrucks nicht auch in unseren Geschäftsbriefen und allen anderen Kommunikationsformen anwenden sollten. Es geht schließlich darum, das ganze Leben seelenvoll zu gestalten, nicht nur den persönlichen Bereich.

Die schlichte Erkenntnis, daß Stil und Kunstfertigkeit die Seele einladen, macht das Leben unermeßlich reicher und ist bei unserem Umgang mit anderen ein ausgezeichneter erster Schritt in Richtung Seel-Sorge. Wenn sich Stil mit innigem Ausdruck vermählt, gibt es nichts, was stärker oder kreativer wäre. In dem heraufdämmernden Zeitalter, in dem die Problemlösung nicht so wichtig sein mag, ist es vielleicht möglich, unseren Drang nach Verständnis und Veränderung beiseite zu schieben und statt dessen nach Schönheit und innigem Ausdruck zu streben, während wir uns der Welt und jenen, mit denen wir intim sind, zeigen.

7 Kreative Illusionen der romantischen Liebe

Der Westwind fing sie,
als sie sich von ihrer Zeugungswelle erhob,
   und trug sie
von dem feinen Schaum heim
zu ihrer Insel.

Und jene Liebhaber
des Schwierigen, die Stunden des goldenen Tages,
hießen sie willkommen, kleideten sie, taten,
als hätten sie sie erschaffen, waren begierig darauf,
dieses neue Geschöpf,
aus dem Ring der Meereskrone geboren,
   herbeizuschaffen.

Charles Olson

Manchmal entspricht die Intimität Elementen, die derart tief im Inneren beheimatet, so sehr Teil des Wesens sind, daß einem die begleitenden Gefühle unglaublich heftig und überwältigend vorkommen. Der amerikanische Dichter Charles Olson beschreibt dieses elementare Wesen wunderschön in seinem Gedicht »The Ring Of«, seiner Hymne an Aphrodite Anadyomene, der schaumgeborenen Venus, die sich aus dem Meer erhebt, wahrscheinlich bestens bekannt durch Botticellis Gemälde »Geburt der Venus«.

Aphrodite, jene Göttin, die die lustvollen, sinnlichen Gefühle romantischer Liebe erzeugt, wird wie durch einen Wind ins Leben geweht und erhebt sich aus den Wellen jener Zeugungsgefühle, auf die sich die sexuelle Anziehungskraft konzentriert. Olsons Gedicht rühmt, gleich einer uralten griechischen Hymne, jene Göttin, die die moderne Welt kaum noch in ihrer ganzen Vielfalt und ihrer ganzen Macht zu schätzen weiß. Olson deutet an, daß unseren Wellen der Lust und jenen elementaren, vielleicht unpersönlichen Gefühlen der Anziehung eine einzigartige Göttlichkeit innewohnt. Etwas von ewiger Gültigkeit nähert sich uns in jedem sexuellen und romantischen Gefühl.

Doch wie bereits in Olsons Gedicht angedeutet, ist es nicht einfach, diese Göttlichkeit mit den Eigentümlichkeiten des alltäglichen Lebens zu kleiden, mit den Stunden. Auf Botticellis Gemälde ist eine Stundennymphe zu sehen, die ein geblümtes Gewand in Händen hält; bereit, den Körper der Göttin damit zu bedecken. Unsere Aufgabe ist es, eine Möglichkeit zu finden, tiefsitzende Gefühle mit dem Alltag zu verweben, die Ewigkeit mit den Gewändern der Zeit zu kleiden. Doch wie? Heiraten wir den Menschen, der unsere Leidenschaft erregt? Leben wir unsere sexuellen Phantasien aus? Wandern wir auf der Suche nach der Göttin von einem Partner zum anderen? Lösen wir unsere Ehe auf, weil der Westwind wieder einmal sein Werk getan hat und jenes der Meereskrone entsprungene Wesen uns einen weiteren Besuch abstattete?

Wir stehen Aphrodites Leidenschaften oft zwiespältig gegenüber. Einerseits halten wir verzweifelt danach Ausschau, schließen uns nur deswegen sozialen Gruppen an oder geben nur deshalb Bekanntschaftsanzeigen auf. Die Werbeleute sind überzeugt, daß wir fast alles kaufen, was sie sich ausdenken und verpacken können, solange sie versprechen, daß es von Aphrodite begleitet wird. Die bewährte und zuverlässige Methode, knappbekleidete Fotomodelle – Männer oder Frauen – neben dem Objekt der Begierde des Konsumenten zu plazieren, ist stets erfolgreich, weil dadurch die nackte, elementare Schönheit heraufbeschworen wird, die sich aus dem Meer erhebt und die jeder von uns um jeden Preis besitzen möchte.

Andererseits beschweren sich religiöse Puristen über Aphrodites

Blöße. Und selbst Psychologen moralisieren dagegen, indem sie davor warnen, daß romantische Liebe eine Illusion, eine Projektion, eine Zwangsvorstellung, eine Fixierung auf die Eltern oder eine Angelegenheit der Anima sei. Der Historiker Eusebius berichtete, daß die Kreuzfahrer, als sie die heidnischen Tempel der Mittelmeerländer angriffen und dem Erdboden gleichmachten, nicht nur die Tempel der Aphrodite zerstörten, sondern auch die Erde unter ihnen fortschafften, als wollten sie jedes Überbleibsel jener skandalösen Göttin mit den Wurzeln ausreißen. In unserem psychologischen Moralismus könnten auch wir versucht sein, den verführerischen Ruf nach Vergnügen und Schönheit mit Stumpf und Stiel auszurotten.

Um jenes zwiespältige Verhalten bezüglich Romantik und sexueller Anziehungskraft zu überwinden, sollten wir versuchen, jeder Seite ihre Gültigkeit und ihren Wert zuzugestehen. Offensichtliche sexuelle Anziehung kann zu Intimität zwischen Menschen und zu einer lebenslangen Partnerschaft in Ehe und Familie führen. Andererseits kann die Anziehungskraft der Venus Ehen stören oder zerstören und einen erwachsenen Menschen so weit bringen, daß er eine vorübergehende sexuelle oder romantische Beziehung mit der Perspektive auf eine Ehe oder eine enge Freundschaft verwechselt.

Sex und Romantik sind verlockend und gefährlich. Ihrer Natur wohnt Zweideutigkeit, ja sogar Vieldeutigkeit inne. Aphrodite wird manchmal die »Göttin des Seitenblicks« genannt, was darauf anspielt, daß es bei ihr und in dem Lebensbereich, über den sie herrscht, nicht immer ehrlich und offen zugeht. Wir sind zu Recht argwöhnisch; doch bergen Sex und Romantik soviel potentielle Schönheit, Attraktivität und Vitalität, daß wir, trotz aller Gefahren, unwiderstehlich davon angezogen werden.

Wir sollten zwischen kluger Vorsicht und einem moralisierenden, abwehrenden Widerstand gegen die sexuellen und romantischen Mächte unterscheiden. Moralismus, gleichgültig welcher

Art, dient für gewöhnlich dem Selbstschutz angesichts enormer Lebenskraft. So wie wir uns vor einer überwältigenden Depression zurückziehen wollen oder nach einem Ausweg aus der tief verstörenden Eifersucht Ausschau halten, könnten wir im Moralismus Erleichterung von der Macht sexueller und romantischer Gefühle suchen. Doch anders als die kluge Vorsicht bietet der Moralismus keinen Zutritt in jenen Lebensbereich. Wir könnten uns gegen die moralische Abwehr entscheiden und versuchen, uns bewußt zu sein, auf was wir uns einlassen, ohne eine mißbilligende Abwehrhaltung einzunehmen.

Vielleicht brauchen wir Zeit, um genau herauszufinden, wie eine bestimmte Liebe im Leben sein möchte. Unsere ursprünglichen Bilder von der Beziehung könnten sich als zu optimistisch oder zu prosaisch entpuppen. »Liebe auf den ersten Blick« ist nicht immer ein Zeichen für eine lebenslange Partnerschaft. Das »Ziel« der Seele in unseren Anziehungskräften offenbart sich vielleicht nur zum angemessenen Zeitpunkt; und das jüngste Bild kann sich gänzlich von unseren früheren Eindrücken und Erwartungen unterscheiden. In den »Homerischen Hymnen an Aphrodite«, in den ersten Jahrhunderten unseres Zeitalters geschrieben, erzählt Aphrodite, getrieben vom Verlangen nach dem sterblichen Anchises, diesem ein Märchen über ihre angeblichen Abenteuer und ihre Unschuld. Diejenigen unter uns, die mit Heiligengeschichten aufwuchsen, die einzig dem Wahren und Tugendhaften gewidmet waren, haben Mühe, eine solche Täuschung zu würdigen. Dennoch ist es eine wichtige Beobachtung: Die sexuelle Anziehungskraft kann, trotz all ihrer Schönheit und Anmut, Versuchungen und Trugbilder in sich bergen, die helfen, dem Sexuellen eine reichhaltige Struktur und Dimension zu verleihen, die es einem manchmal aber auch erschweren, sie ins Leben zu integrieren. Oder wie Ficino sagte, wir schmecken zwar Liebe, aber es fällt uns schwer, zwischen den einzelnen Aromen zu unterscheiden.

Womit ich nicht sagen will, daß wir Sex und Romantik wegen ihre Doppelzüngigkeit meiden sollen. Doch sollten wir begreifen, daß die Täuschung eine angeborene und notwendige Zutat ist. Wenn wir Aphrodites Ränke kennen, treten wir vielleicht nicht mehr naiv, sondern mit durchdringendem Scharfblick und klarem Bewußtsein in ihr Reich ein. Wir könnten uns sogar die Schärfung der Wahrnehmung, den Verlust der Unschuld, die Entdeckung, daß das Leben durchdringende Wahrnehmungen und unsentimentale Urteile verlangt, als Teil der Einweihung in die sexuelle Beziehung vorstellen. Oder aber die Romantik führt uns auf eine gänzlich andere Art zu einem hingebungsvollen Leben, dessen Erfahrungen intensiver und komplexer sind als alles, was wir bisher kannten. Vielleicht sind wir durch die Intensität dieses neuen, aufregenden Lebens so verwirrt, daß wir einige dumme Entscheidungen treffen. Aber wir können durch dieses Leben auch die Schwelle zu einer reicheren Erfahrungsebene überschreiten, indem wir auf kindliche Einfachheit verzichten und die erwachsene Vielfalt entdecken.

Die Schatten der Aphrodite sind nur schwierig zu erkennen. Sexuelle Anziehung mag anfangs unschuldig und sorglos erscheinen, eine neue Romanze mit positiven Bildern von jenem anderen Menschen und der Zukunft angefüllt sein. Doch wir wissen alle, daß Sex und Romantik zu schwierigen Beziehungen führen können, unter denen man jahrelang leidet; daß Sex zu Elternschaft oder Abtreibung, zu sexuell übertragbaren Krankheiten oder, im schlimmsten Falle, zu gewalttätigen oder sogar mörderischen Beziehungen führen kann.

Aphrodites Reize sind tatsächlich trügerisch und dienen dennoch innerhalb der groben Pläne der Natur einem profunden Zweck. Verständlicherweise ist Venus die Göttin des Gartens, und wie in Botticellis berühmten Gemälde »Der Frühling« steht sie tief in den grünen Schatten von Wald und Garten verborgen, nicht nur Naturgöttin, sondern auch Schirmherrin des zivilisierten Tanzes menschlicher Anmut. Romantische Versuchungen führen zu den körperlichsten, elementarsten und lebensbestimmendsten Erlebnissen – von der Verabredung bis zur Geburt, von der Werbung zur Familie, von den frivolen Freuden eines Flirts zu jenem herzzerreißenden Schmerz, den Trennung und Tod mit sich bringen.

Es ist nicht gut, die Verlockungen Aphrodites als illusorisch abzutun. Die höchste Wahrheit in ihrem Mythos ist das Paradox, daß das Leben durch jene Illusionen gedeiht, die es spinnt, und daß wir uns durch unsere Bereitschaft, uns fallenzulassen und albern zu sein, in ernsthafte Schwierigkeiten bringen. Das ist eine andere Möglichkeit, die alte Weisheit zu beschreiben, daß ein »Ja« zum Leben bedeutet, die schmerzlichsten Einweihungen in seine dunkelsten Mysterien einzuladen. Und wie sich herausstellt, stehen die oberflächlichen Trugbilder im Dienste der tiefverwurzelten Möglichkeiten unseres Wesens.

Eine andere Möglichkeit, sich dem Problem der romantischen Liebe mit mythologischer Symbolik zu nähern, besteht darin, davon Kenntnis zu nehmen, daß im Polytheismus jeder Gott und jede Göttin seinen oder ihren eigenen Moralkodex besitzt. Jeder von ihnen hat eine Tafel mit zehn Geboten, die manchmal einander widersprechen. Während auf der Tafel der jungfräulichen Göttin Artemis steht: »Ihr sollt euch nicht dem Sexualtrieb hingeben«, gebietet Aphrodite: »Ihr sollt dem Sexualtrieb keinen Widerstand leisten.«

Wie sollen wir mit diesen Widersprüchen leben? Da gibt es verschiedene Möglichkeiten, die sich in der Theorie recht einfach anhören. Beispielsweise werden wir vielleicht zu einem bestimmten Zeitpunkt von einem Kodex stärker beherrscht als vom anderen. Ein junger Mann gestand mir einmal, daß er öfter versucht habe, eine langfristige Beziehung zu einer Frau aufzubauen, was offensichtlich das beste sei, was er tun könne. Doch es gelang ihm nicht, weil er in Wirklichkeit den Wunsch hatte, mit so vielen verschiedenen Frauen wie möglich zu schlafen.

Woraufhin ich einen »moralischen« Stich verspürte – was zweifellos mit meiner katholischen Vergangenheit zu tun hatte –, und meine Empfänglichkeit für die weibliche Kritik an der sexuellen Anarchie der Männer meldete sich. Jedoch verpflichtet, die Äußerungen der Seele zu achten, erkannte ich die aphroditische Richtung in dem heftigen Gefühl jenes Mannes. Ich versuchte ihm dabei zu helfen, mit seinen Gefühlen und Phantasien klarzukommen, damit er das Gebot der Venus mit einer gewissen Tiefe und Subtilität leben konnte, statt es auf Kosten der Frauen in seinem Leben oder seines starken Verlangens nach Abwechslung auszuleben.

Abwechslung ist ein polytheistisches Vergnügen. Doch kann es problematisch werden, wenn wir auf der unmittelbaren, existentiellen Ebene vergessen, daß Aphrodite nicht nur eine kosmische, sondern auch eine persönliche Göttin ist. Lust, Schönheit, Sex, Sinnlichkeit, Anziehung und Begierde sind Attribute des Lebens selbst. Manchmal besitzt etwas, das wir für eine persönliche Angelegenheit halten, kosmische Dimensionen. Wenn wir bei unseren Sexualpartnern auf Abwechslung achten, wünschen wir uns vielleicht in Wirklichkeit nur Vielfalt auf einer tieferen Ebene, auf dem Fundament unserer Erfahrung.

Im Jahre 1484 veröffentlichte Marsilio Ficino ein Buch über die Liebe, in dem er jene Fragen über persönliche und kosmische Sexualität in der Bildersprache der himmlischen und irdischen Venus untersucht. Die beiden, schreibt er, kommen normalerweise immer zusammen, so daß wir, wenn wir einen Menschen erblicken, der uns wunderschön erscheint, veranlaßt werden, über die Schönheit selbst nachzudenken. Ficino weist darauf hin, daß es manchmal verlockend sei, die beiden zu trennen, sich nur auf die körperliche Schönheit zu konzentrieren und die kosmische Venus zu vernachlässigen. Wann immer wir das tun, machen wir uns laut Ficino des Mißbrauchs der Liebe schuldig.[1]

Es ist hilfreich, wenn wir uns bei unserer konkreten, persönlichen Erfahrung an jene platonische Vorstellung von der Liebe erinnern. Der junge Mann, von dem ich sprach, interpretierte seine venusischen Phantasien der sexuellen Abwechslung als eine rein körperliche, prosaische Angelegenheit. Ich als sein Therapeut versuchte, die himmlische Venus heraufzubeschwören, jene Schwester, die die Seele schön und vergnüglich macht. Das tat ich, indem ich eine Sublimation seiner konkreten Gedanken über Sex förderte, doch nicht in rationaler ober abwehrender Form, sondern durch subtilere Versionen ihrer selbst. Wir ließen uns von seinen speziellen sexuellen Wünschen zu einer Diskussion über Schönheit, Abwechslung und Vergnügen im Innersten seiner Seele und in vielen Bereichen seines Lebens führen. Doch nicht, um das Problem der realen Sexualität zu leugnen, sondern eher, um sie zu vertiefen, um ihr eine größere Dimension zu verleihen. Am Ende konnte der Mann mehr Phantasie in seine Anstrengungen einbringen, zu einem Sexualleben zu gelangen, bei dem sowohl sein brennendes Verlangen als auch die tieferen Bedürfnisse seiner Seele gestillt würden.

Eine weitere Möglichkeit, die Widersprüche einer polytheistischen Einstellung zum Leben zu respektieren, besteht schlicht und einfach darin, in den dadurch heraufbeschworenen Gefühlen zu verharren. Manchmal geraten die Werte in Widerstreit miteinander. Dann haben wir möglicherweise das starke Verlangen nach einem befriedigenden Sexleben, einem Leben voller Sinnlichkeit, während etwas in uns sich gleichzeitig nach Einsamkeit oder Keuschheit sehnt. Bei diesem Wertekonflikt bleibt uns möglicherweise nur die Wahl, in der Spannung zu verharren. Die zeitgenössische Tendenz, Spannungen so schnell wie möglich zu lösen, ist so unbewußt und kommt uns so selbstverständlich vor, daß es uns anfangs seltsam erscheinen mag, bewußt in dieser unbehaglichen Situation zu verharren. Wir möchten Lösungen, und wir möchten sie sofort. Aber es hat einige Vorteile, geduldig mit Widersprüchen und Paradoxa umzugehen.

Da wäre zuerst einmal die Ausdehnung der Seele. Im Laufe der Zeit ruft die Spannung Gedanken, Erinnerungen und Bilder hervor, die der Phantasie größeren Raum schaffen. Die Seele dehnt sich aus, sobald sie mehr Gedanken umfaßt, statt auf die Größe einer einfachen Lösung zu schrumpfen. Und während unsere Seele sich füllt, können wir verstärkt Weisheit und Akzeptanz in andere Lebensbereiche einbringen.

Ein weiterer Vorteil ist die Möglichkeit, bessere und dauerhaftere Lösungen für unsere Probleme zu finden. Wenn wir uns beeilen, ein Problem zu lösen, wird die Lösung zwangsläufig Konfektionsware, rasch zusammengebastelt und sehr wahrscheinlich ein Produkt des Ego sein. Doch wenn wir die Spannung, die der Zusammenprall zweier Welten erzeugt, aushalten, wird schließlich eine unerwartete Lösung aus jener Öffnung der Seele auftauchen, die durch eben diese Spannung geschaffen wurde. Wenn wir chaotische und verwirrende Momente zulassen, kann etwas wirklich Neues auftauchen.

Wenn wir mit dieser Einstellung an unsere Widersprüche herangehen, brauchen wir uns nicht für eine Seite zu entscheiden; wir müssen weder die moralischen Angriffe auf den Sex und die romantische Liebe aufgeben, noch die hemmungslose, freie Liebe verfechten. Wir sollten vorurteilsfrei jenen Phantasien lauschen, die im Augenblick der Verwirrung aufsteigen. Eine Stimme sagt: »Du wirst dir dein Leben ruinieren, wenn du den Weg der Promiskuität einschlägst.« Und eine andere Stimme flüstert: »Sei doch nicht so puritanisch und verklemmt wie deine Familie. Genieße das Leben und nimm dir, was du brauchst, um dich sexuell befriedigt zu fühlen.« Wenn man diesen beiden Stimmen eine Weile zuhört, kann man an einen Punkt gelangen, der zwar frei von Widersprüchen, aber nicht im Gleichgewicht ist. Indem wir jene Spannung spüren, die durch die Forderungen der Seele erzeugt wurde, kommen wir im Laufe der Zeit zu einer neuen Perspektive, in der sich der Kampf miteinander konkurrierender Werte zu einem Verständnis für ungelöste Probleme verwandelt. Dann sind die alten Streitfragen belanglos, weil sie in der neuerworbenen Sehweise einfach keinen Platz mehr haben. Vielleicht muß man sich mit neuen Spannungen und ungewohnten Unklarheiten auseinandersetzen. Doch durch jenen frisch gewonnenen Angriffspunkt, den wir dadurch erlangten, daß wir die Spannung beherzt ertrugen, sind wir möglicherweise besser gerüstet, jenen Prozeß zu verstehen und zu erkennen, daß Illusionen und Torheiten ihre eigene Rolle in der geheimnisvollen Alchimie des seelenvollen Lebens spielen.

Die Zukunft unserer Illusionen

Die romantische Liebe ist eine Illusion. Die meisten von uns entdecken diese schmerzliche Wahrheit am Ende einer Affäre oder wenn die süßen Liebesgefühle zu einer Ehe geführt haben und dann erloschen sind. Manchen Paaren wird eine lebenslange »Illusion« der Liebe gewährt. Sie sind für die »wirkliche« Natur ihres Partners teilweise blind. Wir fragen uns vielleicht, ob diese Illusionen ein notwendiger Bestandteil des Lebens sind, oder ob wir versuchen sollten, sie künftig zu meiden.

Das Wort »Illusion« stammt vom lateinischen »in-ludere«, das heißt »im Spiel«. Heute kennen wir nur noch die Bedeutungen Fälschung, Täuschung, Halluzination. Wir wollen den lateinischen Ursprung im Kopf behalten, um uns daran zu erinnern, daß Illusion einen spielerischen, ja sogar sportlichen Aspekt haben kann. Johann Huizinga definiert den Menschen in seinem bekannten Buch *Homo Ludens* vor allem als ein Geschöpf, das spielt. In seiner Analyse sind all unsere ernsthaften Unternehmungen, vom Krieg über den Beruf bis zum Bau eines Hauses, eine Form des Spieles. Sie sind ein Spiel, weil wir – die ernsthaften Elemente des prosaischen Lebens einmal beiseite gelassen – Vergnügen an dem Schauspiel unseres Tuns und an den Geschichten finden, die wir durch die Ereignisse des ernsthaften Lebens, in den spielerischen Seiten der Arbeit und in der Politik ausleben. Die Seele genießt die spielerische Seite des Lebens, denn das Spiel hebt die ansonsten belastende Nüchternheit des Alltagslebens in das Reich der Phantasie. Etwas in uns, die Psychologen nennen es das Ich, liebt die prosaische Seite unserer Aktivitäten, während die Seele die Ebene der Phantasie liebt, die sich in Gedichten, Träumen oder Spielen ausdrücken kann. Das, was die Seele nährt, ist nicht gerade das, was mit den täglichen Sorgen befaßt ist.

Das Spiel ist ein wesentlicher Bestandteil der wichtigsten Seiten des Lebens. In einem Krieg sind die Kampfschauplätze, die Strategien, die Chancen für Gewinn und Verlust, die Uniformen, die theatralischen Namen (General, Leutnant, Korporal) Zeichen für ein Spiel, so gefährlich und schrecklich es auch sein mag. In der Religion sind die heiligen Gegenstände, die Sprache, die Geschichten, Handlungen, Farben, die Nahrung und die rituellen Gewänder Zeichen dafür, daß hier ein heiliges Spiel stattfindet. In seinem aufrüttelnden Buch *Gods and Games* definiert David Miller den religiösen Glauben selbst als Spiel: »Der Glaube ist von einer Geschichte, einer Vision, einem Ritual (Spiel) fasziniert. Er wird von einem Bedeutungsmuster vereinnahmt, gefesselt; einem Bedeutungsmuster, das die Lebensmuster eines Menschen beeinflußt und zu einem Paradigma für die Art und Weise wird, wie jemand die Welt sieht.«[2]

Die romantische Liebe ist eines der stärksten Mittel, um uns aus dem nüchternen Leben ins Spiel hinüberzuzerren. Im Trancezustand der Liebe mögen wir unsere täglichen Pflichten und Verpflichtungen vernachlässigen und übermenschliche Anstrengungen unternehmen, um bei dem geliebten Menschen zu sein. Wir schauen ihn an und sehen jemanden ohne die Fehler, die einem anderen sofort ins Auge springen. Zu lieben heißt, zu spielen und von einer Illusion gefesselt zu sein. Wir unterliegen einer Täuschung, damit die Seele etwas aus dem Stoff unserer Gefühle und Phantasien erschaffen kann.

Freuds Vorlesung über die Depression läßt sich auch auf die Liebe anwenden. Ist ein Mensch deprimiert, wird laut Freud ein Großteil der Seelenarbeit getan, obwohl es von außen betrachtet so aussieht, als würde nichts geschehen. Bei der romantischen Liebe mag ein Großteil der inneren Arbeit, der Seelenarbeit, stattfinden, obwohl das Bewußtsein getäuscht scheint und das ernsthafte Gespräch des Lebens behindert wird. Vom Standpunkt der Seele aus betrachtet, ist die romantische Liebe gerade deshalb vertrauenswürdig, weil sie die prosaischen Belange des Lebens außer acht läßt. Dadurch bekommt die Seele Handlungsspielraum. Dieser Prozeß ist stets im Wesen des Spiels verborgen, sei es nun ein lustiges oder ein tragisches Spiel.

Ältere Leute und Berater warnen uns oft vor den Gefahren der Illusionen der Liebe. Eine romantische Liebe, sagen sie, sei nicht der richtige Weg zu einer echten Beziehung. Wir könnten vom rechten Weg abkommen. Wir würden beim falschen Partner enden. Die Ehe würde uns die Augen öffnen. Es sei nur, so sagen sie, ein kleiner Schritt von der romantischen Liebe bis zur Scheidung.

Sie haben zweifellos recht. Die Illusion ist ein gefährlicher Zustand. Dennoch haben wir weiterhin naives Vertrauen in diese Form der Liebe und genießen Filme und Romane, in denen diese Illusionen geschildert werden. Kritiker beklagen sich zwar über die unrealistische Art und Weise, in der die Liebe in romantischen Geschichten dargestellt wird, doch Filmpublikum und Leserschaft verschlingen diese Filme und Bücher weiterhin begierig. In unserer kindlichen Anhänglichkeit an die Romantik verfechten wir den Weg der Seele, ihr Verlangen nach Vergnügen und ihr unabwendbares Bedürfnis nach Erfahrungen, mögen sie nun für das produktive Leben förderlich sein oder nicht.

Mehrere Menschen berichteten mir davon, daß sie eine Liebe aufgaben, um ihre Familie oder ihren Gefährten zu schützen. Diese vergrabenen Lieben schwelten in ihren Herzen weiter und entwickelten jene ätzende Säure, die durch verdrängte Freuden entsteht. Ihr Leben blieb äußerlich wohlgeordnet, aber die Seele zog sich in ihr Versteck zurück. Soweit ich mich erinnern kann, stellte es sich in mehr als einem Fall als unmöglich heraus, die Verdrängung aufrechtzuerhalten.

»Ich war seit fünf Jahren verheiratet«, sagte Stephen, »als ich eine Frau kennenlernte, die mein Herz zum Leben erweckte. Ich liebe meine Frau noch immer und möchte nichts mehr, als meine Familie zusammenhalten; aber diese neue Erfahrung war so angenehm, so belebend, daß ich riskierte, meine Frau und meine Kinder zu verlieren.«

»Und was haben Sie getan?« fragte ich.

»Anfangs war es nur eine kurze Affäre. Aber ich konnte die Lügen nicht ertragen. Ich sagte ihr, ich müsse zu meiner Frau, zu meiner Familie, zurückkehren.«

»Und was geschah dann?«

»Ich war natürlich erleichtert darüber, kein Doppelleben mehr führen zu müssen. Aber ich sah auch, daß es in meiner Ehe wirkliche Probleme gab. Nichts änderte sich, obwohl ich niemals aufgehört habe, meine Frau zu lieben, und immer noch bei meiner Familie bleiben wollte. Ich stellte mir vor, wie es wäre, mit dem anderen Menschen zusammenzuleben. Doch wenn ich hätte wählen müssen, hätte ich mich für meine Familie entschieden.«

»Und wie sieht es heute aus?«

»Die andere Frau ist wieder aufgetaucht. Und ich lüge und schwindle wieder. Ich fühle mich schrecklich dabei. Ich hasse das, was ich tue. Aber ich scheine nicht damit aufhören zu können. In dieser Angelegenheit bleibt mir keine Wahl.«

Während meiner Jahre als Therapeut habe ich mit vielen Männern und Frauen gearbeitet, die sich in einer vergleichbaren Situation befanden. Es waren gute Menschen, die zwischen der Liebe zu ihrem Partner und dem Wunsch nach einer anderen Beziehung hin und her gerissen wurden. Manchmal sieht es wie ein Kampf zwischen starker, tiefer persönlicher Liebe und Zuneigung zu Hause und leichter, lockerer, dennoch unentbehrlicher, romantischer Liebe außerhalb des Hauses aus, was die Situation noch verwirrender und schmerzlicher macht. Menschen, die sich im süßen Netz der Romantik verfangen haben, machen sich oft darüber lustig, während sie sich gleichzeitig mit ganzen Herzen darauf stürzen.

Betrachtet man einen derartigen Konflikt nur auf der Ebene der nüchternen Beziehung, kann die Spannung unerträglich oder eine Lösung erzwungen und so das Problem nie wirklich gelöst werden.

Wenn wir begreifen, daß die Seele starke Bedürfnisse hat, die sich gegen die Verpflichtungen in unserem Leben richten; wenn wir erkennen, daß man diesen Bedürfnissen auch ohne drastische Veränderungen begegnen kann, finden wir vielleicht eine Möglichkeit, die Forderungen romantischer Liebe zu erfüllen. Egal, wie unrealistisch sie in bezug auf das Lebensgefüge ist; egal, wie illusorisch und gefährlich sie ist, die romantische Liebe ist genauso wichtig wie jede andere Form der Liebe. Wenn das therapeutische Denken, sei es im beruflichen oder privaten Bereich, seine Aufgabe vor allem darin sieht, daß das Leben entsprechend den vorherrschenden Vorstellungen von dem, was angemessen und richtig ist, verläuft, dann übersehen wir viele, die Seele betreffende Entwicklungen. Bei der romantischen Liebe haben wir keine Vorstellung davon, wohin die »Illusion« uns führen wird, worauf sie hinausläuft und wie man sie am besten lebt.

»Entweder ich verlasse meine Frau«, sagte Stephen mir, »oder ich gebe mein Verlangen auf.«

Nun, wenn ich von einer derart unerträglichen Situation höre, werde ich argwöhnisch. Sich das Leben derart geteilt vorzustellen, dient nur dazu, den Status quo zu bewahren. In diesem Fall wird keine Möglichkeit zur Umkehr gelassen; man kann nichts tun, als im Gefängnis zu verbleiben. Offensichtlich zieht Stephen das statische Gefängnis der Alternative vor, beide Seiten nicht nur intellektuell, sondern auch emotional zu bejahen, wodurch die Lösung von selbst auftauchen könnte.

Was mich an einen anderen Mann, Arthur, erinnert, dessen Frau sich in Stephens Lage befand. Arthur sagte mir, für ihn gäbe es nur zwei Alternativen: entweder eine illusorische, schwärmerische Vorstellung von der vollkommen monogamen Ehe oder eine sexuell »offene« Ehe. Die erste hatte sich als steril und nicht durchführbar erwiesen, und die zweite barg für ihn keinerlei Reiz. Sowohl Stephen als auch Arthur antwortete ich: »Vielleicht gibt es eine dritte Alternative.« Zwei, die eine dritte suchen.

»Wie kann es eine dritte Alternative geben?« erwiderte Stephen ungläubig. »Ich muß mich entscheiden, ob ich für immer zu meiner Familie zurückkehre oder sie verlasse und mit einem anderen Menschen noch einmal von vorn anfange.«

»Ich kann mir keine dritte Alternative vorstellen«, sagte Arthur. »Entweder Monogamie oder das Gegenteil, was immer es auch sein mag.«

In seinem Buch *Three Faces of God* über die Dreieinigkeit als Struktur, die sich überall im Leben findet, spricht David Miller über die Notwendigkeit der Dreiheit in der Liebe. »Da ist ein Mann, eine Frau und die Liebe. Wenn diese schwindet, gibt es vielleicht einen Mann, eine Frau und ein Haustier oder ein gemeinsames Hobby. Oder es kommt der Zeitpunkt, an dem sie, nicht ohne Eifersucht, bemerkt, daß er mit seiner Arbeit verheiratet zu sein scheint, die jetzt die Dritte im Ehebunde ist.«[3]

Miller kommt zu dem Schluß, daß jede Liebe eine ménage à trois ist.

Meiner Meinung nach ist die Seele stets die Dritte im Bunde. Seit alters her wird die Seele als das dritte Moment zwischen Verstand und Körper, Geist und Materie, betrachtet. Sie ist das Medium, das vermittelnde Element, das alles zusammenhält. Stephen findet keinen Ausweg aus dem Dualismus der Anziehungskräfte, weil er die Seele nicht berücksichtigt. Arthur sieht nur das Dilemma monogam/nicht monogam und nichts anderes, weil er sich weigert, die Seele in die Gleichung aufzunehmen. Was bedeutet das für den Menschen, der sich mit diesem Problem konfrontiert sieht, und wie führt man die Seele als dritte Möglichkeit ein?

Die Problemlösung ist keine wirksame Methode, um die Seele ins Leben einzuführen. Die Seele zeigt sich in den Rissen, die entstehen, wenn ein Mensch schließlich aufhört, sich zu bemühen, wenn die Logik sich in Luft aufgelöst oder die Frustration ein Niveau erreicht hat, auf dem jeder Versuch, die Kontrolle zu erlangen, versagt. Die Seele erscheint, wenn wir auf eine andere Wahrnehmungsebene überwechseln. Die heldenmütige Problemlösung hält die Seele auf Distanz, während fehlgeschlagenes Heldentum sie einläßt.

Arthur betrachtete seine Ehe durchweg mit den Augen eines Ingenieurs. Er wollte wissen, welche Methode funktionierte. »Ich glaube nicht, daß es hierbei um die Frage Monogamie oder Nicht-Monogamie geht«, sagte ich ihm mehr als einmal. Die erste Reaktion darauf war, mich mit Logik zu bekämpfen: »Entweder das eine oder das andere. Andere Alternativen gibt es nicht.« Wochen später sagte er: »Ich bin jetzt soweit, mir eine dritte Alternative vorstellen zu können, aber selbst wenn ich eine finden sollte, geht es immer noch um monogam oder nicht-monogam.« Er wollte seine strukturelle, dualistische Sicht in bezug auf die Beziehung nicht aufgeben.

»Und was ist, wenn es in der Ehe darum geht, die Seele Ihrer Frau kennenzulernen, und umgekehrt?« fragte ich ihn nach mehreren Gesprächen über Intimität.

»Vielleicht«, erwiderte er zögernd, »vielleicht gäbe es dann keinen Anlaß mehr, über Monogamie nachzudenken.«

»Vielleicht«, sagte ich, »gäbe es dann auch keinen Anlaß mehr zur Sorge.«

So wie die Phantasie ein Zeichen für Seelenarbeit ist, ist die Sorge ein Zeichen für das Ich, das, besonders mittels Verstand und Kontrolle, alles in seiner Macht Stehende dafür tut, daß die Seele weiterhin gefesselt bleibt.

Wir sollen die Seele nicht verstehen können. Die einzige Möglichkeit, mit der Seele zu begreifen, ist, zu glauben; die Strukturen zu beobachten, die sich bilden, wenn die Liebe und das Zusammengehörigkeitsgefühl stärker werden. Auf der Seelenebene heißt verstehen, sich nach und nach dem zu nähern, was unser Interesse erregt. Zu den vielen Axiomen, die ich aus der Psychologie der Archetypen gelernt habe, gehört die Weisheit, sich stärker mit dem zu befassen, was die Seele fesselt. Und eine Möglichkeit dazu besteht darin, so lange zu warten, bis unsere Leidenschaft ihren Höhepunkt erreicht hat – sie zu ertragen, bis sie uns sagt, wer oder was es ist.

Es kommt bei der therapeutischen Reaktion auf die Seele nicht nur darauf an, »dem Bild treu zu bleiben«, sondern jenen Bildern treu zu bleiben, die sich im eigentlichen Kern der Sache verbergen und deshalb oft die schmerzlichsten sind. Wir können uns die Seele nach vielen Überlieferungen als einen riesigen Raum vorstellen, einen Innenweltraum, der genauso unermeßlich groß ist wie der äußere Weltraum. Was wie ein kleines Problem aussieht, zum Beispiel eine Meinungsverschiedenheit oder eine Beziehung, berührt möglicherweise eines der großen Themen im Universum der Seele. Auf diese Ebene zu gelangen, kann verwirrend und manchmal mit Angst und Aufregung verbunden sein, so daß wir uns vielleicht wünschen, lieber doch nicht zu jenem unbekannten Ort zu reisen. Doch gerade diese Reise schenkt der Seele die gewünschte Weite und macht uns mit ihrem Reich bekannt. Wenn wir es wagen, die schmerzlichsten Bilder zu betrachten, jene Bilder, die der britische Analytiker Neil Micklem die »unerträglichen Bilder« nennt, leisten wir eine intensive und ungewöhnlich produktive Form der Seelenarbeit.

Stephens Gefühl, in einer unangenehmen Affäre gefangen zu sein, und Arthurs Kampf zwischen Monogamie und offener Beziehung, sind Beispiele dafür, wie man der Seele aus dem Weg geht. Das soll weder eine Schuldzuweisung noch eine Kritik sein. Jedem von uns fällt es schwer, auf den Ruf der Seele zu antworten. Doch sich gegen die Seele zu schützen, kann äußerst schwierig sein. Ein Schutz funktioniert nicht so gut, wenn er nicht sorgsam und überzeugend ausgearbeitet ist. Zwischen zwei unannehmbaren Alternativen zu verharren, bewahrt uns davor, neue Regionen der Phantasie und der Erfahrung zu betreten.

Da ich dies weiß, achte ich in meiner Arbeit sorgfältig darauf, bei solchen Auseinandersetzungen keine Stellung zu beziehen. Einer Seite zuzuneigen, und sei es auch noch so geringfügig, dient nur der Verteidigung der gegen die Seele gerichteten Arbeit. Wenn man sich gegen eine der Alternativen ausspricht, vergrößert man die Kluft. Die einzig wirksame Reaktion, die ich kenne, ist, sich intensiver mit beiden Seiten zu beschäftigen, ihnen beiden mehr Substanz und Ernsthaftigkeit zu verleihen, bis sie ihre Natur ändern und nicht mehr so weit voneinander entfernt sind. Es kann sein, daß das Problem sich in Luft auflöst, sobald eine dritte Möglichkeit auftaucht.

Stephen mußte sich stärker mit seinem Wunsch nach seiner Affäre und mit der Anziehungskraft der anderen Frau auf ihn auseinandersetzen. Und er mußte seinen aufrichtig empfundenen Widerwillen gegen die Affäre miteinbeziehen und intensivieren. In Seelenangelegenheiten verdienen alle Gefühle und

Phantasien eine Anhörung. In einer Zwickmühle zu stecken ist häufig ein Zeichen für ein flüchtiges Interesse an dem, was die Seele bewegte. Es ist verführerisch, stunden-, wochen-, sogar jahrelang darüber nachzudenken und zu sprechen, und so das Dilemma noch zu vergrößern. Solange wir derart in Anspruch genommen sind, brauchen wir die Einladung der Seele, neue Bereiche zu erkunden, nicht anzunehmen.

Ich versuchte Stephen dabei zu helfen, sich intensiver mit beiden Seiten auseinanderzusetzen.

»Es läßt sich nicht leugnen«, sagte ich, »daß sich etwas in Ihrer Seele nach der Zuneigung und Romantik sehnt, die Sie in der Affäre finden, nicht wahr?«

»Ich wünschte, ich könnte offen und ehrlich sein, aber die Gefühle sind zu stark.«

»Nun, Sie haben schon einmal versucht, diese Gefühle zu verdrängen und sich zu zwingen, das prinzipientreue Leben zu führen, nach dem Sie sich immer gesehnt haben.«

»Ja, aber es hat nicht funktioniert.«

»Erzählen Sie mir von Ihren negativen Gefühlen in bezug auf die Affäre«, forderte ich ihn auf. »Wie aufrichtig sind sie?«

»Sehr aufrichtig«, erwiderte er. »Ich glaube wirklich nicht, daß ich so leben kann.«

»Handelt es sich hierbei um eine Glaubens- oder eine Gefühlsangelegenheit, oder nur um eine akzeptierte Gesellschaftsnorm?«

»Es geht eindeutig um mehr als die herkömmliche Moral. Ich kann mich nicht ausstehen, wenn ich es tue, fühle mich aber gezwungen, es zu tun.«

»Beeinflußt dieses Unbehagen die Affäre?«

»Natürlich«, antwortete er. »Ich denke immer daran, daß ich aufhören sollte, und ich kann mich niemals ganz einbringen. Meine Geliebte ist nicht sehr glücklich darüber, aber sie hält zu mir.« In dem Ton unterhielten wir uns weiter. Im Laufe der

Gespräche ging Stephen genauer auf seine Vorstellungen und Gefühle ein.

Die Seelenarbeit verlangt nicht nach großen Offenbarungen, brillanten Deutungen oder endgültigen Schlußfolgerungen. Ganz im Gegenteil: Eine langsame, stetige Erforschung der Vorstellung, die dieser Mensch von der Situation hat, erlaubt es der Seele, sich zu zeigen. Und nur dann werden »Lösungen« möglich. Wie in Charles Olsons Gedicht zu Beginn dieses Kapitels müssen unsere venusischen Verstrickungen in »Stunden« gehüllt werden. Das heißt, wir müssen unsere verborgenen Phantasien in die Arena des Lebens bringen, für jeden sichtbar und greifbar, damit sie uns die mächtigen, motivierenden Kräfte zeigen, die in unseren Zwängen und Hemmungen an der Arbeit sind.

Im Laufe der Zeit kam Stephen zu dem Schluß, daß sein Widerwillen in bezug auf die Affäre weder einem Schuldgefühl noch einer oberflächlichen Hemmung entsprang. Als ihm klar wurde, wie sehr er von seinem Widerwillen und seiner Liebe zu seinem Heim und seiner Familie beeinflußt wurde, entdeckte er ein paar Probleme, die er mit dem Familienleben und mit seiner Frau hatte, die die Vertrautheit beeinträchtigten. Ihm wurde klar, daß er das herkömmliche Familienleben und die Ehe bereits als junger Mann als eine Einschränkung der Freiheit betrachtet hatte. Diese neuen Gedanken machten die Gesamtsituation für ihn noch komplizierter. Er dachte lange über seine Einstellung zum Familienleben nach. Schließlich kam er zu dem Schluß, daß seine Affäre wenigstens auf einer Ebene eine Möglichkeit darstellte, jene Beschränkungen, die eine Ehe und eine Familie mit sich brachte, zu meiden, und daß er selbst dafür verantwortlich war, daß es in seiner Ehe an Liebe und Romantik mangelte. Schließlich beendete er die Affäre und kehrte zu seiner Frau und seinen Kindern zurück; jedoch mit einer neuen Einstellung zu den Beschränkungen des Lebens und den Möglichkeiten für Freiheit. Nach und nach entdeckte er eine Möglichkeit, sich gleichzeitig frei zu fühlen und sein Familienleben anzunehmen. Er sagte, er verstehe jetzt, daß Freiheit auch die Möglichkeit einschließt, das ihm geschenkte Leben mit all seinen Beschränkungen zu leben.

Bei Arthur war es schwieriger. Es war nicht leicht für ihn, zu lernen, seiner Seele zu vertrauen. Er wollte alles analysieren. Er konnte sogar über sein Bedürfnis, analytisch zu sein, reflektieren; aber er konnte es nicht aufgeben. Als wir uns über seine Rolle in der Beziehung unterhielten, wurde ihm klar, daß sich hinter seiner Liebe zur Analyse ein Machtkampf verbarg. Wann immer wir das Reich der Seele, in dem Gegensätze miteinander verschmelzen, verlassen, hebt die Spaltung ihr Haupt, oft in Form von Macht und Kontrolle. Arthur fühlte sich durch die Liebe seiner Frau zu einem anderen Mann am Boden zerstört. Seine Methode, das Gleichgewicht der Kräfte wiederherzustellen, bestand darin, mit unangreifbaren Interpretationen aufzuwarten, denen große Erwartungen und Forderungen folgten.

Ein Problem der rationalen Haltung der romantischen Liebe gegenüber besteht darin, daß die Liebe dabei als eine rein interpersonale Angelegenheit mit menschlichen Dimensionen behandelt wird. Doch Mythologie und Dichtung lehren uns, sich diese Form der Liebe als etwas anderes vorzustellen, zum Beispiel als ein Treffen mit einer Göttin. In der romantischen Liebe ähneln wir alle Anchises, dem bloßen Sterblichen, der sich einer überwältigenden Göttlichkeit gegenübersieht. Liebe ist göttlich. Wenn wir diese Tatsache nicht anerkennen und mit Ehrfurcht behandeln, werden wir zu ihrem Opfer.

Was wir brauchen, ist eine unvernünftige Einstellung zu dieser Form der Liebe; denn die Vernunft kann das Göttliche nicht erfassen. Arthur verlor nach und nach sein Vertrauen in Vernunft und Kontrolle, und seine Angst schwand. Seine Frau interessierte sich wieder mehr für ihn und weniger für ihren Liebhaber. Obwohl er bei diesem Prozeß nicht viel Perspektive hatte, schien es mir, als habe ihn dieser Konflikt sicherer gemacht, indem er ihn zwang, das Leben zuzulassen. Unsicherheit ist möglicherweise die Angst vor dem, was das Leben bringen mag, wenn man ihm die Freiheit läßt. Arthur mußte viel über Liebe und Ehe lernen; und das Lehrmittel war sein Kampf gegen die Eifersucht. Doch die einzige Möglichkeit, mit dieser Eifersucht fertig zu werden, bestand nicht, wie er anfangs geglaubt hatte, in einer Kapitulation seiner Frau, sondern in einer Änderung seiner eigenen Einstellung zur Beziehung. Als sich seine Einstellung änderte, lösten sich seine Probleme.

Der französische Symbolist und Dichter Rimbaud beschreibt einen Ausweg aus solch unnötigen Spaltungen und Machtkämpfen:

Der Freund ist weder gewalttätig noch schwach. Der Freund.
Der Geliebte quält nicht, noch wird er gequält.
Der Geliebte.
Weder Luft noch die Welt begehren. Leben.[4]

Um zu jenem Leben zu gelangen, das sich in der romantischen Liebe regt, muß man einen Weg durch die Machtspiele zu dem geliebten Menschen finden; durch die Schmerzen, die eine solche Liebe fast immer begleiten; durch jene Dinge, nach denen wir bewußt in der Liebe und im anderen Menschen Ausschau halten; einem Weg hin zu jenem Leben, jener Vitalität, die durch die Illusionen der Liebe erzeugt wurde. Unsere Befürchtung, in Schwierigkeiten zu geraten, dumm auszusehen oder einen Fehler zu machen, führt uns zur Liebe. Unsere Versuche, Illusionen zuvorzukommen, machen uns für die Liebe und für das aufregende Leben blind. Und so erzeugt unser Selbstschutz nur eine Desillusionierung.

Womit ich nicht sagen will, daß es nicht wichtig ist, in Sachen Liebe vorsichtig zu sein, sondern nur, daß die Art, wie wir

Vorsicht üben, entscheidend ist. Wenn die Zurückhaltung der Angst vor der Macht der Liebe entspringt, wenn sie nur aus vernünftigen Gedanken besteht, deren Ziel es ist, uns vor dem Leben zu schützen, werden sowohl die begehrte Liebe als auch die Sicherheit außer Reichweite sein. Nur wenn wir unseren Weg in die Gegenwart der Liebe gefunden haben, werden wir entscheiden können, was als nächstes zu tun ist. Bei allen psychischen Angelegenheiten ist es notwendig, zu unterscheiden und den Unterschied zwischen hektischer Vermeidung und jener sicheren Intuition zu erkennen, die uns sagt, daß wir uns in die falsche Richtung bewegen.

Strenge, moralinsaure Warnungen davor, nicht auf die Illusion der romantischen Liebe hereinzufallen, entstammen einer Stätte, die der Liebe fremd ist. Es sind keine Botschaften aus dem erotischen Leben, sondern von einem Ort, der den Eros abwertet. Wenn wir der Liebe nahe sind, können wir zwischen einem echten Partner und einem Ersatz, zwischen dem leeren Rausch der Gefühle und der Einladung zur Schaffung von Leben unterscheiden. Die beste Methode, festzustellen, ob unsere Vorsicht erotisch begründet ist oder nicht, besteht darin, die Quelle der Zurückhaltung aufzuspüren. Entspringt sie dem Herzen der Liebe, oder steht sie außerhalb und fällt ängstlich Urteile?

Wenn wir es gewöhnt sind, wenigstens ein wenig mit der Seele zu leben, können wir bis zu diesem Maß unseren romantischen Illusionen und unseren verantwortlichen Wünschen vertrauen. William Blake schreibt: »Lieber ein Kind in der Wiege töten als unstillbares Verlangen nähren.« So, wie die Logik den Verstand steuert, leitet das Verlangen die Seele. Wir leben in einer Welt, die der Logik vertraut, und mißtrauen daher dem Verlangen. Lebten wir jedoch in einer Welt, die das Verlangen bejahte, würden wir wissen, wie wir ihm vertrauen könnten.

Das Verlangen fordert uns oft auf, die Logik aufzugeben, und erscheint unseren logischen Freunden manchmal albern. Euripides beginnt sein Stück *Bakchen* mit einer wunderbar albernen Szene, in der zwei hochrangige alte Männer, Tiresias und Cadmos, in Frauenkleidern auf die Bühne spazieren, bereit, das Mysterium des Dionysos zu feiern. Während sie dort wie zwei Narren des modernen absurden Theaters herumstehen, sagt der eine zum anderen: »Wir sind zwei normale Männer in einer verrückten Stadt.« Genau das müssen wir uns in bezug auf unsere Illusionen sagen. Vom Standpunkt der Seele aus betrachtet, ist unsere Verrücktheit normal, also akzeptieren wir sie. Ein dionysisches Leben überläßt sich der Unlogik, der Übertretung der Grenzen und dem Streben nach Ekstase.

Wenn unsere Vorsicht keine Abwehr ist, dann wird unser Sprung in die Illusion nicht verrückt, sondern die Torheit einer Seele sein, die sich nach Nahrung und Freude sehnt. Die Seele braucht wahres Vergnügen und echte Freude, so wie der Verstand Ideen und Information und der Körper Nahrung und Bewegung braucht. Sie fordert die Hingabe an ihre Illusionen, ihre ernste Verspieltheit und ihre zielbewußten Spiele.

Wir brauchen unser Vergnügen an den Illusionen der Liebe nicht zu rechtfertigen. Affäre und Flirt müssen nicht in einer langandauernden Beziehung oder einer Ehe einmünden, um sich selbst zu beweisen. Wenn wir uns daran erinnern würden, könnten wir vielleicht unsere vorübergehenden Launen genießen, ohne uns allzu viele Sorgen über die Folgen zu machen. Die Seele gedeiht genausogut durch flüchtige Liebesphantasien wie durch eine lebenslange Partnerschaft.

Eine Möglichkeit, die Bewegungen des Eros wahrzunehmen, besteht darin, daß wir auf unsere Intuition und die vielen verschiedenen Stimmen hören, die in der Phantasie mit uns sprechen. Eros bewegt sich und wohnt im Reich des Herzens. Wenn uns der Ansturm dieses neuen Geistes verwirrt – etwa, weil wir mit unserem Innenleben nicht vertraut sind –, können wir nicht zwischen Illusion und Möglichkeit unterscheiden und kennen vielleicht unser Herz nicht gut genug. Eine stürmische Romanze kann die Möglichkeit bieten, uns selbst kennenzulernen; doch um wieviel besser wäre es, wenn wir erst einmal mit den Gewohnheiten der eigenen Seele vertraut wären.

Eine der bemerkenswertesten Ideen, die ich in James Hillmans Schriften über die Seele, seinem Werk über die Anima, gefunden habe, ist die, daß wir uns auf positive Weise dem Unbewußten nähern, wenn wir weiter in die Seele eindringen. Er nennt die Anima, das weibliche Bild der Seele, eine Führerin ins Unbewußte, als ob wir Hilfe brauchten, um den Weg ins Unbekannte zu finden. Eros paßt gut in dieses Bild, denn auch er führt uns zu geheimnisvollen Orten – zu unbekannten Gefühlen und Stimmungen, unerwarteten Beziehungen und unergründlichen Verwicklungen. Die heftigen Gemütsbewegungen, die durch Anziehung, Liebe und Eifersucht ausgelöst werden, weihen uns tiefer in das Leben und die Seele ein, wo der Verstand unzuverlässig und letztlich unnötig ist.

Oder wie Johannes vom Kreuz es ausdrückte: Wenn du einen sicheren Weg gehen willst, wandele im Dunkeln. Eine Geschichte, die es in vielen Überlieferungen und Variationen gibt, handelt von einem Mann, der nachts unter einem Laternenpfahl herumkriecht und offensichtlich etwas sucht. Ein Vorübergehender fragt ihn: »Haben Sie etwas verloren?« – »Ja, meinen Schlüssel«, erwidert er. – »Haben Sie ihn hier verloren?« – »Nein«, antwortete er, »auf der anderen Seite. Aber hier ist es hell.«

Durch unsere Bemühungen, ihn zu verstehen, versuchen wir, Eros im Licht zu halten, obwohl er größtenteils im Dunkeln zu Hause ist. Eros lockt uns ins Dunkel, denn die Dunkelheit des Unbewußten ist der Seele förderlich. Vieles im Leben findet in dieser Dunkelheit statt. Und deshalb ist es nicht schlecht, ins Dunkle geführt zu werden. Vor Jahren hörte ich von einem

Traum – ich kann mich nicht mehr an alle Einzelheiten erinnern –, in dem der Träumer ein wunderschönes blaues Licht am Ende eines Schachtes sah. Dieses Licht zog ihn derart an, daß er trotz seiner beträchtlichen Angst in den Schacht hinabstieg.

Dieses blaue Licht ist eine Art Zwielicht-Bewußtsein, von romantischer Liebe erschaffen. Obwohl unser »praktisches« Auge möglicherweise getrübt ist, sehen wir Dinge, die wir noch nie zuvor erblickt haben. Die Gefühle sind aufgeputscht, die Phantasie legt einen höheren Gang ein. Das praktische Bewußtsein schwindet. Überall gibt es Erleuchtung. Aber ihr Licht ist gedämpft, bläulich.

Eros färbt unser Leben blau und hebt uns auf ein ästhetisches Niveau, auf dem die Phantasie stärker betont wird als die sogenannte Realität; wo wir uns selbst und dennoch mehr als uns finden, wo das Schwarzweiß der Realität den bunten Farben der Phantasie weicht. Wenn sich die Liebe im Leben regt, ähneln wir dem Träumer, der in den tiefen Schacht klettert, um dem Schönen in Form eines blauen Lichts nachzujagen. In seinem Gedicht »The Man with the Blue Guitar«, das vom blauen Licht der Phantasie handelt, verweist Wallace Stevens auf das »Blau« als »Das verliebte Adjektiv in Flammen …« Die Liebe macht das Leben leicht und feurig, doch versieht sie es mit einem blauen Schatten. Es ist kein Zufall, daß die Anthologie von Hillmans Schriften, einem Buch über Seele und Eros, den Titel A *Blue Fire* trägt.

Die romantische Liebe ist nicht nur eine notwendige Illusion, sondern auch ein wünschenswertes Trugbild. Doch wenn wir diese Illusion ohne jegliches Interesse an Poesie und Musik betreten, mögen wir den Narren spielen, wenn die Liebe uns herumstößt. Aber wenn wir ihre theatralischen Seiten würdigen, können wir an ihr wachsen. Menschen, die Cupidos Pfeil traf, wurden eingeladen, auf dem schmalen Grat zwischen den Verlockungen, die die Liebe verspricht, und den gewöhnlichen Forderungen des Lebens zu leben; der illusorischen Liebe zu erlauben, das Leben in Gang zu halten, der Phantasie nahe, vor Leidenschaft brennend. Hierbei handelt es sich um eine der mächtigsten und wirksamsten Methoden, die Seele zu erschaffen. Die mögliche Gefahr, die von dieser Liebe ausgeht, ist nur die andere Seite ihrer spektakulären Fähigkeit, ein Leben zu verändern und die Seele zum Leben zu erwecken.

8 Sexualität und Phantasie

Vor Jahren besuchte ich im Dallas Museum of Art eine ausgezeichnete Ausstellung über die heilige Kunst Pompejis. Die Räume des Museums waren voller Menschen. Plötzlich fand ich mich hinter einem Mann und einer Frau wieder, die die wunderschönen Exponate aus der Nähe bewunderten und lebhaft darüber diskutierten. Wir drei kamen zu einer kleinen Statue des griechisch-römischen Gottes Priapus. Der zeitgenössischen Mode entsprechend war er als kleine, dicke, glatzköpfige Gestalt mit einem riesigen Phallus dargestellt, der sich über seinen Kopf bog; ein Phallus, halb so groß wie der Mann. Die Frau lachte. Aber es war meiner Meinung nach kein ängstliches, eher ein anerkennendes Lachen, während ihr Begleiter verlegen wirkte und sie zum nächsten Exponat weiterdrängte, wodurch unser Trio auseinanderbrach.[1]

Ich erinnere mich, gelesen zu haben, daß man in jenen alten Zeiten die Statue des Priapus oft im Garten aufstellte, wo sie manchmal als Vogelscheuche diente. Ich fragte mich, ob dieser Mann etwas mit Vögeln gemein hatte, und spürte die Macht der Vogelscheuche, die ihn zwang, sich zurückzuziehen. Vielleicht war sein Denken und sein Geschmack zu anspruchsvoll, während seine Gefährtin mit weltlichen Dingen vertraut war.

Wir wir gesehen haben, ist Sex ein großes Mysterium, das unseren zahlreichen Versuchen widersteht, es zu erklären und zu kontrollieren. Sex gehört gemeinsam mit Geld und Tod zu den wenigen Elementen im Leben, die buchstäblich vor Göttlichkeit vibrieren, unsere Gefühle und Gedanken mühelos beherrschen und in Besitz nehmen und oft starke Triebe wecken.

Der emotionale Trieb wird häufig negativ als ein Versagen der Kontrolle oder ein Anzeichen von Unvernunft definiert. Doch wir sollten ihn eher als die Sehnsucht der Seele nach Ausdruck begreifen, als Versuch, sich ins Leben zu drängen. Der sexuelle Trieb kann uns zeigen, wo und bis zu welchem Grad wir dieses Bedürfnis vernachlässigt haben. Er verlangt eine Antwort von uns. Doch wir sollten vorsichtig sein und nicht einfach nur auf das Bedürfnis reagieren. Manche Menschen reagieren darauf, indem sie für die »freie Liebe« eintreten. Als könne man am besten mit dem Trieb fertig werden, indem man ihm nachgibt. Das ist der Weg der Kompensation, der keine Probleme löst, sondern nur verlagert. Man kann auch seelenvoll vorgehen, indem man Sex mit Phantasie paart. So wird das Bedürfnis auf einer tieferen Ebene gestillt und der Trieb zum Ausdruck gebracht.

Wir versuchen, die Macht der Sexualität durch geschickte Manöver in Zaum zu halten. Zum Beispiel bewahrt uns unser Moralisieren vor dem Durcheinander, den Sex in einem ansonsten wohlgeordneten Leben anrichten kann. Im Sexualkundeunterricht versucht man uns beizubringen, den »Krankheiten der Venus« aus dem Wege zu gehen, indem man den Sex unter das starke, weiße, apollonische Licht der Wissenschaft legt. Doch trotz all unserer Bemühungen, beeinflußt der Sexualtrieb Ehen, lockt er Menschen in seltsame Verhältnisse und beleidigt weiterhin Anstand, Moral und Religion. Sex ist zu dynamisch, um in den von uns gefertigten Käfig zu passen.

In bezug auf Sex befinden wir uns in einer schwierigen Situation: Wir glauben, daß er für ein »gesundes« Geschlechtsleben wichtig ist, wenigstens innerhalb der Ehe, sind jedoch zugleich der Meinung, die Tendenz der Sexualität, sich rasch in unerwünschte Bereiche auszudehnen – Pornographie, Homosexualität, außereheliche Affären –, sei ein Anzeichen für kulturelle Dekadenz oder für einen moralischen und religiösen Zusammenbruch. Wir wünschen uns zwar ungestümen Sex, doch soll er nicht zu ungestüm sein.

Das Paar, das in der Ausstellung vor Priapos stand, repräsentiert zwei weitverbreitete Reaktionen auf Sex: den Humor und die Angst. Sex ist überaus menschlich – er ist körperlich, leidenschaftlich und oft herrlich unschicklich. In manchen Theorien des Humors wird behauptet, daß Sex gerade deshalb oft für Lachen sorgt, weil er uns von der Last des Anstandes befreit und die verdrängte Leidenschaft erlöst. Sex bringt uns auch das seltene Geschenk tiefempfundener, unvernünftiger Freude dar; ein Lachen kann Ausdruck reiner Freude sein. Andererseits kann Sex auch beträchtliche Angst hervorrufen. Manchmal lachen wir, um unsere Angst zu beruhigen. Gerade die Macht der Sexualität deutet darauf hin, daß Sex im modernen Leben eine der bedeutendsten Quellen der Seelenfülle darstellt.

Die Heiligkeit des Sex

In meinen Schultagen wurden mir in bezug auf Sex zwei Botschaften übermittelt: Erstens, daß er heilig, und zweitens, daß er normalerweise sündig sei. Mein Vater bemühte sich eifrig, mir eine positive Einstellung zum Sex zu vermitteln und unterhielt sich des öfteren mit mir darüber, als ich in der Pubertät war; er tat es mit den besten Absichten, sehr großem Einfühlungsvermögen und bei jeder sich bietenden Gelegenheit. Doch trotz seiner fürsorglichen und aufgeklärten Bemühungen, jenen Lehren entgegenzuwirken, die man mir in der Schule beibrachte, fühlte ich mich auch weiterhin wegen meiner sexuellen Gefühle und Phantasien schuldig. Aber dieses Schuldgefühl milderte die Intensität der erotischen Bilder nicht, die sich in meiner Phantasie ausbreiteten, doch raubte es einiges von meinem Vergnügen. Und ich fühlte mich sofort unwohl, sobald etwas auch nur entfernt sexuell zu sein schien. In der Religionslehre wurde mir beigebracht, daß Sex ein heiliger Bestandteil der Zeugung sei – alles, was Gott geschaffen hat, selbst der Sex, mußte heilig sein –, doch ansonsten wurde Sex als die Sünde an sich dargestellt.

Aus heutiger Sicht betrachtet kommt es mir so vor, als ob diese Aufteilung in Heiligkeit und Sünde keinem von beiden gerecht wurde. Ich konnte die Heiligkeit einzig in der abstrakten Annäherung an Gottes Schöpfung entdecken und niemals wahrhaft die dunklen, zerstörerischen Fähigkeiten der Sexualität würdigen, außer als Quelle persönlicher Schuld. Wenn es uns gelingt, beides, die Heiligkeit und die Dunkelheit, wiederherzustellen – dieses Paradox ist normalerweise ein Zeichen für Seele –, fällt es uns vielleicht leichter, in das Geheimnis der Sexualität einzudringen und den wahren Weg zur Intimität zu entdecken, dem Vertrautsein mit uns selbst und anderen.

Was bedeutet: »In das Geheimnis des Sex einzudringen?« Es hat nichts mit dem Trieb zu tun. Obwohl unsere Triebe uns, wenn wir ihnen mit Bedacht folgen, zu seelenvoller Sexualität führen können. Es heißt aber auch nicht, sich ängstlich vom Sex zurückzuziehen. Wir sollten uns fragen, wie wir positiver auf unsere Sexualität reagieren können. Und wir sollten nicht nur unsere offensichtlichen, sondern auch die verschwindend geringfügigen Widerstände unter die Lupe nehmen, die wir der Sexualität entgegenbringen. Es geht hier nicht um die sexuelle Befreiung, sondern darum, zu erkennen, daß sich hinter den Mauern unserer Widerstandes vielleicht ein seelenvolles Leben verbarrikadiert hat.

Sex verlangt einiges von uns. Es kann ein Mittel sein, durch das wir dem Archetyp des Lebens erlauben, sich zu zeigen, so daß unser Leben intensiver wird und wir uns offener manifestieren. Diese Forderung ist genau so zentral und stark wie unsere Widerstände, unsere Moral, unsere Ausflüchte, Rationalisierungen und unser Ausleben der Konflikte. Es würde schon helfen, wenn wir aufhören würden, Sex einzig medizinisch oder biologisch zu betrachten. Die gesamte Sexsphäre, die Gefühl, Körper, Phantasie und Beziehung umfaßt, gehört dem Reich der Seele an.

Um unsere Vorstellung von der Heiligkeit der Sexualität zu vertiefen, möchte ich mich noch einmal der Mythologie zuwenden. Interessanterweise ist im griechischen und römischen Polytheismus jede Gottheit auf eine bestimmte Art und Weise sexuell; dies zeigt uns, das Sex auf so vielerlei Weise, wie es Götter und Göttinnen gibt, göttlich ist. Ich gebrauche das Wort »göttlich« im Zusammenhang mit Sexualität, um ihr unergründliches Mysterium und ihren uneingeschränkten Platz in der Natur der Dinge zu beschreiben. Ein ganzes Buch könnte und sollte vielleicht über die Mythologien der Sexualität geschrieben werden; nachfolgend drei Beispiele dafür, wie uns ein solcher Zugang helfen kann.

Hermes

Der Gott Hermes ist vor allem als Seelenführer bekannt, aber er war auch eine starke sexuelle Gottheit. Unter »herm« verstand man ursprünglich eine Steinsäule, die wie ein Phallus der Natur aus dem Boden ragte und Reisenden als Wegweiser diente. Von Hermes' Standpunkt aus betrachtet, weist Sexualität in Richtung Seelenfülle, insbesondere zu jenen verborgenen Seelenorten, an denen die heftigen Gefühle entstehen. Wir könnten zum Beispiel auf Veränderungen in unseren sexuellen Phantasien achten; Veränderungen, die ein Zeichen dafür sind, was in unserer Seele vor sich geht. So, als wären diese Phantasien Wegweiser, die uns den Weg zeigen. Normalerweise neigen wir dazu, diese Phantasien zu verurteilen, sie entweder rasch zu unterdrücken oder sie auszuleben. Wir denken nicht daran, sie als Hinweise auf seelische Entwicklungen zu betrachten. Dennoch ist es völlig klar, daß die Seele ihre eigene sexuelle Poesie besitzt.

Unsere sexuellen Phantasien, unsere sexuelle Neugierde, selbst unsere Hemmungen und Verdrängungen, weisen eine weitreichende Resonanz und viele Bedeutungsebenen auf. In der sexuellen Phantasie ist die Seele lebendig und fruchtbar. Das trifft nicht nur auf das körperliche Vergnügen zu. Die sexuelle Phantasie macht das Leben selbst lebendiger.

Auch sexuelle Träume können als Hermes' Werk betrachtet werden. Es ist sehr verlockend, diese Träume wörtlich zu nehmen; anzunehmen, das mein jüngster Traum, in dem ich mit meiner Lehrerin schlief, bedeutet, daß ich mich im Wachzustand von ihr angezogen fühle. Aber Träume können sich auch des Alltags bemächtigen und ihm einen Kontext, eine Dimension, verleihen, die ihm einen Platz im Kern unserer Identität und unserer Gefühle, zuweist. Durch jeden sexuellen Traum können wir einen Blick auf unser innerstes Wesen und unser Schicksal werfen. Jener Traum von der Lehrerin könnte darauf hinweisen, daß ich mich von der Lehre angezogen fühle, daß ein erotischer Magnetismus zwischen mir und der Erziehung herrscht. Oder er kann auf das Lernen anspielen, das beim Sex stattfindet. Sex ist zweifellos eine Erziehungsform. Bitte, verwechseln Sie dies nicht mit der »Sexualerziehung«. Nach Hermes schließen sexuelle Träume alle Bereiche des Lebens ein, während sie gleichzeitig auf die unzähligen Formen anspielen, in denen Sex dem Leben Sinn verleiht.

Hermes war als der Gott des Gespräches und der Beziehungen bekannt. Also wollen wir auch diese allgemein anerkannten Seiten der Sexualität erforschen. Durch Sex können wir unsere Gefühle offener ausdrücken als durch die Sprache. Wenn Verlangen und Lust im Ansturm sexueller Gefühle die Oberhand gewinnen, sind wir auf eine Weise entblößt, wie es sonst nicht möglich ist. Unser Partner kann uns mit einer Transparenz sehen, die des Ich und jeglicher Manipulation entkleidet ist. Auf diese Weise teilt Sex mit, wer wir sind, und das mit einer

Phantasie, die außergewöhnlich ausdrucksstark und somit sehr hermesartig ist.

Wenn wir Sex als Hinweis auf die Bedeutung einer Beziehung oder als Ausdruck der Liebe betrachten, sehen wir ihn wie Hermes. Moderne Untersuchungen, die sich mit der Sexualität der Sprache befassen, erahnen dabei auch die Gegenwart Hermes'. Sex ist nicht nur eine Form von Sprache, auch die Sprache ist sexuell. Dichter wissen sehr gut, daß die Sprache nicht nur erotisch, sondern auch geschlechtlich ist. Wallace Stevens schrieb: »Ein Dichter betrachtet die Welt ein bißchen so, wie ein Mann eine Frau anschaut.«[2] In *Love's Body* beschreibt Noman O. Brown das sexuelle Wesen der Sprache: »Das kleine Wort ›ist‹ ist das Kennzeichen des Eros, so wie nach Freud das kleine Wort ›nein‹ das Kennzeichen des Todes ist. Jeder Satz ist dialektisch, ein Liebesakt.«[3]

Jede Seite des Lebens besitzt eine sexuelle Dimension. Und Sex im eigentlichen Sinne läßt die Poesie des Lebens emporsteigen, sei es in Form von Kunst, Musik, Malerei, Tanz, oder in den Intimitäten des Alltagslebens. Wenn jemand sagt, er könne bestimmte Gefühle und Gedanken nur durch körperlichen Sex ausdrücken, beschreibt er die Fähigkeit der Sexualität, dem Verkehr mit anderen zu dienen, und zwar in jeder Bedeutung des Wortes. Und so kann Sex Magie in eine Beziehung bringen und sie auf eine Art und Weise festigen, wie es kein Gespräch und keine gemeinsame Unternehmung kann. Andererseits können sich Fehler und Probleme im sexuellen Bereich verheerend auswirken, gerade weil Sex so tiefe, in der Seele verborgene Stellen berührt.

Hermes' Image deutet darauf hin, daß Verbindungen zwischen Menschen geknüpft werden können, die weder rational zu erklären, noch beabsichtigt sind. Tatsächlich gehört Sex zu den von Hermes benutzten Werkzeugen, mit denen er jene magischen Beziehungen knüpft. Das schlimmste wäre es, Hermes zu ersetzen, indem man Sex zur Kommunikation »benutzt« oder intellektualisiert. Es wird nur verlangt, beim Sex offen für Hermes zu sein und ihn seine Arbeit tun zu lassen. Wir könnten ein Bewußtsein entwickeln, das genau erkennt, wann wir manipuliert oder gedrängt werden und wann wir uns entblößen und andere Kontakt mit uns aufnehmen lassen. Diese passive Form des »Kontakts mit uns aufnehmen lassen« ist ein gottesfürchtiger Weg; ein Weg, Gott nach seinem Gutdünken walten zu lassen. Die beste Methode ist nicht, sich zu entblößen, sondern entblößt zu werden.

Doch wir dürfen nicht vergessen, daß Hermes, der edle Seelenführer, auch ein Dieb, ein Lügner, ein Schwindler und ein munterer Schürzenjäger war. Die magische Macht der Sexualität, Herzen miteinander zu verbinden, besitzt auch eine dunkle Seite, die wir auf eigene Gefahr übersehen. Wir mögen uns sexuell von Menschen angesprochen fühlen, die in jeder anderen Hinsicht keine guten Partner abgeben. Das Element Hermes' im Sex kann auch zu sehr trüben Erfahrungen führen. Ich kenne einen recht unschuldigen Mann, der nur durch Sex in gefährlichen, kriminellen Gegenden Befriedigung finden konnte. Ich habe mit verschiedenen Frauen von geringer Lebenserfahrung gearbeitet, die mir gestanden, daß sie sich zu Männern hingezogen fühlten, die gewalttätig oder in Verbrechen verwickelt waren. Wenn wir diesen Magnetismus als eine Tendenz in Richtung Hermes betrachten, gelingt es uns vielleicht, seine Schwindlerseite heraufzubeschwören, ohne uns der Gefahr seiner buchstäblichen Unterweltaspekte auszusetzen.

Andererseits ist es unmöglich, eine seelenvolle Sexualität zu leben, ohne daß der Schatten Hermes' auf uns fällt. Wenn wir auf den Ruf der sexuellen Geister antworten, werden wir uns höchstwahrscheinlich in der einen oder anderen Klemme wiederfinden. Aber dieser Sturz in die sexuelle Dunkelheit muß kein Fehler, sondern kann einfach nur ein Zeichen dafür sein, daß wir uns der Seele nähern, die in ihrem sexuellen Ausdruck niemals vollkommen rein und hell ist.

Aphrodite

Aphrodite ist eindeutig eine Sexgöttin, vor allem wegen ihrer verführerischen Elemente. Wir haben bereits von der wichtigen Rolle gehört, die sie in der Liebe spielt. In einer Hymne, die Homer ihr zu Ehren geschrieben hat, heißt es: »Ihr verführerisches Gesicht lächelt ständig, trägt stets ihre verführerische Blüte.« Die Hymne würdigt jene wichtige Dimension der Sexualität und die sexuelle Natur des Lebens selbst. Aphrodite war nicht nur als Göttin der menschlichen Liebe und der Schönheit bekannt, sondern sie stellte auch die verführerische und attraktive Welt dar. Wenn wir verführt werden, an einer Blume zu riechen oder einen Sonnenuntergang zu betrachten, sind wir dem Charme jener betörenden Gestalt erlegen. Dann ist es an der Zeit, über die Beziehung zwischen unserer eigenen Sexualität und der Sexualität in einem umfassenderen Sinne nachzudenken.

Wenn uns unsere sexuellen Gedanken dazu anregen, neue Beziehungen einzugehen, neue Erfahrungen zu machen, dann sollten wir in Erwägung ziehen, jene Gedanken nicht dadurch zu würdigen, daß wir neue zwischenmenschliche Beziehungen knüpfen, sondern indem wir im täglichen Leben sexueller sind. Ein Mensch kann jede Minute des Tages erotisch leben, wenn er das innige Vergnügen, die Schönheit, den Körper, Schmuck, Zierde, Struktur und Farbe ehrt; Dinge, die wir oft als zweitrangig oder gar nichtig ansehen. Doch für das aphroditische Feingefühl sind sie von höchster Wichtigkeit und verdienen unsere aufrichtige Aufmerksamkeit.

Es scheint unmöglich, sich die Verführung als heilig oder sich eine Welt ohne sie vorzustellen: ohne die Verlockungen des Reisens, des Erforschens, ohne jene betörende Schönheit, die uns verleitet, uns Fotos von bezaubernden Orten anzuschauen; ohne ein Verlangen nach reicher Erfahrung. Lehrer wissen, wie wichtig es ist, Ideen verführerisch darzustellen. Werbepsychologen kennen sich in der aphroditischen Welt offensichtlich gut aus. Dies alles gehört zu Aphrodites Reich.

Wenn wir die kosmischen Aspekte Aphrodites, die auch Urania oder Himmelsgöttin genannt wurde, verstehen, können wir vielleicht etwas von jenem Schubladendenken aufgeben, das mit unseren persönlichen Sexerfahrungen verknüpft ist. Aphrodite vergöttlicht den Spiegel, die Eitelkeit und die Freude, die man an Kosmetik und Mode, an Zierat und Schmuck hat. Natürlich gibt es Menschen, die keine Schwierigkeiten damit haben, ihre Eitelkeit zu leben und der Mode zu frönen. Doch als Gesellschaft fehlt es uns an einer rückhaltlosen Würdigung dieser aphroditischen Tugenden, besonders in öffentlicher Form. Es ist nicht einfach, in unseren modernen Städten, den öffentlichen Gebäuden oder in der Sprache der Politik, Aphrodites Spuren zu erkennen. Doch wie können wir sexuelle Befriedigung in unseren Beziehungen erwarten, wenn es unserem Leben an Sexualität mangelt? Durch die Würdigung des Aphrodite-Mythos könnten wir nach und nach zu einem ökologischen Bewußtsein gelangen. Vielleicht geben wir besser auf unsere Welt acht, wenn wir Aphrodites Geist in unseren Hügeln und Ebenen erkennen. Ficino schrieb einmal etwas, was uns als inspirierendes Mantra dienen könnte. Er sagte, es sei sehr wichtig, »Venus' Atem« in der Welt zu spüren, denn sie ist eine der Hauptquellen für die Anmut in diesem Leben.

Eine Portion Eitelkeit ist ein Segen, den diese Göttin austeilt. Sie kann einen Menschen dazu bringen, auf sich aufzupassen, der Welt seine attraktive Seite zu zeigen, erfolgreich und ein Mensch zu werden, den man nicht übersehen kann. Die Eitelkeit kann die Mode auf eine seelenvolle Weise pflegen und uns motivieren, nicht nur in unser Zuhause, sondern auch in uns selbst Schönheit einzubringen und uns ihre Aufmerksamkeit zu schenken. Ist die Eitelkeit jedoch eher ein Symptom als ein Charakterzug, kann sie das Leben hohl und oberflächlich machen. Aber in diesem Fall liegt das Problem nicht bei der Eitelkeit. Überdies kann übertriebene Bescheidenheit genauso narzißtisch und unattraktiv sein.

Eine andere, leicht übersehbare Tugend des aphroditischen Lebens ist die Aufmerksamkeit, die der Verschönerung, der Dekoration gezollt wird. Wir haben das einfache, ästhetische Feingefühl verloren, das viele Gesellschaften als selbstverständlich betrachten. Auf alten Maschinen und alten Möbeln wimmelt es vor Ornamenten, während es ein Kennzeichen des späten zwanzigsten Jahrhunderts ist, glatte, graue und schmucklose Maschinen, Utensilien und Apparate zu benutzen.

Vor kurzem reiste ich nach Rom, wo ich Gelegenheit hatte, eine *presentazione* zu besuchen, eine öffentliche Feier für einen Dichter, der gerade einen kleinen Gedichtband veröffentlicht hatte. Nach einem Vortrag der Gedichte, drei gehaltvollen Minivorlesungen zweier Professoren und reichlich gutem Wein und Käse, nahmen wir die wunderschöne alte Druckerpresse in Augenschein, auf der diese Gedichte gedruckt worden waren. Sie bestand aus eindrucksvollem Gußeisen, war für den Handbetrieb gedacht und über und über mit Ornamenten und Tiermotiven verziert. Auch das Papier, auf dem die Gedichte gedruckt worden waren, fiel aus dem Rahmen. Es war dick und strukturiert. Vom Wort des Dichters über den physikalischen Gegenstand bis hin zur Art und Weise, wie es öffentlich präsentiert wurde, zeigte jenes Ereignis die Möglichkeiten einer aphroditischen Annäherung an die Poesie auf.

Stellen Sie sich einmal farbenfrohe Computerterminals vor, die auf kleinen Tierfüßen stehen. Wenn Ihnen dies schwerfällt, wissen Sie, wieweit unsere kistenähnlichen Maschinen von den beseelten, sinnlichen, mit Darstellungen versehenen, mechanischen Geräten der Vergangenheit entfernt sind. Wird Aphrodite in diesen alltäglichen Gegenständen und Verrichtungen heraufbeschworen, bekommt das Leben Seele. Wir sind allzuoft der Meinung, daß die Psyche nur durch mentale Analyse und persönliche Verhaltensänderung genährt wird. Doch laut Jung wohnt die Seele eher außen als innen. Wir können für die Seele sorgen, indem wir unser Leben erotisieren und unsere Umgebung sexualisieren und so jene Göttin um ihren Segen anflehen, die stets beides war: ein Skandal und eine Gnade.

Artemis

Eine andere Göttin, die sich völlig von Aphrodite unterscheidet, und zwar so sehr, daß sie manchmal als asexuell betrachtet wird, ist Artemis, in Rom als Diana bekannt. Obgleich eine jungfräuliche Göttin, stellt sie dennoch eine manchmal übersehene Dimension der Sexualität dar. Wir haben bereits die Geschichte einer ihrer »Töchter«, Daphne, gehört, die von Apollo verfolgt wurde, der sich vor Verlangen nach ihr verzehrte. Es gibt noch andere Geschichten über Artemisgestalten, die ganz eindeutig sexuell attraktiv sind und vor ihren Verfolgern fliehen müssen: Britomartis flüchtet vor König Minos' Gunstbeweisen, und Atlanta läuft ein Rennen in der Hoffnung, dadurch von sexuellen Verstrickungen befreit zu werden. Diese jungfräulichen Göttinnen müssen etwas ungeheuer Verführerisches an sich haben, um solche Lust zu erregen.

Wir können uns vorstellen, wie diese jungfräulichen Gestalten des Mythos unseren bescheidenen, unerfahrenen und unschuldigen Geist und die Integrität der Natur heraufbeschwören. Absicht einiger Verfolger mag es sein, diese Unschuld zu vernichten, während andere sich vielleicht wünschen, sie zur Lebensgefährtin zu nehmen, von ihr zu lernen und beeinflußt zu werden. Viele Menschen wählen einen Partner, dessen Unschuld einen Großteil seines betörenden Charmes ausmacht.

Manche entschließen sich, so nahe wie möglich an der Natur zu leben, in der Annahme, die Reinheit der Natur würde ihre eigene Reinheit fördern. Wieder anderen gefällt es, ihre sexuelle Beziehung in gewisser Hinsicht jungfräulich zu machen. Sie achten auf die Privatsphäre des anderen, wenn sie miteinander schlafen, üben Zurückhaltung oder genießen die Erotik, die der sexuellen Enthaltsamkeit entspringt.

Auch die Keuschheit hat in einer sexuellen Beziehung ihren Platz. Doch nehmen wir die Jungfräulichkeit der Seele zu wörtlich, wenn wir Keuschheit und Sex als zwei einander entgegengesetzte Lebensweisen und nicht als zwei Dimensionen einer Beziehung betrachten. Meiner Meinung nach stellt bereits eine so kleine Sache wie der Satz: »Mir ist im Augenblick nicht danach« ein Besuch Artemis' dar; die einer sexuellen Beziehung auf ihre eigene Art dient. Zurückhaltung und Distanz sind Teil des Geschlechtertanzes. Betrachtet man sie als Fehler oder gar als Abweichungen, könnte die sexuelle Beziehung, die Artemis als Bedrohung versteht, darunter leiden.

Artemis, jene hochgewachsene Göttin, ist häufig in den Bergen anzutreffen. Sie besitzt ein edles und erhabenes Wesen, gleich den artemisischen Elementen des Lebens wie Meditation, Einsamkeit, moralische Gesinnung, spirituelle Praxis und Reinheit im Lebensstil. Wir können jene spirituelle Seite der Artemis in unseren Kirchturmspitzen erblicken. Neben meinem Haus in New England ruht – gleich Artemis – eine »Friedenspagode« auf einem Hügel, von Bäumen umgeben und nur über einen Waldweg erreichbar.

In den Jahren, in denen ich an der Universität lehrte, stellte ich fest, daß das akademische Leben viele artemisische Eigenschaften besitzt. Die Wissenschaftler im »Elfenbeinturm« ziehen es wie die Göttin vor, das Leben aus der Ferne zu betrachten, Grenzen um den Campus zu ziehen und sich vom Pöbel in der Welt abzuschotten. Ein »Campus« aber war ursprünglich einmal ein Feld oder eine Weide – eine typisch artemisische Kulisse. Man gab mir einmal sogar den Rat, mich nicht zu sehr mit interdisziplinären Studien zu beschäftigen, weil es wichtig sei, die Integrität der traditionellen Fächer zu wahren. Offensichtlich wirkte das Vermischen der Disziplinen wie Promiskuität. Natürlich begegnete man jedem Anzeichen für eine Verbindung zwischen dem gewöhnlichen oder persönlichen Leben und der reinen Lehre mit dem gleichen »moralischen« Entsetzen wie einem Sexualverbrechen.

Nur weil Artemis rein ist, bedeutet das noch lange nicht, daß sie asexuell ist. Priester, Nonnen, Rabbi, Pfarrer, Krankenschwestern, Lehrer und Menschen, die angesehene spirituelle Berufe ausüben, können gerade wegen ihrer Reinheit auf andere anziehend wirken. Die sexuelle Phantasie steigert sich nach ihrem eigenen Rhythmus in Gegenwart der Reinheit: nicht durch Kompensation, sondern durch jene Erotik inspiriert, die man mit Artemis verbindet.

Wir sollten einige unserer sexuellen Probleme als Zeichen der Artemis betrachten. Ablehnung und eine zerstörerische Distanz könnten auf einen Mangel an Respekt gegenüber den Bedürfnissen der Göttin hinweisen. Wenn unser Sexualleben keinen angemessenen Grad von Integrität, Individualität und Zurückhaltung zuläßt, wird Artemis sich beschweren – und sie beschwert sich oft mit beträchtlicher Wildheit. Wenn unsere Sexualität jedoch eine raffinierte Mischung aus Verlangen und Zurückhaltung, Intimität und Distanz, Hingabe und Selbstbeherrschung ist, weisen diese paradoxen Eigenschaften möglicherweise auf die seelenvolle Gegenwart des artemisischen Geistes hin, der die Sexualität auf sehr wirksame Weise kompliziert, indem er die erotische Spannung erhöht.

Man kann die eigene Sexualität bereichern, indem man die Reinheit kultiviert. Es muß keine bloße Prüderie oder Widerstand gegen Sex sein, wenn ein Mensch sich von zweideutigen

Witzen oder Sexmagazinen beleidigt fühlt. Artemis zieht sich in Gegenwart flüchtiger Sexualität zurück; hat jedoch einiges an sexuellem Vergnügen zu bieten. Ihr Rückzug vom Leben kann auch als Methode verstanden werden, den Sex von prosaischen Äußerungen weg und ins Reich der Kunst zu ziehen – womit wir wieder beim Daphne-Thema wären –, oder ins Reich der natürlichen Schönheit. In der Kunst finden die raffinierten Formen des sexuellen Vergnügens eine Heimstatt.

Die Phantasie im sexuellen Versagen

Um zur Seele der Sexualität zu gelangen, müssen wir sie so nehmen, wie sie ist, ihre Anziehungskraft und ihre Zerstörungskraft akzeptieren und die verschiedenen Methoden aufeinander abstimmen, mit denen wir uns vor ihr schützen. Womit ich nicht sagen will, daß wir alle sexuellen Phantasien ausleben sollen. Weit gefehlt, denn auch das Ausleben ist nur eine Methode, der Seele aus dem Weg zu gehen. Ein Mensch, der nur den Sexualtrieb kennt, hat niemals die Seele der Sexualität erfahren.

Wie wäre es, wenn wir unsere Herzen genügend ausweiten würden, daß sie auch jene Gefühle umfaßten, die den Sex wie eine Strahlenkrone umgeben? Wenn wir die Angst vor dem Sex zusammen mit dem Vergnügen, das er uns schenkt, annähmen? Ich vermute, daß diese Angst sich mit der Besorgnis vergleichen läßt, die wir in Gegenwart von etwas spüren, das noch den Atem Gottes in sich birgt, das noch nicht durch Absichten und Erklärungen zu Boden gedrückt wurde. Zum Glück widersteht der Sex unseren emsigen Bemühungen, ihn zu zügeln und in akzeptable Formen zu pressen. Vor der Angst nicht davonzulaufen, das könnte ein Weg sein, die intensive Gegenwart seines Mysteriums zu spüren.

Im alten Rom glaubten die Menschen, Priapos, der Gott der

sexuellen Kraft und Vitalität, sei auch der Gott, der einen mit Impotenz straft. Vitalität und Impotenz, diese beiden Seiten der Sexualität sind gleich wichtig. Sie haben die gleiche Daseinsberechtigung und sind beide göttlich sanktioniert. Wenn wir eines davon zu erreichen suchen, indem wir gegen das andere ankämpfen, werden wir niemals das volle Ausmaß des sexuellen Vergnügens kennenlernen. Nicht nur Anziehungskraft und Zurückhaltung, auch dem sexuellen Versagen kann der Platz zugestanden werden, der ihm gebührt, wenn wir willens sind, uns dem Sex so weit zu nähern, daß er das Verlangen der Seele stillen kann.

In unserer Kultur wird jedes Versagen automatisch negativ beurteilt, und ist es einmal soweit, setzen wir alles daran, ein Heilmittel zu finden, das sofort wirkt. Jede Sextherapie, die auf Heilung drängt, ohne auf das Versagen, die Funktionsstörung, zu hören oder sie zu würdigen, spielt unserer unbewußten Wertschätzung des pausenlosen Erfolges, der Selbstdarstellung und des guten Funktionierens in die Hand. Vom Standpunkt der Seele aus betrachtet, ist es bedeutsam, wenn ein Mensch nicht mehr wie gewohnt funktioniert und er ist unseres intensiven Interesses und Studiums wert. Die Seele spricht durch die Risse, die durch die Funktionsstörung entstanden sind, und korrigiert unsere herkulische Halsstarrigkeit. Gelegenheiten fördern die Reflexion. Wenn alles immer nur eitel Sonnenschein wäre, bestünde kein Anlaß, innezuhalten und über das nachzudenken, was wir gerade tun.

Vom Seelenstandpunkt aus betrachtet, kann Sex in Zeiten der Dsyfunktion, der Verwirrung, aufschlußreicher sein als in Augenblicken des Wohlbefindens. Denn bei ersterem werden wir verzweifelt versuchen, unser Sexualleben zu erforschen, über unsere Erfahrungen und unser gegenwärtiges Verhalten nachdenken, und uns fragen, was los ist. Und das ist Nahrung für die Seele. Sexuelle Schwierigkeiten können von uns auch verlangen, daß wir unsere Vorstellungskraft erweitern, damit wir jene

Veränderungen, um die die Seele bittet, in Betracht ziehen. Wir brauchen möglicherweise eine neue Sexualphilosophie, eine neue Einstellung Männern und Frauen gegenüber. Oder wir müssen uns fragen, ob wir unsere Machtprobleme innerhalb der Beziehung durch Sex ausleben. Es gibt unzählige Möglichkeiten. Die Angst, das Schuldgefühl, die Verwirrung, die Reue und Besorgnis, die wir der Sexualität gegenüber empfinden, sollten eher als Bestandteil des Sexuallebens denn als ein Scheitern desselben betrachtet werden. Diese gründlichere Auslegung des Paradoxons von Priapos deutet darauf hin, daß eines der Geschenke der Sexualität in einer Auflösung der Selbstzufriedenheit, der Egozentrik und der Arroganz besteht, die das ganze Leben verhärten können, nicht nur die sexuellen Erfahrungen. Sex mag somit eher zu einem Weg der Seele werden, als den Status quo bestätigen.

Sex ist in jeder Beziehung und in jedem Aspekt einer Beziehung im Spiel. Wenn ich in der Therapie mit einem Paar arbeite, das sexuelle Schwierigkeiten hat, konzentriere ich mich nicht automatisch auf die Sexualmechanismen oder die offensichtlichen sexuellen Probleme, selbst wenn ein Paar darauf besteht, daß ihr Problem körperliche Ursachen hat, sondern ich versuche herauszufinden, wie die Seele allgemein sich im Leben äußert, da mir bewußt ist, daß Sex stets mit anderen Aspekten des Lebens verbunden ist.

Einmal beklagte sich ein Mann bei mir darüber, daß er und seine Frau das Interesse am Sex verloren hätten. Ich bemerkte, daß er ständig seine Frau dafür verantwortlich machte. »Sie ist in einem puritanischen Zuhause aufgewachsen. Sie ist zu nervös. Sie ist zu sehr davon in Anspruch genommen, Mutter zu sein.« Ihm gingen nie die Gründe dafür aus, weshalb seine Frau schuld an ihrer sexuellen »Dysfunktion« war.

Diese Form der Schuldzuweisung kann ein Zeichen dafür sein,

daß man etwas in seinem Inneren aus dem Weg geht. Ich befragte den Mann über seine eigenen Gefühle, besonders über sein Traumleben. Seine Träume waren zwar nicht eindeutig sexuell, offenbarten jedoch einen bedeutsamen Konflikt. In einem Traum war er für ein offizielles Dinner gekleidet, als sein kleiner Sohn auf ihn zugerannt kam und Schokoladeneis über seine Jacke schmierte. Der Vater, plötzlich sehr hektisch, war darum besorgt, keinen den Fleck auf der Jacke sehen zu lassen.

Mich interessierte die Sorge des Träumers um sein sauberes und steifes Image, das durch das Kind ruiniert worden war. Der Traum wies ein interessantes Muster auf – Sorge um das Image, ein kindliches Beschmieren dieses Image und die Angst davor, in einem unordentlichen Zustand gesehen zu werden. Wir unterhielten uns ausführlich über die Spaltung des Träumers: Einerseits wollte er erwachsen und korrekt scheinen, andererseits hatte er das kindliche Bedürfnis, dieses Image zu ruinieren.

Es überraschte mich nicht, schon zwei Wochen nach unserem Gespräch zu hören, daß sich in der sexuellen Beziehung zu seiner Frau einiges geändert hatte. Wenigstens für den Augenblick war ihr Verhältnis besser geworden. Zur Überraschung mancher Menschen kann ein sexuelles Problem auch ohne ein neues Verständnis der Natur des Problems geringfügig werden – es kann bereits genügen, jenen Teil der Seele, der darin verwickelt ist, anzurühren, um ihn ans Licht zu bringen.

Etwas in diesem Mann hatte das dringende Bedürfnis, mit der typischen Kindernahrung Eis beschmiert zu werden. Sex verlangt nach einer fröhlichen Liebe jenseits der Grenzen erwachsener Zurückhaltung. Vielleicht fühlen wir uns durch das Durcheinander dieser undisziplinierten Welt beschmutzt, die manchmal die Welt des Kindes, aber dennoch heilsam ist. Ficino ging sogar so weit, zu behaupten, daß jede Heilung nach einer Seelenentwicklung verlangt, die einem so vorkommt, als stünde sie außerhalb der vertrauten Strukturen des ernsthaften Lebens.

Wenn wir Sex zu engstirnig interpretieren, erreichen wir vielleicht niemals die tieferen Ursachen der sexuellen Probleme. Mann und Frau stehen den ganzen Tag, Tag für Tag, in einer sexuellen Beziehung zueinander. Was im Bett vor sich geht, kann nicht von dem getrennt werden, was im Alltag geschieht. Es ist kein Zufall, daß mit dem Wort »Verkehr« nicht nur die körperliche Liebe gemeint ist, sondern auch ein intimes Gespräch.

Das Hochzeitsbett ist wahrhaft ein Altar, auf dem vielen Göttern und Göttinnen Verehrung gezollt wird und Rituale vollzogen werden. Nicht jedem Geschlechtsverkehr wohnt Aphrodite inne. Und selbst wenn ihr Geist vorherrscht, wird das Alltagsleben immer noch stark von jener Hingabe beeinflußt, die wir ihr in jenen besonderen Bettritualen zeigen. Doch da Sex nicht nur der körperliche Ausdruck der Liebe ist, sondern auch ein Aspekt des Lebens, kann umgekehrt auch der Geschlechtsverkehr durch andere Probleme zum Besseren oder Schlechteren beeinflußt werden.

Sex, Aggression und Eros

Eine andere Möglichkeit, den sexuellen Gefühlsbereich mythologisch zu beschreiben, besteht darin, daß wir über die Paarungen nachdenken, die wir in den alten Geschichten finden. Aphrodite hat beispielsweise eine besondere Beziehung zu Mars, was faszinierend in Botticellis berühmten Gemälde von Mars und Venus dargestellt ist. Edgar Wind geht in seiner profunden Untersuchung über die Symbolik der Renaissance, *Pagan Mysteries in the Renaissance*, der eigentlichen Geschichte dieses Paares nach, der Idee, daß das Leben aus den Gegensätzen Schönheit und Mißklang besteht. Der Streitlust des Mars wurde ein Dämpfer versetzt. Er wird in Botticellis Version durch den süßen, aber mächtigen Zauber Aphrodites in Schlaf versenkt. Die Verführerin ist stärker als der Soldat.

In der modernen Literatur wird diese Assoziation auf die unterschiedlichste Weise diskutiert, doch wird zur Kenntnis genommen, daß ein aggressiver Geist für ein reibungsloses Sexualleben wichtig ist. Es besteht natürlich kein Anlaß, die Sprache der Mythologie zu benutzen. Wenn ein Mensch sich bei mir über sexuelle Probleme beklagt, denke ich nicht augenblicklich an Botticelli. Ich frage mich, welche Phantasien dieser Mensch in bezug auf Sexualität, Beziehung, Macht, Selbstausdruck und so weiter hat. Im Fall des vorgenannten Träumers war die Gestalt des »beschmutzenden Kindes« offensichtlich wichtig für seine Seele und deshalb auch für sein Sexleben. Patricia Berry behauptet, daß Verheiratete normalerweise die vielgestaltige Natur der kindlichen Sexualität verlieren und deshalb an einer übertriebenen Erwachsenenvorstellung von Sex leiden. Mein »Eiskrem«-Mann brauchte offensichtlich einen süßen, klebrigen, verunreinigenden Kontakt mit dem Kind, um seine sexuellen Fähigkeiten zu entdecken. Seine sexuellen Gefühle mußten durch die Kindheit »besudelt« werden.

Ein weiterer faszinierender mythologischer Partner der Venus ist der Gott Eros. In der Geschichte von Amor und Psyche wird Eros als Venus' Sohn eingeführt, obgleich die Geschichte bei einem langen, leidenschaftlichen Kuß zwischen den beiden verweilt und somit andeutet, daß sie auch ein Liebespaar waren. Vielleicht erscheint es überflüssig, zu sagen, daß Erotik etwas mit Sex zu tun hat, aber es ist noch immer hilfreich, zu erforschen, wie tief und weitreichend die Folgen einer solchen Beziehung sein können.

Eros heißt »Verlangen« und »Sehnsucht«. Die meisten von uns führen ein Leben, das eher von Verpflichtungen als von Verlangen und Sehnsucht motiviert wird. Wenn sich bei mir jemand über seine Schwierigkeiten beklagt, frage ich nicht »Was stimmt nicht?«, sondern: »Wo liegt Ihr Verlangen?« Ich möchte wissen, in welchem Zustand sich Eros befindet, denn die Seele wird viel stärker davon beeinflußt, wie wir Eros behandeln, als durch die Schwäche, alles hundertprozentig korrekt machen zu wollen.

In ihrer nachdenklichen, gründlichen Untersuchung des Eros mit dem Titel *Eros the Bittersweet,* die auf klassischen Texten beruht, die mit moderner Literatur und Philosophie konfrontiert werden, faßt Anne Carson ihre Erörterung des erotischen Verlangens wie folgt zusammen: »Jedes menschliche Verlangen balanciert auf einer Achse des Paradoxons, dessen Pole Abwesenheit und Anwesenheit und dessen Beweggründe Liebe und Haß sind.«[4] Eros ist ein Mysterium, weil er niemals gänzlich befriedigt wird und dennoch überall Befriedigung findet; er scheint mit der Liebe identisch zu sein, und ist dennoch stark mit Haß verbunden. Wenn wir das Verlangen nur in Beziehung zu dem setzen, was wir wollen, übersehen wir die Tatsache, daß auch der Kampf und Haßgefühle ein erotisches Element beeinhalten können.

In seinem hervorragenden Buch über Dionysos bringt Carl Kerényi, Fachgelehrter für griechische Religion, ein weiteres Paradox zur Sprache: Eros ist die Bejahung des Lebens und hat dennoch eine enge Beziehung zum Tod. Kerényi beschreibt Eros als »Seelenführer«[5], speziell als jenen Führer, der die Seele in den Tod geleitet. James Hillman wies schon vor langer Zeit darauf hin, daß dieser Tod nicht wörtlich genommen werden muß, sondern eher als ein Schritt aus dem vertrauten Leben heraus verstanden werden sollte, hin zu einem Standpunkt, der die ewigen Fragen der Seele mit einbezieht. Mit anderen Worten: Eros führt uns tiefer in die Seelenfülle, oder wie Hillman es ausdrückt: »Ich stelle fest, daß, wo immer Eros hingeht, etwas Psychisches geschieht, wo immer Psyche lebt, Eros sich zwangsläufig dazu gesellen wird.«[6]

In der klassischen Kunst besitzt Eros Flügel. Er fliegt wie der Geist und rührt uns wie er. Er kann uns zu sehr ungewöhnlichen Orten bringen. Jeder von uns könnte von einem Verlangen besessen sein, dem er unmöglich widerstehen kann und das sich dennoch in eine Richtung bewegt, die keinen Sinn ergibt oder gar unseren etablierten Werten und Idealen zuwiderläuft. Doch immer, wenn das Leben erotisch wird, ist die Seele daran beteiligt.

Wenn wir das Gefühl haben, daß unser Leben und unsere Beziehung festgefahren ist, sollten wir einmal unsere Wünsche genauer anschauen, selbst wenn diese Wünsche neurotisch erscheinen. Stelle ich mir eine Auslandsreise vor? Bewegt sich meine Phantasie in Richtung anonymen Sex? Beschäftige ich mich mit Essen, Alkohol oder anderen Drogen? Bin ich ein zwanghafter Leser? All das sind Zeichen für das Verlangen; Zeichen, die man nur richtig deuten muß, wenn man herausfinden will, wo die Seele ihren Sitz hat, wo sie sich verbirgt.

Doch wir können das Verlangen in unsere Seel-Sorge einbeziehen, wenn wir ihr eine Hauptrolle in der Lebensgestaltung einräumen. Es ist wichtig, daß wir Wünsche nicht übersehen oder aus praktischen Gründen fallenlassen. Wir sollten uns bei unseren Entscheidungen nicht ausschließlich auf die Vernunft oder den gesunden Menschenverstand verlassen und dabei die geheimnisvolleren Dienste des Eros ausschließen. Ein erotisches Leben läßt sich nicht mit dem rationalen Leben vergleichen. Wenn wir erotisch leben, begreifen wir, daß unsere Wünsche für die Entwicklung der Seele im Mittelpunkt stehen und erst fallengelassen werden sollten, wenn ihnen genügend Aufmerksamkeit gezollt wurde.

Kerényi führt ein interessantes Bild für die Art und Weise an, in der Eros als Seelenführer dient. Er erwähnt eine Vase in einem neapolitanischen Museum, die mit einer rätselhaften Szene bemalt ist: Ein geflügelter junger Mann wirft einer unschlüssigen Frau einen buntgeschmückten Ball zu. Auf der Vase steht geschrieben: »Sie warfen mir den Ball zu.« Kerényi interpretiert diesen Spruch als Einladung in die Welt des Todes. Eros ist der

Bote, der Vermittler. In Hillmanns Deutung dieses Themas wird die Frau durch Eros in die Seele gelockt.

Eine Frau erzählte mir einmal von einem Traum, in dem ein Kind einen leuchtendbunten, mit Sternen und anderen Himmelskörpern bemalten Ball warf. Der Ball hüpfte weiter und führte die Träumerin zuerst zu einem Haus, indem eine alte, dominierende Frau lebte, dann zu einem anderen, das leer stand. Sie spürte, daß sie in dieses zweite Haus eintreten sollte, doch sie zögerte, weil sie es nicht unbefugt betreten wollte. Kurz bevor der Traum endete, ging sie doch noch hinein.

In diesem Traum verbirgt sich ein großes Mysterium, das durch die klassischen Bilder, die Kerényi uns vermittelt, noch interessanter wird. Der hüpfende Ball kann, laut Kerényi, ein Symbol für die Verführungen des Eros sein. Der Ball der Träumerin ist also eindeutig kosmischer Natur, eine sternenbedeckte Kugel. In der frühen griechisch-orphischen Religion wurde Eros als Weltenschöpfer, als Demiurg, verehrt.

Gleich einem hüpfenden Ball, hat auch die erotische Erfahrung oft etwas Spielerisches an sich. Einladungen zur tieferen Seelenfülle kommen oft in unbeschwerten, fast belanglosen Formen daher. Wir sollten einmal darüber nachdenken, daß wir durch die spielerischen Wendungen in unserem Leben tiefer in die Seelenfülle hineingeführt werden und nicht zwangsläufig oder einzig durch gewichtige Umstände. Der griechische Philosoph Heraklit sagt dazu: »Die Zeit ist ein Kind – ein Kind beim Brettspiel; ein Kind sitzt auf dem Throne.«[7] Wie sehr sich das doch von der Vorstellung unterscheidet, das Leben werde von einem strengen gewichtigen alten Mann regiert! Tatsächlich wird Eros normalerweise als unbändiger Jugendlicher dargestellt, ein junger Mann, der ungestüm von einem Ort zum anderen eilt, oder als stets unberechenbares und unzivilisiertes Kind.

Ich vermutete, daß der Traum der Frau sehr prophetisch war, obwohl oder gerade weil er so unbedeutend zu sein schien. In einem Essay über Märchen erwähnt Jung den »sein Ziel findenden Ball«, der als Talisman die Seele in Bewegung setzt. Joseph Campbell erwähnt des öfteren den Froschkönig, ein Märchen von einem kleinen Mädchen, dessen Ball gleich zu Beginn davonhüpft und in einen Brunnen fällt. Für Campbell ist dieser unbedeutende Vorfall ein Beispiel für den mythischen »Ruf nach Abenteuer«. »Das Abenteuer«, schreibt er, »mag mit einem bloßen Schnitzer beginnen, wie bei der Prinzessin in dem Märchen; oder jemand schlendert ziellos umher, bis ein flüchtiges Phänomen den schweifenden Blick fesselt und den Wanderer vom vertrauten Wege fortlockt.[8]« Und wieder hält jemand die Verführung für wichtig, wenn es um den Fortschritt der Seele geht.

Um erotisch zu leben, müssen wir dem hüpfenden Ball folgen und zulassen, daß wir von etwas Spielerischem und Kindlichem, oder genauer gesagt, vom Leben selbst in seiner spielerischen Form, abgelenkt und verführt werden. Unsere gewohnheitsmäßige Ernsthaftigkeit kann verhindern, daß wir die tagtäglichen Verlockungen erkennen und würdigen. Unsere Ernsthaftigkeit in Sachen Sexualität kann dazu führen, daß wir die Arznei für unsere sexuellen Krankheiten und die Gelegenheiten, unsere Sexualität auszuleben, übersehen. Wir nehmen alles möglicherweise viel zu ernst, gehen mit zu viel Erwachsenen-Wissen und Intellektualismus an das Thema heran. Sex kann manchmal auch eine Einladung an die Seele sein, herauszukommen und zu spielen.

Sex und Moral

Sex und Eros sind aufs innigste miteinander verbunden, so daß wir, wenn uns der Wunsch nach einem besseren Sexualleben überkommt, vielleicht in Betracht ziehen sollten, insgesamt erotischer zu leben. Viele werden diesen Vorschlag unanständig finden, weil wir zu dem Glauben erzogen wurden, daß das sexuelle Verlangen seinem Wesen nach unanständig und gefährlich ist. Uns wurde gesagt, es sei besser, das zu tun, was richtig ist, als das zu bekommen, was wir wollen.

Obwohl es angesichts ihrer Macht und der Stärke ihres Schattens verständlich ist, daß man moralische Zäune um die Sexualität errichtet, kann die seelenvolle Seite der Sexualität durch die falsche Form moralischer Empfindsamkeit sehr verletzt werden. Wenn wir Sex und Moral als Gegensätze betrachten, dann wird unsere Moral ihrem Wesen nach defensiv sein und uns vor den starken Verlockungen der Sexualität schützen. Doch es geht hier nicht so sehr um die defensive Moral, sondern um hohlen und abgestandenen Selbstschutz und Narzißmus. Wir brauchen eine tiefsitzende, einfallsreiche, ständig sich vertiefende, moralische Empfindsamkeit. Die defensive Moral vereitelt nicht nur das Verlangen der Seele nach Vergnügen, sondern schließt auch eine auf Weisheit gegründete, wahrhaft anleitende Moral aus. Wie wäre es, wenn wir Sex und Moral nicht so streng trennen würden? Wenn wir der Meinung wären, daß unser Leben moralischer würde, je sexueller, je erotischer wir leben?

Lassen Sie es mich an einem Beispiel erklären. Eine meiner Klientinnen war seit fünfzehn Jahren mit einem Mann verheiratet, den sie wirklich liebte. Doch sie liebte auch noch einen anderen. Nennen wir ihn Timothy. Sie hatte bereits zu Beginn ihrer Ehe ein Verhältnis mit Timothy gehabt und war gern mit ihm zusammen, doch plagten sie auch Schuldgefühle. Sie bekam drei Kinder und konnte den Gedanken nicht ertragen, ihren Mann und ihre Familie zu betrügen, nur damit sie ab und zu wirkliche sexuelle Befriedigung erleben konnte. Das kam ihr egoistisch vor. Also beendete sie das Verhältnis.

Doch Jahre später wurde ihr klar, daß ihre Ehe langweilig und zerrüttet war. Sie hatte von dem starken Verlangen nach Timothy abgelassen, weil sie glaubte, daß es dann mit ihrer Ehe bergauf gehen würde. Aber in Wirklichkeit wurde es nur noch schlimmer. Sie wollte keine Scheidung, aber sie wollte auch nicht in einer Ehe leben, die nur noch eine hohle Form war. Und sie wollte ihrem Verlangen nach Timothy nicht nachgeben. Verständlicherweise bekam sie den Eindruck, ihr Problem sei unlösbar.

Schließlich gewann ihr Verlangen die Oberhand, und sie nahm ihr altes Verhältnis zu Timothy wieder auf. Sie wußte, daß ihr Herz sich nach den Tröstungen der Beziehung zu Timothy sehnte, war jedoch immer noch nicht bereit, seinetwegen ihre Familie zu verlassen. Sie liebte sie und wollte sie nicht verlieren. Doch diesmal sprach sie mit ihrem Mann offen über ihre Gefühle. Und obgleich er alles versuchte, ihr deswegen ein schlechtes Gefühl einzuflößen, um sie dazu zu bringen, daß sie das Verhältnis beenden und so den emotionalen Druck von ihm nehmen würde, konnte sie sich nicht aus ihrer Gefühlsverstrickung befreien. Sie wußte aus Erfahrung, daß sie, wie sie es ausdrückte, »verrückt« würde, wenn sie noch einmal ihr Verlangen zugunsten einer emotional und sexuell leeren Ehe aufgäbe.

Durch diese Probleme waren sie und ihr Mann gezwungen, ihre Ehe und sich selbst als Individuen genauer anzuschauen. Solange sie versuchten, eine moralische Lösung oder eine intellektuelle Antwort zu finden, kamen sie nicht weiter. Aber als sie sich ohne den Druck, eine Lösung zu finden, zu unterhalten begannen, geschah etwas, was sie schockierte. Sie genossen den Beischlaf mehr als in all den vergangenen Ehejahren.

Dieses Mal endete die Affäre ohne Groll und Bedauern. Natürlich litt die Frau unter starken Verlustängsten und sorgte sich darum, wie lange die Veränderung in ihrer Ehe wohl anhalten würde. Doch die Entscheidung hatte ihr auch inneren Frieden gebracht, während ihr Mann einige jener Methoden entdeckte, mit denen er die Intimität von der Ehe ferngehalten hatte. Mit der Zeit hörte er auf, seine Frau für alle Schwierigkeiten verantwortlich zu machen. Er konnte sich sogar vorstellen, wenn auch nicht wirklich akzeptieren, daß ihre langweilige Ehe seine Frau in die Arme des anderen getrieben hatte. Während die Frau durch ihre Weigerung, in bezug auf ihr starkes Verlangen nach erotischer Intimität Kompromisse zu machen, nicht nur ihrer eigenen Seele treu blieb, sondern auch dabei mithalf, daß die Seele in ihre Ehe zurückkehrte.

Eros' Neigungen stellen ihre eigenen Ansprüche. Diese Frau stürzte sich nicht blind auf einen neuen flüchtigen Flirt. Sie lebte eine Weile in schmerzlicher Verwirrung und in den Verstrickungen ihres Verlangens und fand eine neue Einstellung zur Ehe. Und obwohl weder sie noch ihr Mann erklären können, was geschah, spürten sie, daß ein neuer Geist in ihre Ehe eingezogen war.

Womit ich nicht sagen will, eine derartige Situation sei moralisch, weil dadurch die Ehe intensiver wird. Auch bei einer Entscheidung für Timothy hätte sich die Frau ihr moralisches Feingefühl bewahrt. Wichtig war, daß sie den konkurrierenden Forderungen ihrer Seele treu geblieben ist. Im Laufe dieses Prozesses wäre es ihr und ihrem Mann oft lieber gewesen, wenn sie eine Lösung gefunden hätten. Doch beide wußten, wie wichtig es war, in der Verwirrung zu verharren, bis sich eine Lösung herausbildete. Dieses Verhalten zeigt eine Moral, die der Seele nahesteht und tief im Leben, im Schicksal und im Gefühl verankert ist.

Eine seelenvolle Moral ist fast immer kompliziert, paradox, individuell und entfaltet sich nur langsam. In manchen Bereichen dauert es sehr lange, ehe man erkennt, was richtig und was falsch ist, wie man leben soll, und welche Werte Vorrang haben. Menschen, die einen Moralismus leben, der einer seelenvollen Moral genau entgegengesetzt ist, glauben, sie wüßten alle Antworten und sind rasch mit Urteilen über die Affären anderer bei der Hand. Selbst intelligente, weltoffene Menschen, die sich nicht für moralisierend halten, verfallen in jenen Bereichen, in denen sie emotional verletzlich sind, oft ins Moralisieren.

Eine moralische Reflexion, die die unerwarteten Entwicklungen Eros' respektiert, kann die Intimität und die sexuelle Befriedigung fördern. Doch ein moralischer Standpunkt, der Eros ständig beargwöhnt, fördert in Wirklichkeit nur das sexuelle Ausleben, da er Eros' wichtige Rolle im Kräftespiel der Seele verdrängt und gerade dadurch jene moralische Verwirrung hervorruft, die er zu vermeiden sucht.

Wenn moralische Sensibilität und der Respekt vor Eros miteinander verschmelzen, sind sich beide so nahe, daß man von einer »erotischen Moral« sprechen könnte, einem feinabgestimmten moralischen Empfinden, das die Tatsache anerkennt, daß die Seele oft von Wünschen bewegt wird, die anfangs verwirrend sein mögen, bei denen sich später jedoch herausstellen mag, wie wichtig sie für die Gestaltung eines besseren Lebens waren. Diese Form der Moral fördert das Leben, statt es zu behindern, und respektiert Eros, statt ihm zu mißtrauen. Sie vertraut dem Verlangen und erzeugt deshalb, paradoxerweise, keinen Druck.

Aus erotischer Sicht betrachtet – besonders wenn wir Eros als »Seelenführer« sehen –, ist die Angst unserer Kultur vor Sex und unsere ängstliche Kontrolle der Sexualität letztlich für das Mißtrauen gegenüber der Seele verantwortlich. Die Seele ist wie ein Lebenserzeuger, ein Generator, der Phantasie in eine Welt schleudert, die versucht, unveränderlich und sicher zu bleiben. Sex knüpft stets neue Verbindungen und erfüllt die Phantasie mit neuen Möglichkeiten der Intimität, mit unvertrauten, aufregenden Gefühlen und Empfindungen und neuen Wegen, das Leben zu erfahren. Durch unser nüchternes Verhalten und unsere herabsetzende, engstirnige Auffassung vom Sex versuchen wir, ihn zu zügeln und die von ihm ausgehende Bedrohung auf dem

Status quo zu halten, indem wir die Sexualität auf die körperliche Ebene reduzieren.

Diese eingeschränkte Betrachtungsweise der Sexualität kann die Ehe in eine uninteressante Einrichtung verwandeln, die einem die Illusion vermittelt, die Ehe fordere die Unterdrückung der exogamen Neigung des Sex nach weiteren Verbindungen. Bei einer seelenvollen, erotischen Einstellung zum Sex kann die Ehe eine perfekte Kulisse für ein Stück abgeben, in dem alle Aspekte der Sexualität eine Rolle spielen. Ein Mensch kann keusch, lüstern, dionysisch, kindlich, mütterlich, priapisch, experimentierfreudig, daphnisch, ja, sogar philandrisch (die erotische Liebe zu mehreren Menschen) sein, ohne diese wunderbaren, lebensspendenden Möglichkeiten jemals praktisch auszuleben. Es erfordert eine starke Phantasie, um Eros in die Ehe zu locken, und es erfordert eine poetische Antwort auf unsere eigene Sexualität, um sie seelenvoll zu gestalten.

Die Moral kann eine mächtige Kraft sein, wenn es darum geht, seelenvoll zu leben, und sie kann uns helfen, unsere Loyalität und Treue der Beziehung gegenüber aufrechtzuerhalten, vorausgesetzt, sie steht dem Verlangen und Vergnügen nicht feindlich gegenüber. Eine starke, moralische Empfindsamkeit fördert den Eros und dient dazu, ihn zu einer menschlichen Dimension des Alltags zu entwickeln und nicht zu einem Zerstörer der Kultur. Eros stärkt die Strukturen, in denen wir leben, und nimmt dadurch wiederum eine eindrucksvolle menschliche Form und Dimension an. In diesem Sinne könnte man Moral als jene Phantasie definieren, die Eros in eine brauchbare menschliche Form gießt. Aber vor allem ist sie eine positive Macht.

Bei Diskussionen über das Thema Seele und Intimität brachten Teilnehmer regelmäßig die Pornographie als ein Problem in ihren Beziehungen zur Sprache. Offensichtlich handelt es sich dabei um einen wichtigen Punkt, besonders wenn man die Rolle berücksichtigt, die die Phantasie im erotischen Leben spielt.[9]

Manchmal zeigt ein Partner Interesse an Pornographie, während der andere sich davon beleidigt oder zumindest gestört fühlt. Eine Frau, deren Mann sich der Pornographie zuwendet, um sich sexuell zu stimulieren, mag glauben, mit ihr stimme etwas nicht. Eine Klientin gestand mir: »Ich wünschte, mein Mann würde das, was er im Sex sucht, in unserer Beziehung statt in einem Magazin oder Video finden.« Ein Mann sagte: »Ich vermute, ich habe nicht das, wonach meine Frau bei einem Mann Ausschau hält. Sie interessiert sich für die Körper anderer Männer.«

Es ist schwierig, die Probleme auseinander zu sortieren, die mit der Pornographie verbunden sind, weil die Reaktion auf Pornographie in unserer Kultur oft extrem auseinandergeht: entweder unwiderstehlicher Drang oder moralische Entrüstung. Diese Teilung deutet darauf hin, daß die Pornographie für uns eher ein Problem als ein in unseren Alltag integriertes Element darstellt. Wenn wir auf alles triebhaft und moralisierend reagieren, können wir annehmen, daß wir die Seele noch nicht gefunden haben. Aber wir müssen sie uns sehr intensiv vorstellen, wenn wir uns von ihrer zwanghaften Verführung oder ihrer erschrekkenden, abstoßenden Seite befreien wollen. Im Falle der Pornographie sollten wir unseren Widerwillen und unsere Faszination einer genauen Betrachtung unterziehen und uns offen fragen: »Wie wirkt sie sich auf mein Leben aus?«

Die Tatsache, daß Träume oft eindeutig sexuell sind, deutet darauf hin, daß die Seele selbst Spaß an pornographischen Bildern hat, daß die Pornographie nicht nur ein persönliches Problem ist und daß sie einem wichtigen Zweck dienen kann. Träume sind keine Produkte eines neurotischen Geistes. Sie scheinen so tief in unserem Wesen verwurzelt, so ursprünglich zu sein, daß sie direkter als alles andere, wenn auch manchmal unverständlich, jenen Stoff erkennen lassen, aus dem die Seele besteht. Jung sagte einmal in einer Vorlesung, daß Träume gewisse Tendenzen widerspiegeln, »deren Bedeutung unser ganzes Leben umschließt, oder jene [Tendenzen], die momentan von höchster Wichtigkeit sind«. Er fügte noch eine Eigenschaft hinzu, die besonders in bezug auf pornographische Träume wichtig ist: »Träume stellen eine objektive Erklärung dieser Tendenzen dar, eine Erklärung, die nichts mit unseren bewußten Wünschen und Überzeugungen zu tun hat.«[10]

Extrem wählerische Menschen, die äußerlich in jeder Hinsicht korrekt wirken, erzählten mir Träume, in denen es von sexuellen Experimenten, unpersönlichen und unanständigen Affären und anschaulichen, schlüpfrigen Situationen nur so wimmelte; Träume, die sämtlich von einem fast abnormen Maß an Vergnügen begleitet wurden. Wenn wir uns der Vorstellung anschließen, daß Träume Seelenbewegungen oder -zustände anzeigen, sollten wir uns vielleicht fragen, was die Seele an pornographischen Bildern so interessant findet. Worum geht es bei der pornographischen Phantasie?

Träume sind eine von der Seele zu unserer Erbauung geschaffene Kunstform. Wir müssen sie, wie jede andere Kunstform, durch die poetische Brille sehen. Wenn ein Mensch träumt, daß sich ein Wirbelsturm nähert, wie es bei vielen Menschen oft der Fall ist, braucht er als Reaktion darauf nicht zwangsläufig einen Sturmschutz bauen. Es ist nicht schwierig zu erkennen, daß dieser Wirbelsturm vielleicht ein Symbol für ein drohendes emotionales, schicksalhaftes oder Beziehungs-»Unwetter« ist, das Verwüstungen anrichten kann. Ebenso muß ein sexueller Traum nicht nur in bezug auf körperlichen Sex gedeutet werden. Er kann uns, allgemein gesagt, bestimmte Bilder des Verlangens, der Attraktion, des Vergnügens, der Beziehung und des Selbstausdrucks unterbreiten oder eine ganze Reihe weiterer Möglichkeiten.

Wenn wir selbst oder jemand, der uns nahesteht, plötzlich von Pornographie fasziniert sind, sollten wir uns einen unvoreingenommenen, poetischen Geist bewahren, um das, was vor sich geht, »lesen« zu können. Ein Mensch, der seine Wünsche verdrängt hat, dessen Leben hauptsächlich aus Verpflichtungen besteht, kann seine Nächte leicht mit reichhaltiger, sexueller Ausschweifung verbringen. Womit ich nicht andeuten will, daß Träume immer eine Kompensation darstellen oder im Gegensatz zu der Haltung stehen, die wir im Alltag vertreten. Die Seele interessiert sich vielleicht nur für eine andere Lebensorientierung, die durch die sexuelle Phantasie symbolisiert sein kann.

Ein Interesse an Pornographie – pornographischen Büchern, Filmen, Musik, Shows – verrät deutlich den Wunsch, das erotische Leben zu verbessern und besonders die sexuelle Phantasie zu intensivieren und zu erweitern. Wenn wir merken, wie dieses vielleicht untypische Interesse in uns oder bei jemandem, der uns nahesteht, überraschend erwacht, sollten wir kein voreiliges Urteil fällen, sondern uns fragen, was es zu bedeuten hat. Könnte das sexuelle Interesse einem bestimmten Zweck dienen? In Büchern über die Renaissance wird die Venus als eine der feuchtesten Lebenssphären beschrieben. Wenn wir dieser Spur folgen, könnten wir auf unsere eigene Trockenheit stoßen. Könnte das plötzliche Auftauchen der erotischen Faszination eine Reaktion auf unsere »trockenen« Gedanken, unser »trockenes« Leben sein? Man braucht die pornographische Phantasie nicht zu entschuldigen, aber möglicherweise beruhigt es unseren Verstand, wenn wir einen Kontext dafür finden.

Unsere Kultur insgesamt hat Schwierigkeiten mit Eros und Venus, mit Verlangen und Sex. Als Gesellschaft reagieren wir oft moralisierend und repressiv. Ein Zeichen dafür, daß noch Mittel und Wege gefunden werden müssen, diese starken Kräfte in unser normales Alltagsleben zu integrieren. Als Individuen werden wir von der kulturellen Verlegenheit, die in diesem Bereich herrscht, beeinflußt, so daß manchmal etwas, was wie ein persönliches Problem aussieht, einfach nur einen größeren Kampf widerspiegelt, der innerhalb der Gesellschaft stattfindet. Um uns mit diesen Dingen auf der persönlichen Ebene auseinanderzusetzen, müssen wir uns, wenigstens bis zu einem gewissen Grad, gegen die vorherrschenden Meinungen der Gesellschaft wehren.

Solange wir Sex nur beschränkt, als biologische Funktion oder als Mittel zur Kommunikation und zur Intimität betrachten, werden uns seine unerwarteten Wendungen verwirren. Es wäre besser, wenn wir von Anfang an anerkennen würden, daß Sex ein unergründlicher, weitreichender Aspekt der Seele ist; ein Aspekt, der Körper, Gefühl und Phantasie in einer intensiven Erfahrung zusammenbringt, der jede Verzweigung des Fühlens und Denkens berühren kann; ein Aspekt, den wir jedoch niemals ganz verstehen werden. Sex ist von Natur aus geheimnisvoll. Wenn die Faszination der Pornographie von uns Besitz ergriffen hat, bleibt uns möglicherweise keine andere Wahl, als dem unwiderstehlichen Drang zu folgen, während wir diesen nicht aus den Augen lassen. Wenn unser Partner seinem Zauber erlegen ist, müssen wir den Drang entweder tolerieren und unseren Gefährten mit Gesprächen über die Richtung, die er möglicherweise nimmt, helfen, oder aber wir sind derart davon abgestoßen, daß wir Mittel und Wege finden müssen, uns wenigstens vorübergehend zu schützen. Dieser unwiderstehliche Drang kann wie ein wildes Tier sein, so notwendig er für das Leben der individuellen Seele auch sein mag.

Wir sollten nicht vergessen, daß das Wort »Porne« von den

Griechen als Beiname für die große Göttin Aphrodite benutzt wurde, was darauf hinweist, daß Pornographie nicht nur normal ist, sondern auch für die Seele von Wert sein muß. Wir sollten darüber nachdenken, wie wir die erotische Bildersprache besser würdigen können. Möglicherweise wird uns auch klar, daß es sich bei unserem Widerstand entweder um eine wichtige, natürliche Dämpfung des Dranges oder um eine ängstliche Abwehr gegen jenen Teil der Seelenfülle handelt, die von uns verlangt, in unserer moralischen Empfindsamkeit differenzierter und flexibler zu werden. Bei unseren Schwierigkeiten mit der Pornographie können beide Triebkräfte eine Rolle spielen, und es kann sehr viel Reflexion und Selbsterforschung erfordern, sie auszusortieren. Doch das Ziel wäre auf jeden Fall eine intensivere Würdigung der erotischen Phantasie, so daß wir weder zwanghaft noch widerwillig darauf reagierten.

Sex und Intimität

Gegenüber der Sexualität nehmen wir oft einen Standpunkt ein, der entweder rein körperlich oder vorwiegend zwischenmenschlich definiert ist. Bei beiden Sichtweisen besteht die Gefahr, daß die Seele der Sexualität übersehen wird. Diese kann man in jener Phantasie finden, durch die wir den Sex entweder individuell oder zwischenmenschlich oder aber gesellschaftlich erfahren. Jeder von uns hat einen sexuellen Werdegang; Geschichten, Personen, die aus positiven oder negativen Gründen unvergeßlich bleiben; Orte und Erlebnisse, von denen einige noch vor Gefühl vibrieren. Oder wir hegen starke sexuelle Hoffnungen und Sehnsüchte. All diese Bilder können wir poetisch betrachten, als Geschöpfe der Seele, wohl wissend, daß jedes einzelne von ihnen auf vielen Ebenen widerhallt. Die Erinnerung an eine lustvolle Erfahrung mag das Verlangen nach Vergnügen ins

Leben rufen. Schmerzliche Erinnerungen können eine umfassende Desillusionierung und Hoffnungslosigkeit in Hinblick auf Spaß, Vergnügen und Intimität bewirken. Das Bild, das man von sich selbst als Liebenden hat, ob man sich als ausgezeichneten oder nur mäßigen Liebhaber einschätzt, kann in jene Erinnerungen gehüllt sein. Aber noch tiefer kann die Angst vor der Entblößung, den alten Triebkräften der Familienbeziehung oder einfach nur vor der schwierigen Aufgabe liegen, ein körperliches Leben zu leben.

Die Intimität beim Sex ist immer mit dem Körper verbunden, aber sie ist nicht nur körperlich. Sex beschwört stets Bruchstücke von Geschichten und Charaktereigenschaften herauf. Und so handelt es sich bei unserem Verlangen, unserer Bereitschaft, sexuell durchschaubar zu sein, wahrhaft um eine Entblößung der Seele. Beim Sex können wir auf eine Weise, die sonst nicht möglich ist, entdecken, wer wir sind, während wir gleichzeitig unserem Partner erlauben, dieses Individuum zu sehen und zu verstehen. Indem wir unseren Körper entblößen, enthüllen wir unser Wesen.

Es liegt auf der Hand, daß eine solche Verletzlichkeit mit allen möglichen Hemmungen einhergeht. Zur sexuellen Intimität gehört auch, die Hemmung des anderen zu respektieren, denn diese Zurückhaltung ist ebenso ein Ausdruck der Seele wie die offensichtliche Bereitschaft, sich zu entblößen. Es macht keinen Unterschied, ob die Hemmung neurotisch oder sogar psychotisch erscheint; sie muß beachtet werden, wenn die seelenvolle Intimität bewahrt werden soll. Es ist nicht »unnormal«, wenn ein Mensch sich in bezug auf körperliche oder seelische Entblößung ungewöhnlich zurückhaltend verhält. Und es nicht »unnormal«, wenn ein Mensch es genießt, seine Sexualität zur Schau zu stellen. Exhibitionismus und Frigidität sind Seelenzustände. Im Kontext einer verhältnismäßig puritanischen Gesellschaft kann jeder normale Sex unnormal erscheinen.

Sexuelle Intimität beginnt damit, daß wir das Mysterium und die Verrücktheit der Sexualität des anderen anerkennen und respektieren; denn einzig im Mysterium und in der Verrücktheit zeigt sich die Seele. Ich spreche hier von der platonischen Verrücktheit – dem natürlichen Ausdruck der Seele, der in einer normalen Gesellschaft fast immer abweichlerisch erscheint. Zuweilen müssen wir uns vor der sexuellen Verwirrung, dem sexuellen Ausleben des anderen, schützen. Doch wenn wir eine intime Beziehung haben wollen, müssen wir uns einen Platz für die sexuellen Phantasien des anderen schaffen. In extremen Fällen können wir zu dem Schluß kommen, daß wir eine bestimmte erotische Welt nicht tolerieren können, oder wir erkennen möglicherweise, daß bestimmte sexuelle Ansichten für uns gefährlich sind. Aber in den meisten Fällen wollen wir vielleicht nur unsere Vorstellungskraft und unsere Sensibilität erweitern, wobei wir anerkennen, daß sich die Seele in jedem von uns, und besonders in den exakten Anweisungen der sexuellen Phantasie, anders zeigt.

Um zur sexuellen Intimität zu gelangen, müssen wir auch zugeben, daß die Sexualität oft verletzt worden ist. Berühmte Geschichten geben uns Zeugnis von sexuellen Wunden: Der »Schenkel« des Odysseus, der »Schenkel« des Fischerkönigs in Parzifals Geschichte, Lady Chatterleys Mann, Emma Bovary. Die Seele entströmt im allgemeinen unseren Wunden; und die Seele der Sexualität im besonderen tritt oft mittels einer durch eine sexuelle Verletzung geschaffenen Wunde ein. Wir können lernen zu erkennen, daß dort, wo die sexuellen Verletzungen stattfanden, Bereiche möglicher Intimität zwischen uns und dem Menschen sind, den wir lieben, obwohl sie oberflächlich betrachtet dem Reich des Mißtrauens anzugehören scheinen. Deshalb ist es sehr wichtig, den zeitgenössischen Tendenzen zu widerstehen, Gesundheit und Ganzheit zu verfechten. Jeder von uns hat sexuelle Wunden. Es ist nicht gut, sich in ihnen zu suhlen oder sie zu leugnen. Es wäre für die Seele einer Beziehung besser, ihnen einen Platz einzuräumen, sie zu schützen und nicht zu versuchen, sie zu verstehen, sondern ihnen die Privatsphäre zu geben, nach der sie verlangen, und sie dennoch in unsere offenen Gespräche mit einzubeziehen.

Spricht man heute über sexuelle Verwundbarkeit, kommt das Gespräch oft auf das Thema Ursache und Wirkung. Wir möchten wissen, weshalb wir gewisse Schwierigkeiten haben, und würden nur zu gerne jemanden finden, den wir für unser Problem verantwortlich machen können. Eine andere, seelenvollere Methode besteht darin, der Versuchung zu widerstehen, über die Straße der Kausalität zu schlendern, die niemals zur Seele führt, und statt dessen offen zu sein für die Gedanken, Gefühle, Erinnerungen und Sehnsüchte, die die sexuelle Angst und den Schmerz prägen. Dann wird Sex zu einem Werkzeug der Seelenerzeugung, zu einem Kanal, der in den erotischen Höhlen des Herzens mündet.

Einige Sätze aus einem Gedicht von Mary Mackey spielen auf den Unterschied zwischen der Intimität der Seele beim Sex an – Intimität hier als das Innerste definiert –, jener Intimität, die am längsten vorhält, und dem unverbindlichen Geist einer flüchtigen sexuellen Begegnung:

> Liebe entspringt Jahren
> des Atmens
> Haut an Haut
> einer in die Träume des anderen
> verstrickt
> bis jede Nacht
> einen neuen Faden webt
> in das gleiche Gespinst
> aus Blut und Schlaf

und ich habe dich nur
durcheilt
wie Licht

und du hast mich nur
jäh wie Flammen
umzingelt.[11]

Was nicht heißen soll, daß einer zufälligen, flüchtigen sexuellen
Begegnung keine Seele innewohnt. Aber beim Sex werden die
Seelen der Menschen durch Wiederholung miteinander verwoben, durch bloßes Schlafen und Träumen, und durch die Jahre,
in denen man Haut an Haut atmet. Das gehört zum Sex und
verleiht der Seele jene unsichtbaren Fäden der Intimität. Oft
sind wir, wie die Dichterin sagt, »nur« auf das Licht und die
Flammen konzentriert und sehnen uns nach einer außergewöhnlichen, überwältigenden »Erfahrung«, während das See-
lenbedürfnis nach Sex nach einem zarten Gespinst aus Beziehungen und dem steten Zusammenweben von Herzen und Haut
verlangt.
Sex hat lange Wurzeln, die bis zum Herzen reichen. Sex ist nicht
nur empfindlich und für Eingriffe empfänglich, sondern auch eng
mit der Seele verbunden. Sex ist der reine Spiegel der Seele, ihr
Lackmus, ihr Gebärdenspiel. Sex entnimmt einiges von seiner
emotionalen Macht der verschwenderischen Seelenfülle, die
sich in den sexuellen Phantasien und Berührungen zeigt. Wir
können Sex ausbeuten, andere damit manipulieren, ihn voller
Aggression einsetzen, uns vor ihm verstecken, ihn mißdeuten
und ihm übermäßig frönen – all das sind nur Mittel, mit seiner
potentiellen Seelenfülle zu kämpfen. Die Seele des Sex besitzt
die Macht, eine Beziehung heraufzubeschwören, sie aufrechtzuerhalten und lohnenswert zu gestalten. Und wie bei allen Seelenangelegenheiten wird von uns verlangt, daß wir sie nicht

behindern und uns von ihrer Macht beeinflussen lassen, um das Leben wieder lebendiger zu gestalten und uns von praktizierenden Überlebenden in erotische Dichter unseres eigenen Lebens zu verwandeln.

Schatten der Intimität

»Wir sind nicht sehr für unsere schlechten Ehen
zu tadeln ... Noch in den ungeordnetsten
Beziehungen steckt ein Körnchen wahrer Ehe.«
Ralph Waldo Emerson

9 Das Ende

Das Ende einer Beziehung ist ebenso geheimnisvoll wie ihr Anfang. Beim Entstehen der Beziehung spielt häufig das Schicksal eine vorherrschende Rolle, und im Laufe der Zeit wird sie von seinen Wendungen und Drehungen geprägt. Dennoch neigen wir, wenn eine Ehe oder eine Romanze auseinandergeht oder eine Freundschaft schwindet, dazu, nach rationalen Ursachen Ausschau zu halten oder dem Partner den Schwarzen Peter zuzuschieben. Das Schicksal und die wichtige Rolle, die es in der Ehe spielt, sind vergessen, und wir übernehmen die Urheberschaft und die Verantwortung für Entwicklungen, für die eindeutig die Seele zuständig ist.

Wenn wir die Seele einer Beziehung ehren wollen, müssen wir den ganzen Weg gehen, falls nötig bis zum Ende. Wenn wir zu Beginn sehen, wie die Seele durch das Schicksal in eine Beziehung einsickert, werden wir an ihrem Ende möglicherweise Zeuge, wie sie ihr schicksalhaft entströmt. Den Partner für das Ende der Beziehung verantwortlich zu machen, ist als Möglichkeit zu verstehen, jenem Schmerz aus dem Weg zu gehen, der von den unerbittlichen, manchmal herzlosen Forderungen des Schicksals verursacht wird. Doch durch diese Schmerzvermeidung verdammen wir uns vielleicht dazu, jahrelang gerade von jenen Gefühlen und Bildern heimgesucht zu werden, denen wir zu entfliehen suchen.

Einmal beklagte sich ein Mann bitterlich bei mir darüber, seine Exfrau sei äußerst egoistisch gewesen, als sie sich von ihm scheiden ließ, um einen anderen Mann zu heiraten. Er lebte jahrelang mit dieser Bitterkeit, als warte er darauf, daß seine Frau eines Tages ihre Schuld zugäbe. Es ist sehr einfach, dem Schicksal auszuweichen, wenn der Partner etwas getan hat, das auch nur den leisesten Schatten in sich birgt. Doch nach einigen Gesprächen wurde ihm klar, daß auch er die Ehe als eine unerträgliche Last empfunden hatte. Ich fragte ihn, weshalb er nicht versucht habe, sich aus einer offensichtlich seelen- und leblosen Beziehung zu lösen. »Ich habe gehofft«, sagte er, »daß sich das eines Tages ändern würde.« Das Schicksal verlangt von uns zwar Sensibilität, doch sollte man sie nicht mit Passivität verwechseln. Es braucht Mut, jene Schicksalszeichen zu lesen, die nach einer Veränderung verlangen; die von uns fordern, daß wir uns den bitteren Wahrheiten zuwenden, die langsam und schmerzlich an die Oberfläche gelangen. Das Ende einer Beziehung kann Bestandteil einer speziellen Logik dieser Beziehung sein, ein Ausdruck ihres Logos, ihrer tiefverborgenen Natur, ihrer eigenen Gesetze und Bedingungen.

Das Ende einer Beziehung schmerzt uns auch deshalb, weil es Erinnerungen an jene Augenblicke heraufbeschwört, in denen andere Beziehungen zu Ende gingen, oder an das Thema Ende im allgemeinen. Verständlicherweise mögen wir zögern, uns auf derart intensive Gefühle einzulassen; Gefühle, die uns an den Tod in all seinen Variationen erinnern. So können Schwierigkeiten in einer Beziehung nur ein Beispiel für ein Problem sein, das sich auch in anderen Lebensbereichen niederschlägt. Ich denke da an einen jungen Arzt, dessen extreme Eifersucht seine Ehe unerträglich machte. Es gab starke Anzeichen dafür, daß seine Eifersucht auf einen tieferliegenden seelischen Defekt zurückzuführen war, der ihm nicht nur privat, sondern auch beruflich zu schaffen machte. Wenn eine Beziehung endet, kann es hilfreich sein, sich Gedanken darüber zu machen, wie man in anderen Bereichen zu einem Ende kam, und zu verstehen, wie diese große Herausforderung, dieses große Mysterium, in der Beziehung ausgelebt wird.

Es ist nicht ungewöhnlich, daß nur ein Partner erkennt, wenn eine Beziehung vorbei ist. Möglicherweise macht er schreckliche innere Kämpfe durch und muß schmerzliche Entscheidungen treffen, um auf eine Veränderung zu drängen, die er nicht gewollt hat. Während der andere Partner große Schwierigkeiten damit hat, jene Zeichen zu erkennen oder die Schicksalhaftigkeit zu ertragen. Und so erscheint es wie ein Ausweg, jene Menschen der Herzlosigkeit und Gleichgültigkeit zu bezichtigen, die das Ende einläuteten.

»Er übernimmt keinerlei Verantwortung für sein Tun«, beschwerte sich eine Frau bei mir, nachdem ihr Mann sie wegen einer anderen verlassen hatte. Es mag so aussehen, als ob der Mensch, der jene schicksalhaften Zeichen dafür sieht, daß die Beziehung nicht funktioniert und daraufhin ein neues Leben beginnt, sich vor der Verantwortung drückt und keinen Gedanken an den Partner verschwendet. Doch das ist eine heikle Frage: Was ist der Unterschied zwischen der Verantwortung gegenüber der Seele und der Verantwortung in bezug auf die Beziehung?

Wie wir bereits feststellten, muß unsere Vorstellung von der Verantwortlichkeit vertieft werden. In dem englischen Wort »responsibility« hallen – etymologisch gesehen – uralte Bräuche wider, bei denen zu Ehren eines Gottes oder einer Göttin Trankopfer vergossen wurden. Bei bestimmten Ritualen oder einfach nur anläßlich eines Essens war es allgemein Brauch, einen Becher guten Weines hochzuerheben und ihn langsam auszugießen, um den anwesenden Gott oder Geist zu ehren. Stellen Sie sich vor, wie Sie das Ritual nach ihren eigenen Vorstellungen gestalten, wie Sie einige der von ihnen so geschätzten Gefühle und Wünsche loslassen, um jenen Geist zu ehren, der dem Ende einer Beziehung innewohnt.

Im eigentlichen Sinne heißt verantwortlich sein, jenes Mysterium zu ehren, das sich im Innersten jeder Situation verbirgt, was einer Beziehung nach außen hin Schande bereiten und den Vorwurf der Verantwortungslosigkeit nach sich ziehen kann. Dennoch kann die Entscheidung auf einer tieferen Ebene durchaus verantwortungsvoll sein. Das ist derart oft der Fall, daß ich, wenn ich als Therapeut höre, wie sich jemand über die Verantwortungslosigkeit eines anderen Menschen beschwert, nach jenem Mysterium Ausschau halte, das sich dem Gekränkten als erschreckende Herausforderung darstellt.

Wie der eigentliche Tod scheinen auch andere Arten von Beendigungen oft aus heiterem Himmel zu kommen und all dem zu widersprechen, was wir für wertvoll und wahr erachten. Der Tod verwirrt uns durch den Zeitpunkt, den er erwählt, und durch seine offensichtliche Mißachtung der menschlichen Pläne und Hoffnungen. Auch das Ende einer Beziehung kann dazu führen, daß wir uns nach dem Sinn fragen. Plato sagte, ein Philosoph bereite sich auf den Tod vor, indem er der Seele die Freiheit gibt, über Vorstellungen der Ewigkeit zu meditieren. Möglicherweise können wir uns auf schicksalhafte Wendungen in einer Beziehung, einschließlich ihres Endes, vorbereiten, indem wir uns ein Bild davon machen, das sich nicht auf persönliche Bedürfnisse und Sorgen beschränkt. Indem wir das Mysterium der Beziehung ehren, lassen wir zu, daß unser eigenwilliges Bild von Form und Zeitpunkt in einen größeren Zusammenhang gestellt wird, und können somit einige unserer Ängste und Anstrengungen aufgeben.

Es kann sein, daß jeder Mensch etwas anderes erlebt, wenn eine Beziehung zu Ende geht. Der eine verspürt den Ruf in sich, weiterzugehen; der andere kommt sich verloren und verlassen vor. Dieser Zustand wird in der Psychologie der Archetypen ein »gespaltener Archetyp« genannt: die Realität hat zwei Seiten, doch statt daß jede Person beide Seiten erfährt, werden die Seiten zwischen beiden Partnern aufgeteilt. Leider zieht sich in einem solchen Fall die Seele zurück. Deshalb spürt keiner von beiden die ursprüngliche Spannung, die das Leben in die Beziehung brachte. Tatsächlich jedoch schützt diese Spaltung davor, die Bedürfnisse des Schicksal und eines größeren Willens zu spüren. In einer solchen Situation ist es sinnvoll, darüber nachzudenken, welchen Teil des Mysteriums man verloren oder dem anderen überlassen hat. Das Ganze anzunehmen ist ein Weg, die Seele wiederzugewinnen.

Das offensichtlichste Zeichen dieser Form von Spaltung ist die Angewohnheit, den anderen auf Anzeichen eines Defektes hin zu beobachten. Ein Psychiater, mit dem ich zusammenarbeitete, war überzeugt davon, daß die Probleme in seiner Ehe von dem schroffen, fordernden und gefühlskalten Vater seiner Frau herrührten. Er fing immer wieder damit an, wie deprimiert er sei, um dann bei den alten Familiengeschichten über seinen Schwiegervater zu landen. Seine Frau wurde, so erzählte er wenigstens, von Kindheit an unterdrückt, und er selbst war deprimiert, weil seine Frau ihm keine glückliche Ehe bieten konnte. Mir kam es so vor, als ob er, solange er diese Geschichte erzählen konnte, seinen eigenen Anteil an der Ehe, seine eigenen Geschichten und Gefühle, die Rolle, die er bei den Schwierigkeiten spielte und die Gelegenheit ignorieren konnte, die Blockade zu überwinden.

Es gibt noch viele andere Möglichkeiten, eine gespaltene Beziehung aufrechtzuerhalten. Ein Sohn, der seinen Vater für zu autoritär hält, kann sich für ein völlig verantwortungsloses Leben entscheiden und sich dadurch von einem seelenvollen Leben fernhalten, in dem sich widerspiegeln würde, wie komplex Verantwortlichkeit und Hingabe sind. Eine Tochter, die es haßt, daß sich ihre Mutter in ihr Leben einmischt, geht ihr möglicherweise aus dem Weg, um sich von ihr zu distanzieren, was damit endet, daß sie ein von anderen Menschen abgeschottetes Leben führt. Wenn etwas zu Ende geht, schieben sich jene alten Spaltungen – jene alten, offenen Wunden – oft wieder in den Vordergrund, die für schmerzliche und langwierige Trennungen und Scheidungen, für die Wut und den Groll verantwortlich sind, den man noch lange danach empfindet. Am besten rät man Menschen, die nicht fähig zu sein scheinen, eine unbefriedigende Beziehung zu beenden, aufzuhören, etwas vom Partner zu erwarten. Wahrscheinlich wird man es, was immer es auch sein mag, niemals bekommen. Die Konzentration auf den anderen ist möglicherweise ein Mittel, die Seele unter Kontrolle zu halten. Nicht auf den anderen sollten wir uns konzentrieren, sondern auf die Seele selbst, mit all ihren Mysterien und Anregungen.

Häufig sind wir der Meinung, zwei Menschen, die sich einmal gefunden haben, sollten sich niemals trennen. Doch Beziehungen enden immer, und Menschen gehen so selbstverständlich auseinander wie sie neue Verbindungen knüpfen. Womit ich nicht sagen will, daß wir einfach nur realistisch sein und die bittere Wahrheit anerkennen sollen, daß Beziehungen enden. Das Gefühl, daß sie für immer sind, gehört stets dazu, wenn neue Verbindungen geknüpft werden. Doch wenn sie enden, müssen wir uns möglicherweise dem dunklen und fordernden Willen der Götter stellen, der sich oft jedem menschlichen Verlangen widersetzt. Wir können folgende Lektion mit nach Hause nehmen und in unseren Herzen bewahren: Leben ist ein ständiger Austausch zwischen menschlichem Wollen und göttlicher Vorsehung. Wir brauchen beides – den Mut, ein Leben zu planen und zu zeugen, und eine überaus tiefe Ehrfurcht vor den Mysterien, die es stärkt. Von jedem von uns wird verlangt, daß er gleichzeitig existenzialistisch und gottesfürchtig, verantwortungsvoll und aufgeschlossen, praktisch und ungeheuer phantasievoll ist.

Eine mir seit der Kindheit nahestehende Freundin verlor vor ein paar Jahren ihren Mann durch Krebs. Lange Zeit war sie wütend, was sie mir deutlich zu verstehen gab. Doch mit der Zeit erkämpfte sie sich ihren Weg zur Intimität mit der Vorsehung. Mit den geheimnisvollen Wegen des Schicksals zu ringen, mag die einzige Möglichkeit sein, zu entdecken, daß das Leben kein Produkt unseres eigenen Willens, sondern die Schöpfung eines viel größeren Willens ist. Es mag zu viel Masochismus darin stecken, sich dem Schicksal einfach nur zu unterwerfen, während man durch einen heftigen emotionalen Kampf gegen das Schicksal zu einer liebevolleren Anerkennung des Göttlichen gelangen kann. Religion im eigentlichen Sinne nimmt Gestalt an, während wir durch Leid und Verlust lernen, daß die Kreativität endlich ist, eine bloße Beteiligung an einer weit größeren kreativen Quelle.

Liebes- und Intimitätsverlust können eine Grundform der Initiation darstellen. Initiation kommt vom lateinischen *initiare*, das heißt, den Anfang machen, einführen, einweihen, was paradox ist, geht es doch bei den stärksten Einweihungen stets um eine Form von Tod. Der bekannte Religionswissenschaftler Mircea Eliade beschreibt den Tod in den Übergangs- und Einweihungsriten folgendermaßen:

… Der Tod bedeutet immer das Überschreiten der profanen, der uneingeweihten Verfassung des ›natürlichen Menschen‹, der nicht um die Religion weiß, der blind für das Geistige ist. Im Einweihungsmysterium werden dem Knaben langsam fortschreitend die wahren Dimensionen des Daseins enthüllt; das Mysterium, das ihn in das Heilige einführt, zwingt ihn, seine Verantwortung als Mann auf sich zu nehmen.[1]

Die Vorstellung, daß das Ende einer Beziehung eine Art Einweihung ist, ist nicht nur ein Symbol. Der Schmerz beim Zusammenbruch einer Beziehung ist der Schmerz des Neophyten, der in ein neues Bewußtsein eingeweiht wird. Ein mühsamer Schritt fort von einer pragmatischen, selbstsicheren Haltung hin zu einer religiösen Empfindsamkeit, einem Bewußtsein äußerster Abhängigkeit und einem wahrhaft verantwortungsbewußten Leben. In diesem Schmerz entdeckt man immer wieder aufs neue, daß Verantwortlichkeit keine rein subjektive, aktive Haltung ist. Zur Verantwortlichkeit gehört es, jene geheimnisvollen Faktoren anzuerkennen, die unser tägliches Leben beeinflussen und formen. Durch diese Einweihungen wenden wir uns, wie Eliade sagen würde, vom »natürlichen« Leben fort und einer Empfindsamkeit für das Heilige zu. Durch diese Initiationen kann sich unsere Einstellung zum Leben von der weltlichen Ich-Zentriertheit in eine aufrichtige religiöse Lebensweise verwandeln.

Mir ist klar, daß Freunde und Kollegen manchmal jene Menschen, die unter dem Ende einer Beziehung leiden, drängen, dem anderen die Schuld daran zu geben, oder ihnen sagen, sie sollten froh sein, daß sie einen derart verantwortungslosen Partner losgeworden seien. Aber dadurch wird nur die Einweihung abgewehrt, die jedes Ende bietet. Eliade ist hier seelenvoller. Er wendet sich dem Thema Tod im Leben vom religiösen Standpunkt aus zu. Wenn ein Ende, ein Seelentod, ohne den Schutz von Schuldzuweisung, Erklärung oder einer Lösung ertragen wird, kann die Seele auf jene Existenzebene gelangen, die allein Einweihung bietet. Im äußeren Leben mag es wie eine Niederlage aussehen, doch für die Seele sind derartige Todeserfahrungen der einzige Weg zu einem wahren Anfang.

Eliades Beschreibung einer Einweihung ist deshalb so bemerkenswert, weil sie darauf hinweist, daß jedes Ende ein potentieller Anfang ist, und jedem Anfang ein potentielles Ende innewohnt. Einem halsstarrigen Menschen mögen Ende und Anfang wie Gegensätze vorkommen. Aber die seelenvolle, aus vielen kleinen Einweihungen zusammengesetzte Phantasie besitzt ein anderes Zeitempfinden und erkennt an, daß Anfang und Ende auf geheimnisvolle Weise ineinander übergehen, die nur durch Sensibilität für die geheiligte Dimension des alltäglichen Lebens gewürdigt werden kann.

Manchmal wird am Ende einer Beziehung gesagt: »Irgend etwas stimmt mit mir nicht. Ich bin zu keiner längeren Beziehung fähig. Andere Menschen sind miteinander glücklich, während ich zur Einsamkeit verurteilt bin.« Zweifellos ist das Gefühl der Depression, der Desillusionierung, die ein Ende begleiten, angemessen.

Und sofern man sie nicht persönlich und wortwörtlich nimmt, wohnt diesen Reaktionen ein Element der Wahrheit inne. Das Gefühl, unfähig zu sein, kann eine Reaktion auf das Wissen um neue Beziehungs- und Daseinsebenen sein. Und möglicherweise müssen wir uns von Zeit zu Zeit einmal unfähig fühlen. Aber es könnte die Einweihung behindern, wenn wir in diesem Gefühl versinken. Wir sollten nicht sagen: »Ich kann nicht intim sein« – eine narzißtische Haltung, die nirgendwohin führt –, sondern: »Meine Seele verlangt in einer Beziehung mehr von mir. Ich habe jetzt die Gelegenheit, auf eine profundere Weise einem anderen nahezusein.«

Doch die einzige Möglichkeit, eingeweiht zu werden, besteht zweifellos darin, daß man sich der Prozession der Eingeweihten anschließt und das Kostüm des Todes anlegt. Wir müssen in jene Ereignisse, Bilder und Gefühle eindringen, die die Erfahrung des Endes ausmachen. Sich gegen solche Gefühle zu sträuben, heißt, sich vom Ritus zu lösen. Wie sich in religiösen Traditionen zeigt, zieht die Seele aus einer Gewissensprüfung Nutzen. Es ist nicht verkehrt, sich zu fragen, was man in einer »fehlgeschlagenen« Beziehung falsch gemacht hat. Schwierigkeiten tauchen nur auf, wenn diese Prüfung nicht ehrlich ist oder nicht tief genug geht. Wenn dies der Fall ist, verwandelt sie sich in chronisches Selbstmitleid und narzißtische Selbstverurteilung. Die Gewissensprüfung, ein Ritus, der mit Einweihung verbunden wird, hat nichts mit masochistischer Selbstverurteilung zu tun; hier erforscht sich die Seele selbst.

Ein Ende ist zwar stets schmerzlich, doch es kann auch einen Weg zu neuen Gefühlsebenen und neue Bereiche der Phantasie aufzeigen. Erneuerung heißt nicht, daß wir dort wieder anfangen, wo wir aufgehört haben; Erneuerung ist die Entdeckung eines neuen Anfangs. Wir dürfen nur nicht den Menschen, der das Ende auslöste, von dem trennen, der sich als Opfer sieht. Und wir müssen sorgsam darauf achten, daß wir nicht das Ende vom

Anfang und den Anfang vom Ende trennen. Die beiden gehen, nicht nur ursächlich, Hand in Hand: Wir brauchen ein Ende, wenn wir einen Anfang haben wollen. Es mag paradox klingen, aber emotional ist der Schmerz, der durch das Ende verursacht wird, der Freude des Beginnens ähnlich.

Um auf Eliades Beobachtungen der Initiationen zurückzukommen: Hierbei können wir erkennen, daß das Ende einer Beziehung nicht horizontal verstanden werden muß – als Mißerfolg –, sondern vertikal gesehen werden kann, als Methode, auf eine neue Erfahrungsebene zu gelangen. Das ist der Sinn jeder Einweihung, und deshalb werden weltweit bei Initiationsriten feierliche Symbole verwendet. Nur durch den schmerzhaften Tod der Seele können wir auf eine neue Erfahrungsebene gelangen, und was schmerzt eine Seele mehr als das Ende einer Beziehung?

Wenn wir uns gegen diesen Schmerz sträuben, lassen wir uns die Gelegenheit zur Einweihung entgehen. Nehmen wir den Schmerz an, finden wir nicht nur einen Anfang, der nicht einfach nur eine Wiederholung jener Erfahrung darstellt, die wir in der vergangenen Beziehung machten, sondern wir gewinnen vielleicht die tröstliche Erkenntnis, daß die Beziehung auf eine geheimnisvolle Weise, durch das Schicksal, nicht durch menschliche Absichten, befriedigend war. Im Leben mag es ein Mißerfolg sein, aber für die Seele ist es ein Erfolg.

Das englische Wort für Scheidung, »divorce«, bedeutet weder Ende, noch beendigen, sondern sich abwenden, trennen oder zwei verschiedene Richtungen einschlagen. Es ist eng mit dem Wort »Diversion«, Ablenkung, verwandt. Beide stammen vom lateinischen »divertere« ab. Diese etymologische Ableitung weist darauf hin, daß eine Scheidung nicht bedeutet, beide Parteien würden ihren Verpflichtungen nicht mehr nachkommen, sondern daß sie eher ein Beweis für die Neigung des Schicksals ist, uns in verschiedene Richtungen zu wenden. Wenn sich unsere Ansichten über das Ende einer Beziehung auf moralische Urteile gründen, schaffen wir eine Kultur voller Schuldgefühle und Phantasien über eine nicht erreichbare Vollkommenheit und von der falschen Form von Verantwortlichkeit. Ein schuldbewußter Mensch kann unmöglich verantwortungsbewußt sein. Doch wenn unsere Ansichten von echter Ehrfurcht und der Anerkennung der vom Mittelpunkt fortstrebenden Kräfte des Lebens geprägt sind, erkennen wir möglicherweise, ohne den Schmerz zu übersehen, die Klugheit, die dem Ende einer Beziehung innewohnt.

Scheidung ist ein Wort voller Schmach, während Ablenkung ein wenig in Richtung Unverantwortlichkeit führt. Ich erinnere mich an eine Frau, die sich sehnlichst die Scheidung wünschte. Als Gattin eines erfolgreichen und wohlhabenden, leitenden Angestellten war sie es leid, ein Anhängsel seines Berufs zu sein, und ihrer schlechten Behandlung durch ihn müde. Aber obwohl sie sich nach einer Trennung sehnte, verbot ihr das Verantwortungsbewußtsein, diese starken Gefühle ernst zu nehmen. Für sie schien der Wunsch nach einer Scheidung eine bloße Ablenkung zu sein. Im Vergleich zu den schwerwiegenden Eheschwüren kam ihr eigener Wunsch ihr unbedeutend vor. Im Gespräch mit mir schien sie nach einem Trennungsgrund zu suchen, der ihren Gefühlen ein entsprechendes Gewicht verlieh.

Die meisten von uns neigen dazu, außerhalb ihrer Seele nach jenen wichtigen Gründen Ausschau zu halten, die unsere Gefühle rechtfertigen können. Doch leider lassen die Gründe, mit denen wir unsere Taten rechtfertigen, die Seele außer acht. Wenn wir die Ernsthaftigkeit unserer Phantasie spüren könnten, müßten wir nicht mehr rationalisieren, um unsere Entscheidungen ohne Schuldgefühle treffen zu können. Und unsere Entscheidungen würden uns nicht mehr so unvollständig vorkommen, wenn wir sie mit der Seele treffen und jenen Eingebungen und Gefühlen Autorität zuerkennen würden, die unserem Inneren entspringen.

Von außen betrachtet ist das Ende einer Beziehung eine strukturell bedingte Angelegenheit: jetzt gibt es eine Beziehung, jetzt gibt es keine Beziehung. Vom Seelenstandpunkt aus betrachtet ist das Ende nur eine weitere Beziehungserfahrung; kein eigentliches Ende, sondern eher eine radikale Umstellung in der Phantasie.

Lassen Sie es mich an zwei Beispielen erläutern: Der Vater einer Frau stirbt. In ihrer Seele mag die Beziehung jetzt intensiver und zu einem beherrschenden Mythos werden, der all ihre Beziehungen, ihr Berufsleben und jeden anderen Aspekt ihres Lebens formt. Die Erinnerungen an ihren Vater sind jetzt möglicherweise viel lebendiger, als sie es früher waren. Neue Gefühle können auftauchen. Der Vater kann jetzt, als Toter, das Leben seiner Tochter stärker beeinflussen als zu der Zeit, als er noch lebte.

Ein Mann läßt sich von seiner Frau scheiden und glaubt, daß sich seine Gedanken jetzt einem neuen Leben zuwenden. Doch vollkommen unerwartet träumt er öfter davon, wie sie ihn verführt und andeutet, daß »sie« nun ein neues Verlangen nach ihm verspürt. Jetzt, wo er den Entscheidungs- und Trennungskampf hinter sich hat, schieben sich Gefühle, die er früher verdrängt hatte, in den Vordergrund. Und Jahre später sagt er, was viele Menschen sagen: »Ich hätte diese Scheidung nicht durchzumachen brauchen. Wenn ich damals gewußt hätte, was ich heute weiß ...« Offensichtlich verbirgt sich in jeder Beziehung etwas, das ewig ist, das immer weitermacht, das davon befreit werden möchte, Entscheidungen zu treffen, durch die verbindende Bande durchgeschnitten werden.

Unsere Beziehungen scheinen nicht so einfach oder begrenzt zu sein, wie wir manchmal glauben möchten. Wir lernen im Laufe eines Lebens nur eine begrenzte Anzahl Menschen kennen und leben nur mit einigen wenigen intim zusammen. Beziehungen sind für die Seele überaus wichtig, gleichgültig welche diesbezüglichen Entscheidungen wir in der Welt auch treffen mögen. Sie weihen uns in uns selbst ein. Sie gestalten unser Leben, nicht nur den Verlauf unserer Biographie, sondern auch den Charakter unserer Seele. Veränderung und Vergeßlichkeit mögen den Eindruck erwecken, daß Beziehungen vorübergehend und durch Zeitumstände bedingt sind. Aber für die Seele sind Gedenken und ewige Verbundenheit wichtiger. Das Ende einer Beziehung kann der Seele noch zusätzlich Gefühl und Zuneigung schenken. Wenn wir ein seelenvolles Leben führen möchten, müssen wir jene Vorlieben respektieren, die tief in unserem Herzen zu Hause sind.

So gesehen ist es wichtig, die Toten zu ehren, besonders jene, die uns nahestanden. Die Seele ist in ihren Erfahrungen nicht auf die Grenzen des Lebens beschränkt. Der Tod löscht eine Beziehung nicht aus, sondern stellt sie nur in einen anderen Kontext. Indem wir unsere Beziehung zu den Toten pflegen, versorgen wir die Seele mit ihrer Nahrung aus Ewigkeit, Melancholie, Mysterium und jener Form von Verbundenheit, die buchstäblich nicht von dieser Welt ist. Zahllose Geschichten der Seele verkünden, daß sie nicht gänzlich in diesem Leben beheimatet ist und stets versucht, die Begrenzungen der Welt zu durchbrechen. Wir können die Seele ehren, indem wir unsere Beziehungen zu den Toten pflegen, indem wir ihr Grab besuchen und schmücken oder für sie beten; wenn wir uns an sie erinnern, unsere Kinder nach ihnen benennen, von ihnen hinterlassene Gegenstände aufbewahren und benutzen, oder ihre Geschichten weitererzählen und Fotografien von ihnen in Sichtweite haben.

Unsere Ahnen schenken uns durch ihre Beziehung zu uns etwas Unersetzliches und Kostbares. Sie sind wahrhaftig unsere Verbindung zur Ewigkeit, und es ist kein Wunder, daß so viele Religionen Wert auf die Ahnenverehrung legen. Wir können von diesen Ritualen und Übungen lernen, unsere eigenen Ahnen und unsere verstorbenen Verwandten und Freunde zu ehren. In einer meiner ersten Therapiesitzungen als Patient argwöhnte der Therapeut offensichtlich einen Vaterkomplex und begann mir Fragen über meinen Vater zu stellen. Sofort schweiften meine Gedanken zum Vater meines Vaters, der mich auf seinem Sterbebett gesegnet hatte. Damals war ich vier Jahre alt gewesen. Als meine Erinnerung daran klarer wurde, überwältigte mich eine tiefe Dankbarkeit. Zum ersten Mal spürte ich etwas von dem Gewicht und den Folgen meiner Beziehung zu meinem Großvater. Meine Augen füllten sich mit Tränen. Den Therapeuten ärgerte meine Reaktion, da er einzig am Vaterkomplex interessiert war. Er sagte mir, ich solle diese Gefühle ignorieren und mich interessanteren Fragen zuwenden. Doch selbst heute noch empfinde ich wieder jenes tiefe Gefühl der Dankbarkeit, wenn ich an diesen Augenblick der Erkenntnis denke. Ich habe noch immer eine intime Beziehung zu meinem Großvater. Ich spüre, wie sein Leben in meinem Körper atmet, und ich bewahre eine lebendige Erinnerung an das Geschenk des Lebens, das er mir gab.

Ein wesentlicher Unterschied zwischen der Seelenpflege und einem Großteil der modernen psychologischen Arbeit besteht darin, daß bei ersterem jene Persönlichkeiten eine größere Würdigung erfahren, die in unserem Leben wichtig sind, selbst wenn es sich um fehlerhafte Menschen handelt und die Beziehung nicht vollkommen ist, während die Psychologie es liebt, zu analysieren, um zu einem besseren Verständnis zu gelangen. Doch Verständnis bewirkt wenig für die Seele. Stellen Sie sich vor, wie Sie Geschichten über die Toten erzählen, aber nicht, um sich selbst besser kennenzulernen, sondern einfach nur, um eine tiefe, dauerhaftere Beziehung mit ihnen zu knüpfen. Bei diesem Austausch wird der Seele Ewigkeit geschenkt, während ihr das Verständnis nur wenig mehr als ein weiteres Bruchstück jener Logik bietet, der es nicht darum geht, dem Unendlichen eine Heimstatt in unserem endlichen Leben zu bereiten.

Aber die Frage, ob wir den Toten Aufmerksamkeit schenken sollen oder nicht, stellt sich gar nicht. Sie zeigen sich uns in ungewollten Erinnerungen, in Träumen, in flüchtigen Besuchen bei Tag oder während der Nacht. Sie mögen bei einem Vorfall auftauchen, der uns an eine frühere Erfahrung gemahnt. Möglicherweise wohnen sie auch in unseren Körpern. Ich sehe in bestimmten Augenblicken einen Teil meines Großvaters im Gesicht meiner Tochter, besonders wenn sie eine Situation lustig findet. Manchmal, wenn ich im Bett liege, denke ich an eine liebe Tante oder an die Eltern meiner Mutter. Was immer Ihre Metaphysik und Ihre Religion sein mag, was immer Ihre Überzeugungen und Erwartungen sind, diese flüchtigen Besuche können allein durch das Herz, ohne jeglichen Bedarf nach einer mentalen Einmischung, empfangen werden.

Das große Geheimnis des Todes, die Frage, was wohl nach dem Leben kommen mag, stellt eine ständige Herausforderung an unseren Wunsch zu verstehen dar. Während die Wissenschaft sich bemüht – und durch spirituelle Übungen versucht wird –, das Mysterium zu enthüllen, ist es möglich und äußerst ergiebig, ihm in unserem Leben einen bedeutenden Platz einzuräumen. Wer weiß, welche Art von Beziehung zu den Toten erfolgreich ist? Auch wenn wir nicht wissen, wie es funktioniert, können wir einiges dazu tun, um diese Beziehung zu kultivieren. Wir können allein schon durch die Erinnerung an verstorbene Verwandte und Freunde zu einer tiefen religiösen Empfindsamkeit gelangen. Wieder einmal steht die Beziehung hier eher im Dienste der Seele als umgekehrt.

Eine moderne Methode, einen Sinn in früheren Beziehungen zu finden, ist, aus ihnen zu lernen, um nicht noch einmal den gleichen Fehler zu machen. Doch dieser praktischen Einstellung mangelt es an Seele. Und ein Großteil unserer eigenen Geschichten beweist, daß wir auch weiterhin die gleichen Fehler machen werden. Es geht nicht darum, aus angeblichen Fehlern zu lernen, sondern durch sie in die Seele eingeweiht zu werden. Wenn wir jene Gefühle, die sich beim Ende einer Beziehung einstellen, genauso annehmen wie jene Gedanken und Gefühle, die uns noch lange danach begleiten, verwandeln wir uns in einen neuen Menschen. Die Seele lernt nicht, sie verwandelt sich, wie sich der Wurm in einen Schmetterling verwandelt, um Emersons Bild zu benutzen. Die Seele steigt einen »Rang« höher, indem sie ihre Lebenserfahrung, einschließlich der Beziehungen und deren Ende, als Initiationshilfen benutzt.

Für manche Menschen wird die Wut über das Ende einer Beziehung zu einem Hindernis auf dem Weg zu Einweihung und Erneuerung. Sie fühlen sich von ihrem Partner betrogen. Sie können sich nicht von dieser Einstellung trennen und werden oft von ihren Therapeuten ermutigt, ihre Wut und ihre Empörung zu fühlen und auszudrücken. In der modernen Psychologie werden Gefühle häufig so behandelt. Sie betont die Erfahrung und das Äußern der Gefühle als ein Ende in sich; aber in einem derart einfachen Selbstausdruck kann nicht viel Seele verborgen sein.

Wut auszudrücken kann uns im Bereich eines zwischenmenschlichen Machtspieles festhalten: Stelle Dinge richtig, laß dich nicht reinlegen, paß auf, daß der andere kein Oberwasser bekommt. Doch wenn wir die Wut nicht ausdrücken, scheint als einzige Alternative nur noch die Verdrängung zu bleiben. Und wie jeder weiß, ist mit verdrängter Wut nicht zu spaßen. Einen Weg aus dieser Zwickmühle weisen uns wieder einmal unsere Vorfahren aus der Renaissance, die nicht viel über die Wut an sich sprachen. Sie benutzten das mythische Bild des Mars – der Planet wurde nach dem Gott des Krieges und des Kampfes benannt – als einer großartigen, transpersonalen Gestalt, die die

Wut in einen um einiges größeren Zusammenhang stellt. Es ist ein Axiom der Seele, daß das Material, sei es nun Gefühl, Verstand oder Phantasie, anfangs im »rohen« Zustand auftaucht. Unsere Aufgabe ist es, das Rohe so lange, manchmal jahrelang, auf einer Flamme aus Reflexion, Erfahrung und Experiment zu kochen, bis es zart genug ist, um ein wesentlicher Bestandteil unserer Persönlichkeit und unseres Lebens zu werden. Wut an sich ist nicht automatisch seelenvoll schöpferisch. Wir können sie dazu benutzen, unsere Unwissenheit zu schützen. Doch als Rohmaterial kann sie der Ausgangspunkt, der Samen für jenen unentbehrlichen Bestandteil eines seelenvollen Lebens sein, den man sich poetisch als martialischen Geist vorstellte.

Die Philosophen der Renaissance lehrten, daß Wut als Einladung an Mars verstanden werden kann, sich in der Seele niederzulassen. Die Überlieferungen zeigen, daß die Gegenwart des Mars vieles bewirken kann: Was immer er berührt, erhitzt sich, wird hart, gestählt und widerstandsfähiger. Wut kann eine bloße Reaktion auf bestimmte Vorfälle oder aber eine Manifestation des Gottes Mars sein, der in der Persönlichkeit eine Heimstatt gefunden hat. Es gibt einen bemerkenswerten Qualitätsunterschied zwischen diesen beiden Arten, seine Wut auszudrükken: Bei der ersten Art handelt es sich um einen Gefühlsausbruch, dem keinerlei Phantasie innewohnt, während die zweite Art ein Ausdruck martialischer Eigenschaften darstellt: Entschlossenheit, Eindringlichkeit, Intensität, Klarheit und Konzentration.

Auch mit der Wut, die wir in einer Beziehung empfinden, kann auf diese Weise umgegangen werden. Sie muß weder abwehrend verdrängt noch stark vereinfacht ausgedrückt werden, und sie kann die Gelegenheit bieten, sich Entschlossenheit und Stärke anzueignen, um so für eine gutgeerdete Beziehung vorbereitet zu sein. Man muß die Wut annehmen, aus ihrer Stärke und Intensität einen Wesenszug machen. Wut stählt das Herz und stellt eine wichtige Einweihung der Seele dar; eine Einweihung, die für eine intime Beziehung mit einem anderen Menschen unerläßlich ist.

Wenn eine Beziehung endet, sind wir möglicherweise nicht nur wütend, sondern wir spüren auch, wie sich noch andere heftige Gefühle in uns regen. Unsere Hoffnungen für die Zukunft, unser Selbstvertrauen und unsere Bemühungen um ein erfolgreiches Leben sind in ihren Grundfesten erschüttert. Wir mögen von Kummer und Verzweiflung überwältigt sein. Die schwierigere, doch seelenvolle Methode, diesen Gefühlen zu begegnen, besteht darin, zu erkennen, daß unsere optimistischen Zukunftsgedanken und unser Selbstvertrauen allein durch diese Eingriffe »wachsen« können und daß beide auf jeden Fall nicht so gefestigt sind, wie wir glauben. Sie bedürfen beide vielleicht einer durch das Scheitern der Beziehung veranlaßten, erneuten Überprüfung. Möglicherweise erkennen wir dann, daß Schmerz und Trauer wesentliche Bestandteile unseres Seelenlebens sind.

Ich würde gern zu der bereits früher in diesem Kapitel angesprochenen Idee zurückkehren, daß das Ende einer Beziehung als ein beschwerlicher Übergangsritus für die Seele anerkannt und erfahren werden kann. In einem Ritual, das Mircea Eliade beschrieben hat, wird ein zwölfjähriger Junge in den Urwald gebracht und mit Blut bestrichen. Später durchbohrt man seine Haut, und er bekommt einen neuen Namen. Danach wird der Junge von seinem Stamm wie ein Verstorbener betrauert. Im nächtlichen Urwald hört er die heiligen Lieder. Am nächsten Tag verbindet man seine Augen und verstopft seine Ohren. Der Junge wird bei all dem von einem Erwachsenen begleitet. Eliade schreibt über diesen jungen Mann:

Er stirbt der Kindheit, daß heißt der Unwissenheit und der Unverantwortlichkeit. Darum weinen und klagen seine Angehörigen: Wenn er aus dem Wald zurückkommt, wird er ein anderer sein, er wird nicht mehr das Kind sein, das er vordem war. Wir haben soeben gesehen, wie er eine Reihe von Einweihungsproben bestehen muß, in denen er Angst, Schmerz und Qual zu ertragen hat, die ihn aber vor allem zwingen, in eine neue Seinsweise einzutreten, in die Seinsweise des Erwachsenen ...[2]

So wie alle Einweihungen ein Ende fordern, ist jedes Ende eine Einweihung. Gerade dann, wenn wir glauben, wir stünden kurz vor einem Erfolg, finden wir uns möglicherweise in einem unkultivierten Urwald wieder. Wir mögen den Verlust und die Regression spüren und möglicherweise glauben, wir hätten Zeit vergeudet und wären wieder dort, wo wir angefangen haben, hinter den anderen, deren Leben so erfolgreich zu sein scheint. Wir kommen uns vielleicht blind und taub vor und wenden uns an Freunde um Trost und ein wenig Hilfe. Oder wir sind überaus empfindlich und fühlen uns vom Schicksal gebeutelt und wie erschlagen.

Womit ich nicht sagen will, daß wir uns kindlich und untauglich vorkommen müssen, nur weil unsere Beziehung endete. Selbst die erfahrensten und seelenvollsten Menschen werden nicht davon verschont. Niemand erreicht jemals den Punkt, an dem er gegen weitere Seelenentwicklungen immun ist; die Seele ist unendlich ergiebig. Es besteht kein Mangel an jenem Rohmaterial, das Leben und Persönlichkeit liefern muß.

Wir müssen erkennen, daß nicht das Selbst, sondern die Seele eingeweiht wird. Es ist nicht das »Ich«, das erwachsen werden und jene heiligen Lieder hören muß, die von den Geheimnissen des Erwachsenenlebens künden. Meine schönen Theorien über Beziehungen, meine Sicherheit in bezug auf meine Fähigkeiten, meine anmaßende Überzeugung, ich sei einem anderen ein wertvoller Gefährte, die Kontrolle, die ich über meine Zukunft besitzen möchte, meine Vorstellungen davon, was eine gesunde Beziehung ist und was nicht – diese und viele andere Gedanken und Phantasien müssen vielleicht selbst den Übergangsriten unterworfen werden, bevor sie dem Erwachsenenleben dienen und ihre Rolle in den heiligen Mysterien der Intimität spielen können. Eliade schreibt, daß der Neophyte »Enthüllungen des Heiligen, des Todes und der Sexualität« unterworfen worden ist. Ein Ende kann die Gelegenheit sein, dem Leben in seinen elementarsten und ehrfurchtgebietendsten Formen zu begegnen, einschließlich Tod und Sexualität.

Wenn wir das Ende einer Beziehung als Einweihung der Seele betrachten, bleibt das für die Psychotherapie nicht ohne Folgen. Häufig begeben sich Menschen wegen eines drohenden Endes, nach einer Scheidung oder in dem vergeblichen Versuch, das Ende der Beziehung zu verhindern, in Therapie. In all diesen Fällen könnte man die Therapie als Gelegenheit betrachten, einem Menschen zu helfen, dessen Seele gerade initiiert wird. In Eliades Bericht stellen die Älteren die Riten auf und geleiten den jungen Menschen hindurch, wobei sie sorgsam darauf achten, daß der Neophyte jenes Zittern und Zagen am eigenen Leibe erfährt, das die Riten begleitet, wissend, daß eine Einweihung ohne jene starken »negativen« Gefühle nicht wirksam sein kann. Ein Therapeut könnte etwas Ähnliches tun. Er könnte einem Menschen helfen, in jenen Gefühlen und Bildern zu verharren, die das Ende einer Beziehung begleiten. Diese Erfahrung wäre nicht nur für die Seele von großem Nutzen, sondern dadurch wäre auch die Entscheidung darüber, wie es mit der Beziehung oder dem, was von ihr geblieben ist, weitergehen soll, fest in der Seele verwurzelt. Letztlich kann Seelenarbeit unser Leben mehr bereichern als die üblichen »hilfreichen« Reaktionen auf das Ende einer Beziehung – wie zum Beispiel den Menschen vor dem Schmerz zu bewahren; eine Beziehung unter allen Umständen, koste es, was es wolle, am Leben zu erhalten; keinem andern Menschen zum Opfer zu fallen; zu verstehen, weshalb das alles geschehen ist, und so weiter.

Was nicht heißen soll, daß wir ein Ende einfach hinnehmen sollen, weil es gut für uns ist. Dadurch würden wir nur einen anderen Menschen für unsere Zwecke benutzen. Das wahre Ende, das nichts mit einem schützenden Rückzug gemein hat, ist nicht nur auf eine Folge von Entscheidungen zurückzuführen, auch Schicksal und Zeit spielen dabei eine Rolle. Wenn sich in einer Ehe, Familie, Freundschaft oder innerhalb einer Gemeinschaft eine tiefe Verbundenheit entwickelt hat, sollte man sie nicht ohne weiteres aufgeben. Wir können uns über das Ende einer Beziehung aufregen und dennoch eingeweiht werden. Ficino findet dazu starke Worte, die heute noch genauso relevant sind wie früher:

Pythagoras fordert, daß wir einen Freund nicht einfach gehen lassen, aus welchem Grund auch immer. Statt dessen sollten wir solange wie möglich bei ihm bleiben; so lange, bis wir uns gezwungen sehen, ihn gegen unseren Willen ganz zu verlassen. Es ist eine ernste Sache, Geld fortzuwerfen, aber einen Menschen fortzuwerfen, ist um einiges ernster. Nichts im menschlichen Leben findet man so selten, nichts besitzt man lieber. Kein Verlust ist niederdrückender oder gefährlicher als der Verlust eines Freundes.

Das Ende einer Beziehung ist eine Zeit schwieriger Gefühle, trotziger Phantasie und einer Verletzlichkeit der »gefährlichsten« Art, um mit Ficino zu sprechen. Es ist auch für die Seele eine kritische Phase; eine Chance, entweder auf eine neue Ebene der Offenheit zu gelangen, oder sich in die Unnachgiebigkeit zurückzuziehen. Wenn wir an die Seele und nicht an Äußerlichkeiten oder unseren emotionalen Schutz denken könnten, würden wir möglicherweise erkennen, daß das Ende einer Beziehung eine Tür ist, die sich in eine unbekannte und vielversprechende Welt öffnet. Und wir könnten entdecken, daß es trotz des Endes möglich ist, im Rhythmus und unter Führung des Schicksals zu tanzen und nicht nur zu überleben, sondern in eine unbekannte Welt unübertroffener Vitalität einzutreten.

10 Pathologien der Liebe

Pathos gehört zu jenen großen Wörtern, die – wie Logos, Eros, Dharma, Tao und Essenz – nicht definiert werden können und auf weitreichende Mysterien von unauslotbarer Tiefe hinweisen. Die alten Griechen bezeichneten mit dem Wort Pathos das Gefühl, die gefühlte Erfahrung, das simple Beeinflußtsein und den Einfluß des Göttlichen auf das menschliche Leben. Wir finden Pathos auch in der Kunst, besonders in der Musik, wie in Beethovens seelenaufwühlender Sonate, der Pathétique, oder in Tschaikowskys gleichnamiger Symphonie. Es wäre gut, uns daran zu erinnern, wenn wir über einen moderneren, weniger ästhetischen Gebrauch des Wortes in der Medizin und der Psychologie nachdenken – über die Pathologie.

In den Wörterbüchern wird Pathos unter anderem als »Leiden« definiert. Doch diese Definition ist nicht nur beschränkt, sondern auch irreführend. Wenn wir die Last des Lebens spüren, wenn zum Beispiel jemand gestorben ist, der uns nahestand, wenn eine innige Liebe unerwartet zu Ende geht oder wenn wir mit einer bedeutsamen Veränderung konfrontiert werden, können wir die Last dieser Erfahrung »Leiden« nennen, weil sie uns aufrüttelt, verwirrt und schmerzt, da wir nicht wissen, wie es weitergehen soll. Doch von einem weniger subjektiven Standpunkt aus gesehen ist Pathos die Einladung an etwas Engelgleiches, Schicksalhaftes oder Übernatürliches. Pathos ist weniger persönlich und schöpferischer, als das Wort »Leiden« nahelegt.

Ziehen wir den alten religiösen Gebrauch dieses Wortes in Betracht, müßten wir einen psychologischen »Pathologen« als jemanden beschreiben, der sich um die Störungen der Seele kümmert, die durch göttliche Einmischung oder ein philosophisches Trauma verursacht wurden. Wenn wir jene Pathologien, die häufig mit einer Freundschaft einhergehen, untersuchen, könnten wir sie uns als ein durch tiefgreifende, schicksalhafte Veränderungen und eine Neuordnung des Lebens und der Persönlichkeit verursachtes Vibrieren vorstellen.

Normalerweise sind alle Formen der Pathologie zersetzend und schmerzhaft, doch wie wir gesehen haben, kann man sie auch als Gelegenheiten für eine bedeutsame Seelenentwicklung betrachten. Selbst eine Krankheit kann der Seele etwas Wertvolles geben. Sie schenkt uns stets, trotz all unserer Bemühungen, die Chance, eine Ursache für den momentanen Zustand zu finden, mit Mysterien, über die man meditieren und denen man sich emotional stellen kann. Wenn man in ein Krankenhaus oder zu einem Arzt geht, wenn man geröntgt oder wenn einem Blut abgenommen wird, ertappt man sich möglicherweise dabei, wie die Phantasie explodiert, was häufig von heftigen Gefühlen begleitet wird. Jene Pathos-Erfahrungen lösen Erinnerungen an die Kindheit sowie Hoffnungen und Befürchtungen in bezug auf die Zukunft aus. Zweifellos erschüttert eine ernste Krankheit die Seele noch stärker und bietet ihr ungewöhnlich fruchtbares Material zum Nachdenken.

In einem Tagebucheintrag aus dem Jahre 1975 verbindet Mircea Eliade den einweihenden Aspekt der Krankheit mit der spirituellen Laufbahn eines Schamanen:

> ... mit der Krankheit verknüpfte Probleme wie psychische Krisen, aber auch Schmerzen körperlicher Natur (Fieber, Migräne, rheumatische Beschwerden) können als Einweihungsversuche verstanden werden. Die Enthüllung der religiösen Bedeutung der Krankheit und des körperlichen Schmerzes stellt einen wesentlichen Beitrag des Schamanismus zur Geschichte des Geistes dar.[1]

Eliades Kommentare sind nicht nur wichtig, sondern auch fruchtbar. Wenn der Schamane eine hochgestellte Person ist, dann nur, weil er eine Möglichkeit gefunden hat, tief in der heiligen Phantasie zu leben. Doch er kann auch als ein Vorbild für jeden Menschen betrachtet werden, der durch eine Krankheit auf seine eigene, bescheidene Art und Weise tiefer in das Reich der Seele eindringt. Weitere Beweise für die Verbindung zwischen Krankheit und Seelenentwicklung sind in den Biographien vieler christlicher Mystikerinnen des Mittelalters zu finden, die oft starken körperlichen Symptomen ausgesetzt waren, die manchmal jahrelang andauerten, bevor sie die göttliche Liebe erfuhren (die heilige Teresa von Avila und Hildegard von Bingen gehören zu den bekanntesten dieser Mystikerinnen).

Es ist nicht schwierig, von körperlichen Gebrechen auf die Krankheiten der Liebe zu kommen und zu erkennen, daß auch sie Einweihungen in jenen spirituellen Zustand sind, der den Durst der Seele stillt. Die Überlieferungen lehren, daß die Liebe ein Dämon, ein Geist, ein Engel, ein Schwindler, eine Krankheit oder eine Verrücktheit ist. So überrascht es nicht, daß wir Liebe häufig pathologisch erfahren. Liebe und Zuneigung können so schmerzliche Gefühle wie Melancholie, Eifersucht, Trennungsangst, eine bestimmte Form der Einsamkeit, Kummer, Desillusionierung, Liebesverlust, Wut, Unsicherheit, Identitätsverlust verursachen und ein Gefühl, als würde man ersticken. Diese Liste ließe sich noch endlos weiterführen. Die einzige Überraschung ist, daß wir nicht nur überrascht sind, wenn sich die dunklen Seiten der Liebe zeigen, sondern, daß diese sich selten in die Behaglichkeit eines ruhigen und geordneten Lebens einfügen.

Manchmal wird die Intimität von einer unerwarteten, emotionalen Unsicherheit begleitet. Ich hörte von mehreren Menschen ähnlich klingende Geschichten. Als sie noch allein lebten, waren sie glücklich und sorglos. Sie waren selbstsicher, zufrieden, unabhängig und fühlten sich sicher. Dann verliebten sie sich, die Sicherheit schwand und wurde von einer weniger vertrauten Angst ersetzt.

Jene Unsicherheit zeigt sich möglicherweise auch in dem morbiden Interesse an den früheren Beziehungen eines neuen Partners. Ein Arzt berichtete mir von seiner extremen Eifersucht in bezug auf seine Frau, die offenbar vor ihrer Ehe viele intime Beziehungen gehabt hatte. Er reagierte äußerst empfindlich auf jeden Gegenstand in seinem Haus, der möglicherweise von einem früheren Liebhaber seiner Frau herrührte. Selbstquälerisch stellte er ihr Fragen über diese Männer, und war einerseits erfreut, einen neuen Beweis für ihre Intimität zu finden, andererseits bereitete ihm diese Vorstellung unerträgliche Schmerzen. Immer wenn seine Frau Post oder Telefonanrufe von Menschen bekam, die er nicht kannte, wurde er mißtrauisch. In seinen Träumen sah er seine Frau mit anderen Männern. Die Eifersucht schlug ihm auf den Magen.

Eines Nachts hatte er einen Traum, der aus dem Rahmen fiel. Er träumte, sein Hosenschlitz stünde offen. Er zog den Reißverschluß hoch. Dann gesellte sich sein Cousin zu ihm, ein schüchterner Mann, um mit ihm zu sprechen. Während des Gesprächs sah unser Träumer in einem Spiegel, daß sein Hosenschlitz immer noch offen stand. Sein Cousin berichtete ihm, daß sein Großvater soeben gestorben sei. »Wie traurig«, antwortete der Träumer, »daß er ohne seine Frau sterben mußte.«

Dieser kurze, voller Mysterien steckende Traum führte zu einer Unterhaltung über Spiegel, Reflexion und Unsicherheit. Der

Arzt war besonders von der Vorstellung erschüttert, daß er in bezug auf seine Verletzlichkeit – den offenen Hosenschlitz – nichts unternehmen konnte. Mich interessierte der Tod des Großvaters. Möglicherweise handelte es sich hierbei um eine tiefe Quelle der Väterlichkeit, gepaart mit dem Problem, Großvater und Großmutter zusammenzubringen. All diese Themen, von denen einige darauf hindeuten, daß dieses Problem schon seit langem existiert, wiesen darauf hin, daß hier große Seelenarbeit vonnöten war. Ich fragte mich vor allem, ob dieser Arzt nicht eine andere Möglichkeit als die narzißtische Reflexion (den Spiegel) finden könnte, um wirklich zu erkennen, wie entblößt und verletzlich er war.

Für mich deutete die Schonungslosigkeit seiner Gedanken und Träume darauf hin, daß die Unsicherheit, die er mit der Ehe verband, tiefere Wurzeln und weitreichendere Folgen hatte. Sie wiesen auf eine fundamentalere Unsicherheit hin, die sich auch in anderen Lebensbereichen zeigen mußte. Und tatsächlich ging er, obgleich ein erfolgreicher junger Mann in dem Krankenhaus, in dem er beschäftigt war, zögernd und unsicher vor. Manchmal überwältigte ihn die Verantwortung für seine Patienten derart, daß er mit dem Gedanken spielte, seinen Beruf aufzugeben. Er gestand mir, das er sich manchmal vorstelle, als Taxifahrer zu arbeiten; ein Job, in dem er seiner Meinung nach keine Sorgen und nur wenig Verantwortung hätte.

Mir schien es, als habe eine tiefe Liebe den grundlegenden Masochismus und die Unsicherheit dieses Mannes geweckt und in den Mittelpunkt geschoben. Er nahm seine eifersüchtigen Gedanken und Gefühle für bare Münze und glaubte, einen Fehler gemacht zu haben, weil er eine nicht gerade tugendhafte Frau geheiratet hatte. Doch auch andere Träume, in denen er überfallen, verwundet und geschlagen worden war, andere Geschichten über sein Leben, waren von mangelndem Selbstvertrauen und von Ängstlichkeit geprägt. Sie zeigten, daß seine Zw vorstellungen eher seinem Seelenzustand als der Vorgeschichte seiner Frau entsprangen. Seine Ehe verstärkte nur einen Zustand, der bereits jeden einzelnen Lebensbereich beeinflußte.

Einer der Vorteile der Seelenarbeit gegenüber dem Versuch, einfach eine Lösung für die schmerzlichen Fragen zu finden, besteht darin, daß ersteres die Gelegenheit bietet, der Sache auf den Grund zu gehen; das vom Intellekt definierte Problem zu durchschauen. Wenn wir beide uns nur auf die Beziehung zu seiner Frau konzentriert hätten, wären wir vielleicht nie mit den tieferen Schichten seiner Unsicherheit in Berührung gekommen. Indem er sich auf die nüchternen Einzelheiten seiner Eifersucht konzentrierte, lenkte er sich von dem tiefsitzenden und weitreichenden Problem ab und schützte sich so. Als wir weiter vordrangen, konnten wir ältere und grundlegendere Verhaltensmuster untersuchen, wo er sein Selbstvertrauen verloren und nach einfachen Auswegen Ausschau gehalten hatte. Taxifahrer zu werden, war ein Mythos, den er auf unterschiedliche Weise gelebt hatte, und tatsächlich war ihm diese Idee auch in anderen Situationen gekommen.

Eine stürmische Liebe kann die Seele in den Vordergrund schieben, wo sich dann im Schauspiel von Ehe und Trennung alte Verhaltensmuster zeigen. Unter solchen Umständen ist es äußerst hilfreich, sich daran zu erinnern, daß die Seele stets mehr als nur das unmittelbare, konkrete Leben umfaßt, und einen Zeitraum abdeckt, der weit über das Hier und Jetzt eines störenden Problems hinausgeht. Ich stelle mir die Seele so ähnlich wie Dantes Reich vor, in dem es viele Ebenen der Freude und des Leidens gibt. Ein scheinbar akutes Problem zeigt uns nur einen kurzen Blick auf einen Seelenkampf. Es ist an uns, unsere Phantasie zu benutzen, um weitere Ebenen wahrzunehmen und uns um die beunruhigte Seele zu sorgen. Eine andere Möglichkeit, Rilkes seelenvolle und persönlich anwendbare Kosmologie zu benutzen: »Alle Welten des Universums tauchen ins Unsichtbare wie in ihre nächsttiefere Wirklichkeit.« Träume nehmen die Ereignisse des Lebens mit in ihre nächsttiefere Wirklichkeit. Durch den beherzten Gebrauch der Phantasie können wir das gleiche mit unserer erwachten Unsicherheit tun. Wir sollten immer daran denken, daß Liebe nicht nur in der Beziehung zweier Menschen eine Rolle spielt, sondern darüber hinaus eine Angelegenheit der Seele ist; eine Angelegenheit, die alles umfaßt, was für die Seele wichtig ist, auch wenn einiges davon möglicherweise nicht unmittelbar etwas mit der Beziehung zu tun hat.

Lassen Sie mich noch kurz auf die starke Empfindsamkeit gegenüber jenen Dingen zu sprechen kommen, die die Eifersucht dieses Arztes erregten. Seine Unsicherheit nährte seine Phantasie, so daß die Welt selbst zum Leben erwachte. Es wäre zuviel gesagt, daß die Welt der Gegenstände durch seine Eifersucht seelenvoll geworden wäre. Aber sie trug emotionale Züge und löste in seinem Kopf sofort Geschichten und Szenen aus. Ich denke, es war wichtig, daß seine Phantasie erwachte. Denn seine Unsicherheit entsprang letztlich nicht einem Mangel an Selbstvertrauen, sondern seinem schwachen Vorstellungsvermögen. Er hatte nicht das Herz, mutig in die Welt zu treten, weil er sich nicht vorstellen konnte, daß er ihr ebenbürtig war. Er schien es vorzuziehen, weiter durchs Leben zu humpeln und einen Großteil seiner Energie auf die Selbstanalyse zu verschwenden, die keine Früchte zu tragen schien. Der erste Schritt bei unserer Zusammenarbeit bestand darin, an einen Punkt zu gelangen, an dem wir beide ein Gefühl für seine Lähmung bekamen, ohne es in einer stagnierenden Analyse und verzweifeltem Selbstmitleid verkommen zu lassen.

Liebe dient, selbst mit ihrer Eifersucht, der Seele, weil sie uns auf die eine oder andere Weise verrückt macht. Bei dieser Verrücktheit handelt es sich einfach nur um den Zusammenbruch unserer normalen Abwehr. Mein Klient suchte in jedem Lebensbereich, einschließlich Ehe und Beruf, einen Platz, an dem er sich verstecken konnte. Seine Eifersucht, so zersetzend sie auch war, lud ihn ein, in einer größeren Welt zu leben, in der er nicht so mißtrauisch und ängstlich sein mußte. Und während er jene dunklen Stellen seiner Vergangenheit und Gegenwart erforschte, an denen sich ein Mangel an Mut und Phantasie zeigte, fand er nach und nach Möglichkeiten, sein Herz zu öffnen. Indem er andere Lebensbereiche intensiver lebte, gewann er Selbstvertrauen in bezug auf seine Frau. Seine eifersüchtigen Gedanken waren Bruchstücke seiner eigenen verlorenen Vitalität. Sie mußten nur nach Hause gebracht und zu Herzen genommen werden. Erst dann konnte er zu einer offeneren, ehrlicheren Lebensweise finden. Als ihm dies gelungen war, begann er, in allen Lebensbereichen mehr zu riskieren. Und angesichts dieses Mutes schwand auch nach längerer Zeit seine Eifersucht.

Wenn wir zulassen, daß die Eifersucht uns dort berührt, wo wir verändert werden, kann sie dem Mut Platz machen. Das Selbstmitleid, das oft der Eifersucht zugrunde liegt, wird von einem starken Widerstand dagegen begleitet, die wahren Unzulänglichkeiten und Fehler zu verstehen. Sobald diese erst einmal als zum menschlichen Leben gehörend akzeptiert wurden, kann sich der Mut, der durch ein falsches Bild der Stärke unterdrückt worden war, zeigen. Eifersüchtige Menschen sind oft wütend oder verletzen andere, was ihre Unsicherheit verrät. Durch die Einweihung mittels Eifersucht ist es ihnen vielleicht möglich, eine positive und stabile Charakterstärke zu entwickeln. Was das angeht, so können wir die Schwierigkeit des Mannes, seinen Hosenschlitz zu schließen, erstens als ein Symptom für sein Gefühl, verletzlich zu sein (ein schmerzliches Problem, dem er sich nicht erfolgreich stellen konnte), und zweitens als einen Schlüssel zu jener seelenvollen Verletzlichkeit betrachten, die er brauchte, um sich seiner Unsicherheit zu stellen. Man darf sich seiner selbst nicht bewußt sein; man muß entblößt, verletzlich und durchschaubar sein und in gewisser Weise »mit offenem Reißverschluß« dastehen, um seinen Mut zu finden.

Machtfragen

Ein andere Form der Pathologie, die sich in einer intimen Beziehung entwickeln kann, konzentriert sich auf die Machtfrage. Langsam, leise und unbeabsichtigt kann einer der beiden Partner autoritär werden, und der andere Partner unterwirft sich dieser Autorität gewohnheitsmäßig. In einigen Fällen spielen sich die beiden Partner die Macht zu, die jedoch so polarisiert ist, daß einer stets den Herrschenden und der andere immer den Unterwürfigen spielt.

In jeder menschlichen Beziehung, in jedem Miteinander, geht es um Macht, und um die Kontrolle über den anderen. Wir könnten ein Gespräch zweier Menschen analysieren und den Machtwechsel graphisch darstellen. Diese Macht kann sich als Autorität, Persönlichkeitsstärke, in Gefühl und Artikulation, durch Manipulation, Belehrung, Wissen oder Rang kundtun. Auch der Grad der Beherrschung und Unterwürfigkeit variiert stark, so daß bei einigen Interaktionen das Ungleichgewicht nur sehr geringfügig ist, während es bei anderen extreme Ausmaße annimmt.

In Ehe, Familie und Freundschaft, wo immer sich Intimität entwickelt, sind die Ränke der Macht nur schwierig zu erkennen und zu behandeln. Im Laufe meiner Therapiepraxis hörte ich oft, wie sich Menschen als Opfer beschrieben. Doch schon nach einem kurzen Gespräch, manchmal bereits nach wenigen Sätzen, wurde offensichtlich, daß das angebliche Opfer keineswegs willenlos und ohne Kontrolle war. Oberflächlich betrachtet mag es so aussehen, als sei es klar, wer die Zügel in der Hand hat, aber unter der Oberfläche ist das Verhaltensmuster oft genau entgegengesetzt. Je masochistischer sich ein Mensch fühlt und verhält, desto verborgener und deshalb auch zerstörerischer kann sein Sadismus sein.

In meinem Buch *Dark Eros* habe ich mich ausführlich mit sadomasochistischen Beziehungen beschäftigt.[2] In diesem Buch möchte ich nur ein paar Vorschläge für den Umgang mit der Macht machen. Zuerst die vielleicht schwierigste Lektion: Sie sollten wissen, daß Machtprobleme voller Paradoxa sind. Zum Beispiel muß gerade jener Mensch, der sich schikaniert und machtlos vorkommt, lernen, wie man verletzlich, offen und für Macht empfänglich wird, ohne buchstäblich am Boden zerstört zu sein. Sich an die Machtlosigkeit zu klammern ist ein Weg, Machtverhalten zu meiden. Ein Mensch, der sich als Opfer sieht, ist nicht machtlos. Die Macht zeigt sich nur in einer anderen Form, die wie bloße Empfindsamkeit oder wie eine Zurschaustellung von Wut und Aggression, leeren Drohungen, Spott und Flüchen aussieht.

Die unwirksamste Reaktion auf Machtprobleme ist eine oberflächliche Kompensation. Menschen, die sich mit der Opferrolle identifizieren, fühlen sich möglicherweise berechtigt, sehr aggressiv und wütend zu reagieren. Da bei diesen Gefühlsausbrüchen nichts darauf hinweist, daß in der Seele etwas aufgearbeitet wurde, und da ihnen, falls überhaupt, nur wenig Erfolg beschieden ist, verschlimmern diese Ausbrüche die Situation nur noch mehr. Man kommt sich noch machtloser vor, wenn die Wutausbrüche wirkungslos verpuffen.

Die Heilung ist schwierig. Wer sich als Opfer sieht, möchte nicht verletzlich sein. Er fürchtet sich vor noch mehr Verletzungen. Doch die Lösung besteht darin, noch weiter in die Seele einzudringen und das Gefühl der Verletzlichkeit und der Macht zu vertiefen. Im Gegensatz zu dem, was uns der sogenannte gesunde Menschenverstand einreden möchte, sorgt ein Wutausbruch nur dafür, daß die Situation unklar bleibt. Ich würde niemals jemandem raten, seine Wut herauszulassen. Ein rohes, nacktes Gefühl hat kaum Zugang zur Seele. Andererseits ist die Erregung das Rohmaterial für Gefühle. Die Wut eines Menschen ist wichtig, genauso wichtig wie rohe Nahrung für den Körper, denn auch die Wut muß, wie alle Opfergefühle, »verdaut« und assimiliert werden.

Wir haben bereits früher im Zusammenhang mit dem Ende einer Beziehung über die Wut gesprochen. Doch da sie ein wichtiger Bestandteil der Beziehung im allgemeinen ist, scheint es sinnvoll, sie hier noch weiter zu untersuchen, und zwar als Form der Pathologie. Wir haben gesehen, daß die Wut, wenn sie in subtilere Gefühle und Phantasien aufgespalten wird, auf unterschiedliche Weise assimiliert werden kann: als Entschlossenheit, Stärke, Sicherheit, Autorität, Selbsterkenntnis, Selbstvertrauen, Vorstellungsvermögen und als Erdverbundenheit. Diese verfeinerten Formen der Wut beeinflussen das Leben und werden als Charakterbestandteile in die Seele hineingezogen. Hier handelt es sich nicht um flüchtige Ausbrüche, sondern um Ressourcen, die auch mit anderen Aspekten der Seele verbunden sind, zum Beispiel mit Ansichten und Absichten, der Phantasie und den Werten.

Seelenvolle Wut ist für unseren Selbstschutz und für den Erfolg in der Welt wichtig. James Hillman stellte fest, daß die Wut uns wissen läßt, wenn etwas nicht stimmt, und daß, wenn wir sie unterdrücken oder ignorieren, unsere Umwelt sich möglicherweise tatsächlich gegen uns stellt. Im umfassenderen Sinne regt uns, wie schon die Überlieferung lehrt, diese Form der Wut in allem an, was wir unternehmen. Sie schenkt uns Eindringlichkeit und Resonanz und jenes martialische Vertrauen ins Leben, das uns mitten in die Welt stellt und erfolgreich macht.

Wie die bloße, nackte Wut müssen auch jene Opfergefühle, die sehr oft von der Wut getrennt werden, kultiviert und veredelt werden, und zwar im alchimistischen Sinne, durch Reifen und

Verfeinerung. Der Wunsch, nicht länger das Opfer zu sein, ist genauso eine Gefühlsregung wie die nackte Wut und weist uns die erforderliche Richtung. Aber es wäre ein Fehler, dieses Zeichen wörtlich zu nehmen und sich als Opfer zu sehen. Die Psychoanalyse betrachtet die Identifikation als Abwehrform. In diesem Fall würde es sich um eine Abwehr des eigenen martialischen Geistes handeln. Das bloße Gefühl, schikaniert zu werden, muß geklärt, zu Herzen genommen und in subtilere Formen der Verletzlichkeit, Empfänglichkeit und in die Fähigkeit, betroffen zu sein, umgewandelt werden.

Es braucht Mut und Geduld, um die von mir beschriebene Alchimie durchzuführen. Es mag leichter erscheinen, der Wut nachzugeben oder die Mitgefühl heischende Opferrolle weiterzuspielen. Wir müssen vielleicht entdecken, daß es möglich ist, sich anderen zu öffnen; daß wir unsere Fehler, unsere Blindheit und unsere Abhängigkeit zugeben können, ohne die persönliche Macht oder das Gefühl einer starken Identität zu verlieren. Wir müssen vielleicht auch erkennen, daß wir eindringlich, individualistisch, heftig, zielstrebig und sogar intolerant sein können, ohne unsere Empfindsamkeit zu verlieren.

Wenn alles gutgeht und die Alchimie stimmt, wird es schwierig werden, persönliche Offenheit vom persönlichem Selbstvertrauen und persönlicher Stärke zu trennen. Jede dieser Eigenschaften läßt die andere gelten und unterstützt sie. Wut muß nicht reaktionär sein. Für Beeinflussungen offen zu sein, das muß nicht heißen, daß man passiv ist und sich als Opfer sieht.

Traditionelle Gesellschaften, die beim Verständnis ihrer Gefühle eher auf Bilder als auf Ideen vertrauen, haben uns gegenüber viele Vorteile. Ob sie auf die Lebensintensität in Gestalt von Mars, Hera, Kali oder auf andere poetische Gestalten hinweisen, sie besitzen die Mittel, mit ihrer Vorstellungskraft die Widersprüche und Paradoxa anzunehmen, die stets gegenwärtig sind, wenn eine derart wichtige Dimension des Lebens nicht in zwei Bereiche geteilt ist. Wir können von diesen Überlieferungen lernen, unsere Gefühle subtiler zu sehen; das Leben nicht moralisierend in unterschiedliche dualistische Muster zu teilen, und jeden Tag mit der Weisheit leben, die den Dingen auf den Grund geht, statt sie in rationale Kategorien zu übertragen. Die Art und Weise, wie wir Wut und Opferbereitschaft sehen, ist sowohl das Problem als auch die Lösung.

Von der Liebe besessen

Die Seele mag nach Zuneigung und Liebe dürsten, sich jedoch aus dem einen oder anderen Grund zusätzlich nach etwas sehnen, was sie im normalen Leben nicht finden und deshalb durch eine gewöhnliche Beziehung nicht befriedigt werden kann. Deshalb sind Menschen oft von einer Liebe besessen, die einen unsichtbaren Gegenstand zum Inhalt hat, oder von einer Liebe, die sich nicht ohne weiteres ins normale Leben integrieren läßt. Das heftige Verlangen der Seele kann im Leben keinen angemessenen Ausdruck finden.

Ich habe einmal mit einem Mann gearbeitet, dem es gefiel, einen bestimmten Notruf für telefonische Beratung anzurufen. Er hatte sich in die Frau verliebt, mit der er über einen kurzen Zeitraum regelmäßig telefoniert hatte. Wochenlang ging sie ihm nicht aus dem Kopf, und er sprach bei jeder sich bietenden Gelegenheit von ihr. Die Regeln der Organisation verboten es ihr, sich mit einem Klienten zu verabreden. Doch angesichts ihrer gegenseitigen Sympathie beschlossen die beiden, sich zu treffen. Sie entdeckten schnell, daß ihre Telefongespräche um einiges berauschender gewesen waren als ihre Verabredungen. Nach wenigen Wochen endete ihre »Beziehung«.

Ich kannte eine Frau, die als leitende Angestellte für eine große Firma im Osten der Vereinigten Staaten tätig war. Eines Tages kam ein Mann zu ihr, um sich für einen Job zu bewerben; ein Mann, der sie vom Hocker riß. Sie verbrachten zwei wundervolle Tage miteinander, dann reiste er wieder zur Westküste. Sie schrieben sich fast jeden Tag, und die Kosten ihrer Telefonrechnungen stiegen. Nach sechs Monaten intensiver Leidenschaft aus der Entfernung trafen sie sich ein zweites Mal. Diesmal besuchte sie ihn zu Hause. Am Ende des ersten Tages fragte sie sich, was sie in diesem Mann gesehen hatte.

Und noch ein dritter Fall: Eine Therapeutin ist sehr beunruhigt, weil sie sich unsagbar in einen Patienten verliebt hat. Als er das erste Mal ihre Praxis betrat, legte sie ihn gedanklich unter psychopathisch ab. Es war ein finsterer Typ, ohne weiteres fähig, körperliche Gewalt anzuwenden, und vollkommen desinteressiert an Werten, die ihr teuer waren. Dennoch stellte sie sich vor, wie sie zusammen mit ihm davonlief, um an seiner Seite ein aufregendes Leben zu führen. Sie konnte wegen der rein beruflichen Beziehung nicht mit ihm über ihre Gefühle sprechen und ließ nichts über ihre intensiven Gefühle verlauten, wenn er zu einem Termin kam.

Auf diese Arten erotischer Besessenheit gibt es unterschiedliche Reaktionen. Es ist leicht für einen Freund oder Verwandten, mit erhobenem Zeigefinger vor den Gefahren und Fallen der Situation zu warnen. Doch meistens ist sich der Betroffene der lauernden Gefahren schmerzlich bewußt, ohne daß dieses Bewußtsein die Anziehungskraft verringern würde.

Ein Psychologe würde sagen, daß man nicht wirklich in den Menschen, sondern in die Eigenschaften verliebt ist, die dieser Mensch zeigt. Eignen Sie sich diese Eigenschaften an, würde er raten, und Sie werden von der Besessenheit befreit. Diese Version ist in therapeutischen Kreisen als »Zurücknahme der Projektionen« bekannt. Nach dieser Theorie handelt es sich bei der Projektion um einen Wahrnehmungsfehler, der durch die richtige Einsicht korrigiert werden kann.

Was wäre, wenn wir die erotische Besessenheit nicht als Verwirrung, sondern als Pathos im altmodischen Sinn verstehen würden; als ein leidenschaftliches Stück Leben, das versucht, in unser Leben einzubrechen? Die Tatsache, daß wir in unserer Besessenheit die »realistischen« Aspekte des Objekts der Begierde übersehen und uns auf das reine Entzücken konzentrieren, deutet darauf hin, daß das liebende Auge manchmal etwas sieht, für das das realistische Auge des Alltags blind ist. Der unwahrscheinliche Geliebte ist nicht nur einfach eine Leinwand, auf die Projektionen geworfen werden; sondern der von der Leidenschaft ergriffene Mensch wurde hinreichend weit aus dem Bereich der Vernunft gestoßen, um in dem Menschen, den er liebt, einen Engel oder Dämon zu sehen. Die Seele wird von beiden angezogen.

Vom Standpunkt der Seele aus betrachtet, ist es verheerend, die »Projektionen zurückzunehmen«, da die Seele sich offenbar nach der *mundus imaginalis*, der durch den geliebten Menschen heraufbeschworenen Welt der Vorstellung, sehnt. In bezug auf diese Welt braucht die Seele Vereinigung, keine Trennung. Und diese Vereinigung kann nicht einfach dadurch erreicht werden, daß man die geheimnisvolle Heimsuchung aus Gefühl und Phantasie auf bestimmte abstrakte Eigenschaften reduziert. Das menschliche Leben funktioniert nicht nach derart simplen Regeln. Aber was sollen wir tun, wenn wir den übermächtigen Gefühlen nicht nachgeben oder in ihnen schwelgen oder wenn wir uns bewußt von ihnen befreien möchten?

Eine Möglichkeit könnte darin bestehen, mit der Spannung zu leben, die sich aus den beiden Extremen Hingabe und Rückzug ergibt. Der Schritt zur Hingabe hält uns in den gefährlichen Gewässern des Seelenwunsches, während der Schritt von ihr fort uns davon abhält, unsere Wünsche prosaisch, ohne Phantasie, auszuleben. Wenn wir in der Spannung verbleiben, könnten wir die Phantasie dadurch zur Anwendung bringen, daß wir die

Geschichte unserer Besessenheit immer wieder erzählen und zulassen, daß nicht nur unsere Erinnerungen, sondern auch unsere Vorstellungen, Bilder und viele andere Wünsche wachgerüttelt werden. Diese Eigenschaft der Besessenheit weist darauf hin, daß die Seele tut, was sie tun muß, um die geschwächte Vorstellungskraft zu überwinden. Deshalb ist es unsere Aufgabe, sie genau dorthin zu bringen, wo eine statische Phantasie ihr Fehlen anzeigt.

Der junge Mann mit der »Telefonliebe« könnte lange Zeit über Stimmen – beispielsweise über die Stimme seiner Geliebten –, über die Vorteile einer Intimität aus der Ferne und über andere Phantasiegestalten, nach denen er sich sehnt, nachdenken. Er könnte seine Anziehungskraft als Reflexion eines positiven Seelenbedürfnisses verstehen und akzeptieren. Es könnte sein, daß die Telefonromanze zu einer »Ausnüchterung« der Phantasie dieses jungen Mannes führt.

Die Frau, die sich auf den ersten Blick verliebte und diese Liebe durch Briefe aufrechterhielt, könnte über die seltsame Art und Weise nachdenken, in der ihre Seele zum Leben erwachte. Eine Beziehung aus der Ferne kann für das Herz Dinge bewirken, die in einer engen, alltäglichen Gemeinschaft nicht möglich sind. Und Briefe können, wie wir bereits gesehen haben, ein ungemein wirksames Werkzeug sein, wenn es darum geht, die tiefsten Gedanken und Gefühle auszudrücken und sie so stilvoll und exakt zu artikulieren, wie es in einem Gespräch nur selten möglich ist. Diese Frau hat die Gelegenheit gehabt, zu erkennen, daß sie Idealbilder eines Geliebten geschaffen hat, die zwar von der Seele geschätzt werden, aber im wirklichen Leben nicht zu finden sind. Diese Bilder könnten jedoch auf bestimmte Werte hindeuten, die in ihrem Leben wichtig sind und ansonsten verborgen und unklar bleiben würden.

Obsessive Beziehungen können viele Formen annehmen. Aber im allgemeinen zeigen sie wieder einmal, wie mächtig die Bewegungen und Entwicklungen der Seele sind. Wenn die Seele zum Leben erwacht, verschwindet die gewöhnliche Weisheit des vernünftigen Lebens in ihrem Schatten. Was uns dazu bringen kann, auf einen rationalen Schluß, eine vernünftige Zurückhaltung oder Kontrolle zu drängen. Aber nichts davon ist letzten Endes wirksam. Eine weitere Unterdrückung verstärkt nur den Druck der Seele, die sich unbarmherzig ins Leben drängt.

Treue zur Seele ist die einzige Haltung, die uns letztlich sowohl vor einer seelenvollen Existenz als auch vor dem Wahnsinn schützt. Unsere stärksten Gefühle bergen in sich den Druck der Seele, die uns bittet, mit Werten zu ringen, die zwar der Vernunft widersprechen, aber die Entwicklung der Seele widerspiegeln. Auch ein seelenvolles Leben ist voller Vergnügen und Bedeutung, obgleich es von uns ein gewisses Maß an ungewohnter Exzentrik und Irrationalität als Preis für ein friedvolles Herz fordern mag. Und selbst der seelenvollste Mensch kann der Besessenheit verfallen, denn niemand kann die Erfordernisse der Seele vorhersagen oder sein Schicksal bestimmen. Einige scheinen in ihrem Leben zu einem heftigen Kampf mit ihren Dämonen – dem trotzigen Gesicht der Seele – berufen zu sein, während andere mit relativer Ruhe davonkommen. Ein jeder nach seinem Schicksal.

Rückzug der Liebe

Eine weitverbreitete und sehr schmerzhafte Liebeskrankheit ist jene, die man tief innen als Rückzug oder Abwesenheit der Liebe erfährt. Ein Mensch kann sich ungeliebt vorkommen, oder vielleicht nicht genügend Freunde haben, einsam, ohne Verlangen oder impotent sein. Liebe schenkt dem Leben sehr viel Vitalität, Bedeutung und Entschlußkraft. Und wenn die Liebe schwindet, selbst wenn es nur vorübergehend ist, kann einem das Leben unerträglich leer vorkommen, und ein Mensch mag versucht sein, extreme Maßnahmen zu ergreifen, um diese Leere zu füllen. Wir alle spüren die unterschiedlichen Rhythmen des sexuellen Verlangens und der Zeiten, in denen wir das Bedürfnis nach Gesellschaft oder ein Verlangen nach Einsamkeit spüren. Es ist verlockend, diese Rhythmen auf körperliche Ursachen zurückzuführen und einen Mangel an sexuellem Interesse als Folge von Müdigkeit oder Krankheit zu erklären. Eine Alternative besteht darin, einem Axiom der Psychologie der Archetypen zu folgen: Bleiben Sie bei diesem Symptom. Wenn unser Verlangen Schwankungen unterliegt, kann dies daran liegen, daß sich die Seele nach ihrem eigenen Rhythmus entfaltet. Wenn wir diesen Rhythmus als Problem erfahren, wenn wir uns also darüber sorgen, sexuell träge oder emotional distanziert zu sein, sollten wir vielleicht noch tiefer in diesen Zustand eindringen. Wir sollten den Verlust des Verlangens nicht als ein Versagen des Ego oder des Charakters interpretieren, sondern eher als einen Rückzug des Eros', der von einem geheimnisvollen Seelenstandpunkt aus seine eigenen Absichten und Werte verfolgt.

Die meisten von uns müssen lernen, rhythmisch bewußter zu leben. Die mittelalterliche Medizin zog eine Parallele zwischen dem Rhythmus der Musik, den Jahreszeiten und den tonalen Schwankungen der Seele. Die Seele spielt ihre eigene Musik, nach ihren eigenen Rhythmen und Tempi, die nicht durch äußere Ursachen erklärt werden müssen. Um den Vergleich mit der Musik beizubehalten: Es gibt Pausenzeiten, wie die metrischen Pausen, die Fermaten und die Pausen in der Komposition. Wenn wir spüren, wie die Liebe weniger wird, sollten wir in dieses Gefühl eintreten. Vielleicht entdecken wir dabei den Rhythmus unserer Seele, was bereits ein erstrebenswertes Ziel ist. Es mag eine Zeit sein, in der die Seele zwangsläufig in der Liebe, dem Verlangen und der Sexualität ruhiger wird, um ein anderes Projekt zu vollenden.

Selbst wenn einem die Zeit, in der die Liebe leer oder abwesend scheint, irgendwie »falsch« vorkommt, könnte es nötig sein, daß man in die Stille eintritt. In der Psychologie der Archetypen begleiten wir das Symptom, weil es uns genau anzeigt, wie sich die Seele in dem Augenblick fühlt. Jeder andere Zug entspringt einer Stelle in unserem Kopf, die gerne die Seele überlisten und uns wieder in einen Zustand versetzen würde, den wir als »gesund« betrachten. Der einzige mögliche Weg – der Weg, der mit der Seele in Übereinstimmung steht – besteht darin, daß wir dem Symptom folgen.

Der Verlust des Verlangens gehört zum Rhythmus des Verlangens, und das Versagen in der Liebe ist eine der Möglichkeiten, wie wir Liebe erfahren. Wenn wir uns vor den schwierigen Gefühlen schützen, die den Rückzug der Liebe begleiten, schirmen wir uns vor der Seele ab. Und doch machen Menschen genau das – sie verstecken sich vor ihren schmerzlichen Gefühlen, ohne zu erkennen, daß sie sich dadurch von der Seele lösen. Und dann stellen sie fest, daß sie ein Rad betreten haben, das sich vielleicht jahrelang dreht und dreht und dreht. Wenn sie die Abwesenheit der Seele spüren, schützen sie sich, indem sie sich an jeden erreichbaren Ersatz klammern. Dadurch wird der Verlust nur noch schlimmer. Ein schmerzlicher und entmutigender Prozeß.

Als Therapeut, der versucht, der Seele gegenüber respektvoll zu sein, habe ich festgestellt, daß ich nur eines tun kann, nämlich für das zu sprechen, was sich in einem Augenblick zeigt. Jemand kommt zu mir und sagt: »Ich ertrage es nicht länger. Alle meine Freunde sind verheiratet. Sie können zusammen essen oder übers Wochenende fortfahren. Ich bin immer allein. Helfen Sie mir, jemanden zu finden.« Wenn ich meine Aufgabe darin sähe, den Wunsch meines Klienten zu erfüllen, würde ich mich mit ihm auf das verrückte, wirbelnde Rad der Verzweiflung begeben müssen. Statt dessen halte ich mich von den verzweifelten Bewegungen fern und versuche zu erspüren, wie es ist, an jenem Seelenort zu sein: »Ich habe niemanden. Ich bin allein. Ich kann die Freuden des Ehelebens nicht genießen. Was soll ich daraus lernen? Was muß ich entdecken, bevor ich aus meiner Verzweiflung erlöst werden kann?« So über seine Gefühle nachzudenken, hilft, Verständnis für sie zu entwickeln.

Vor etwas davonzulaufen, ist nicht der richtige Weg, um das zu finden, was gebraucht wird. Oder um es anders auszudrücken: Gegen die Einsamkeit anzukämpfen, ist keine Methode, eine Beziehung herzustellen. Wir müssen unserer Einsamkeit, ja sogar unserem lieblosen Leben behilflich sein. Alles andere steht im Widerspruch zu dem, was die Seele präsentiert. Nebenbei gesagt weist die »Ich-armer-Mensch«-Einstellung in bezug auf die Einsamkeit auf einen gewissen Narzißmus hin. Es ist ein Winseln um Erfüllung der eigenen Wünsche. Während die Seelenarbeit Großherzigkeit, ein breitgefächertes Wissen und die Bereitschaft, sich dem Schicksal zu öffnen, verlangt. Narzißmus deutet immer darauf hin, daß wir die Seele nicht so lieben, wie es erforderlich ist. Kann sein, daß uns das Yin und Yang von Liebe und Verlust nicht gefällt; also stöhnen und klagen wir. Doch die Seele verlangt von uns eine Vision des menschlichen Lebens, die erhaben und tief genug ist, um diese Widersprüche zu umfassen und ihre Weisheit zu würdigen.

Erstarrung und Distanz in einer Beziehung

Eine beunruhigende Erfahrung, die häufig die Menschen, die in einer Beziehung leben, überwältigt, ist nicht versengender, emotionaler Schmerz, Besessenheit oder hitziger Streit, sondern Kälte, Desinteresse, Distanz und eine Taubheit, die nach und nach von den Gefühlen und der Beziehung Besitz ergreift. Wir haben gerade gesehen, wie es jemand empfindet, wenn die Liebe aus seinem Leben schwindet. Auf ähnliche Weise spüren Menschen in Familien, Ehen und Freundschaften manchmal eine unerwartete Abkühlung oder eine Distanz, die vorher nicht vorhanden war. Doch trotz all der Leere, die den Beginn der Erstarrung anzeigt, hat diese Erfahrung auch ihr Gutes; eine archetypische, notwendige und sogar produktive Quelle im Herzen. Denn das Herz ist nicht nur warm und wird von warmem Blut durchflossen, es besitzt auch kalte Strömungen und eisige Zonen.

Möglicherweise erfährt man nie, weshalb eine Beziehung in die Erstarrung fiel. Wenn eine Beziehung heiß beginnt, könnte man erwarten, daß sie wenigstens warm bleibt, und die Frage scheint naheliegend, was mit unserem Partner oder mit uns nicht stimmt. Aber das Problem ist in Wahrheit vielleicht ein Geheimnis; eine unergründliche Veränderung in der Seele; ein Wandel, der sich unserem Verständnis entzieht.

Wann immer wir eine Beziehung vom Gefühl her für gut halten, nur weil sie warm ist, erweisen wir dem Teil der Seele, der nach Kühle verlangt, keinen guten Dienst. Vor vielen Jahrhunderten vertrauten Medizin und Philosophie der Doktrin der vier Temperamente, von denen das phlegmatische als von Natur aus kalt und feucht betrachtet wurde. Wir könnten von dieser alten Weisheit lernen, den kühlen Gefühlen und den Zyklen der Kälte, die einen Menschen oder eine Beziehung heimsuchen, Raum zu geben. Wir könnten die Ankunft dieses kühlen Gefühls als Beginn der phlegmatischen Phase der Beziehung betrachten. Und wir könnten uns von diesem Gefühl tragen lassen, jederzeit und überallhin.

Ein manchmal schwieriger, aber wichtiger Teil der Seel-Sorge besteht darin, genau zu erkennen, was vor sich geht. Es mag Zeit, Nachdenken, Gespräche oder eine Art von Therapie erfordern, die Gefühle und Phantasien herauszufinden, die zu diesem Zyklus gehören. Manchmal können diese Gefühle nicht nur mit der Entwicklung der Seele zusammenhängen, sondern auch mit unserer Reaktion auf diese Entwicklung. Eine kühle und distanzierte Atmosphäre, die sich von der Temperatur der Seele unterscheidet, mag sich als eine Eigenschaft unserer Beziehung zur Seele erweisen.

Es ist zum Beispiel möglich, die Seele zu sedieren, indem man sich ihrer Entwicklung widersetzt. Manchmal scheint es, als gäbe es ein Unentschieden zwischen uns und der Seele, wenn diese versucht, uns neue Möglichkeiten anzubieten, die zu sehr nach Schwierigkeiten aussehen. Dieser Widerstand gegen die Seele mag das Werk eines der beiden Partner sein, oder er kann von der Beziehung selbst ausgehen. Paare, Familien und Gemeinden können einer Entwicklung in der Geschichte, Gesellschaft oder ihren eigenen Interaktionen widerstehen. Eine Nachbarstadt beispielsweise hat sich vielleicht jahrelang geweigert, sich mit dem Problem der Rassenintegration oder mit einer Veränderung der ökonomischen Strukturen zu konfrontieren. Es ist verlockend, das Problem zu den Akten zu legen, es zwar intern zu fürchten, doch keine Entscheidungen zu treffen, oder einfach nur Wut über die Einmischung ins normale Leben zu übertragen. Dieses Unentschieden gegen das Schicksal kann das Leben langweilig und geistlos machen.

Wenn man in einem Bereich gegen die Seele arbeitet, kann die gesamte Beziehung erstarren; denn die Seele zeigt sich in den Einzelheiten. Und doch ist das Ganze in den Teilen gegenwärtig. Wenn der Partner sich plötzlich für einen neuen Beruf entscheidet, fordert uns diese Veränderung vielleicht auf, die Beziehung noch einmal zu überdenken, der Veränderung zu widerstehen, kann eine allgemeine Taubheit und Distanz zur Folge haben.

Ein seelenvolles Leben zu führen stellt eine ständige Herausforderung dar; denn das Leben ist stets in Bewegung und verändert sich unaufhörlich. Aber auch in uns selbst ändert sich manches: Stimmungen, Phantasien und Gedanken bewegen sich ständig in neue Richtungen. Wir würden es vielleicht vorziehen, wenn die Familie, die Gesellschaft, die Ehe oder die Kinder immer so bleiben wie sie waren; aber dieser Wunsch hat wenig mit der lebhaften Natur der Seele gemein. Es wäre besser, Entwicklungen jeglicher Art zu erwarten, nicht nur Weiterentwicklungen, sondern auch Rückschritte und Mißerfolge. Wenn wir den Tanz mit der Seele nicht wagen, werden wir die daraus resultierende Entfremdung als Erstarren und als Eintönigkeit empfinden.

Eine andere Möglichkeit, sich das Erstarren innerhalb einer Beziehung vorzustellen, besteht darin, sich daran zu erinnern, daß wir die Übergangsphasen als leer und reizlos empfinden könnten, da sich die Seele in Zyklen bewegt. Im Augenblick mag es keinen Mittelpunkt, kein klares Thema geben. Beziehungen haben ihre Zyklen, und die Übergänge sind möglicherweise schwer zu ertragen, weil sie einem so fremd vorkommen.

Da das Abkühlen der Gefühle ein Teil des natürlichen Seelenrhythmus zu sein scheint, könnten wir auch diese Gefühle ehren und sogar die Führung übernehmen lassen, während wir unser Leben kultivieren. Zum Beispiel könnten wir etwas über uns selbst und über unseren Partner und unsere Familie lernen, wenn wir auf jene Gedanken und Bilder eingehen, die unseren kühlen Stimmungen entspringen. Wir könnten feststellen, wohin die Gefühle uns in unserer Erinnerung, unseren Gedanken und Phantasien bringen. Wir können darauf vertrauen, daß diese Bilder Einsichten in unsere Situation vermitteln und vielleicht dabei helfen, uns in Zeiten der Verwirrung zu erden.

Paare, die spüren, wie sich eine lustlose und kühle Stimmung über sie senkt, sollten einander nicht fragen, weshalb dies so ist, sondern was diese Stimmung von ihnen verlangt. Wenn sie sich in die Taubheit begeben, könnten sie die Wahrheit über ihre Ehe und über ihre Rolle in der Ehe herausfinden; etwas, das man aus einem aktiven, enthusiastischen Zusammenleben heraus nicht erkennen kann. Die Taubheit ist der Weg, ein recht wunderlicher Weg, zu einer tieferen und vielleicht ehrlicheren Teilnahme am Leben.

Das Auftreten von Lustlosigkeit kann der Seele einen wichtigen Dienst erweisen. Indem unsere Versuche vereitelt werden, das bestmögliche Leben zu führen, bekommt die Seele, die eine viel größere Perspektive und ein größeres Potential besitzt, eine Chance, sich einzufügen. Eine »flache«, lustlose Stimmung ist wie ein flaches Stück Land: auf beidem kann man neu aufbauen.

Die Pathologien der Liebe richten sich nicht zwangsläufig gegen die Beziehung. Sie haben einen bedeutenden Job zu erledigen, und sollen dem Ganzen Farbe hinzufügen. Sie bieten einige der seelenvollsten Augenblicke in einer Beziehung. Zum Beispiel wenn Ehepartner mit echtem Interesse über das offensichtliche Abkühlen ihrer Beziehung sprechen; wenn die Familie sich zusammenfindet, um ein verirrtes Mitglied auf den rechten Weg zu bringen; oder wenn Menschen sich für eine Therapie entscheiden, weil sie beim Sortieren ihrer Probleme Hilfe brauchen. Wenn wir unsere Beziehungsprobleme als Zeichen dafür sehen könnten, daß die Seele sich entwickelt, dann könnten wir ihnen vielleicht mehr wohlwollende Aufmerksamkeit entgegenbringen und damit aufhören, zu reparieren und auszubessern. Und wir können der Beziehung gegenüber loyal und verbunden bleiben, auch wenn sie in Schwierigkeiten zu sein scheint.

Die Pathologie der Liebe ist die Stimme eines Gottes oder einer Göttin, die versucht, unsere Aufmerksamkeit zu erregen. Im griechischen Wörterbuch steht, Pathos sei das Gegenteil von »tun«; es bedeutet: »daß einem etwas angetan wird«. Pathos ist aber auch die Passivform von poiein – oder Poesie. Wir machen aus unseren Pathologien Gedichte. Unser Leben wird in Geschichten verwandelt, und die seelenvollsten Augenblicke kommen einem ungewöhnlich dramatisch vor. Die Seele ist die Poesie unseres Lebens; etwas, das man noch stärker spürt, wenn der Gott darum bittet, eingelassen zu werden. Wir sind der Stoff, in den die Themen der Seele eingeprägt sind. Wenn wir hauptsächlich weltlich denken, werden wir die Pathologien der Liebe als Probleme betrachten und glauben, daß wir etwas falsch machen. Doch wenn wir etwas von der Heiligkeit der Beziehung ahnen, sehen wir die pathologischen Augenblicke der Seele vielleicht als eine Gelegenheit für die Seele; als einen Besuch aus der Ewigkeit; einem Ort, dem die Beziehung entstammt und an dem sie wenigstens teilweise geschmiedet wurde. Die Beschäftigung mit der Pathologie in der Beziehung erfordert einen ungeheueren Glauben an sich selbst, an die Entwicklungen der Seele und an den Menschen, den wir lieben. Wir können in quälenden Momenten eingeweiht und belehrt werden, wenn wir nur eine Blume auf ihren Altar legen oder etwas Wein vergießen würden, um den Ort innerhalb unserer Intimität zu ehren, der unter Schmerzen unserem Nachdenken und unserer Aufmerksamkeit geöffnet wurde.

Freuden eines Seelengefährten

Sie liebte nichts auf der Welt außer den Sohn
   dieser Frau,
wollte ihn mehr als alle anderen lebendig, besaß
   jedoch
nicht die geringste Kontrolle über jenes Raubtier,
   das in
ihr selbst lebte. Vollkommen überwältigt von
   ihrer Anakonda-Liebe,
hatte sie kein Selbst mehr, keine Angst, keine
Wünsche, keine eigene Intelligenz.

Toni Morrison

11 Die seelenvolle Beziehung

Sowohl in traditionellen Lehren als auch in der Jungianischen Psychologie der Archetypen werden bestimmte Eigenschaften mit Seelenfülle assoziiert. Die Seele ist individualistisch, bodenständig, zyklisch, ewig, teilweise am prosaischen Leben interessiert, zum Teil in ihre eigenen, inneren Mysterien verwickelt. Sie beschäftigt sich mit Poesie und Nuancen statt mit Erklärungen, ist oft roh und benötigt dringend eine Alchimie der Verfeinerung. Wenn wir diese Eigenschaften eine nach der anderen betrachten, werden wir herausfinden, wie man aus einer Beziehung eine seelenvolle Beziehung machen kann.

Individualität

Die Seele erlaubt uns nicht nur, daß wir intime Beziehungen knüpfen und so eine Gemeinschaft, ein globales und universelles Gefühl miteinander geteilten Lebens schaffen, sondern sie ist auch für unsere zutiefst empfundene Individualität und Einzigartigkeit verantwortlich. Gemeinschaft und Individualität gehören zusammen. Man kann keine wirkliche Gemeinschaft haben, wenn sie nicht aus wahren Individuen besteht, und man kann erst dann Individuum sein, wenn man tief in einer Gemeinschaft verwurzelt ist.

Wie Heraklit in einem oft zitierten Satz betonte, ist der Seele Sinn so tief, daß man ihre Grenzen nicht ausfinden kann.[1] Ein altes Bild der Seele, der mit Planeten und Sternen erfüllte Nachthimmel, zeigt unsere Subjektivität und Innerlichkeit unendlich genauer, als alle zeitgenössischen Bilder des Menschen als einer vollkommenen Maschine, eines Gegenstandes der Konditionierung oder einer raffinierten Zusammenstellung von Chemikalien.

Wenn wir uns vorstellen, daß wir ebenso gewaltig, tief, geheimnisvoll und ehrfurchtgebietend wie der Nachthimmel wären, könnten wir zu würdigen beginnen, wie kompliziert wir als Individuen sind und wieviel von dem, was wir sind, nicht nur den andern, sondern auch uns selbst nicht bekannt ist. Unser Wesen wird immer weitgehend undeutbar sein. Wenn wir damit aufhören würden, uns in dieses verschwenderische Potential der Seele einzumischen, stünde außer Frage, was wir alles erreichen könnten oder wie das Leben uns durchdringen könnte.

Ein Individuum zu sein, bedeutet, unserer Seelenfülle einen Weg ins Leben zu bereiten. Cicero, der berühmte Redner Roms, sagte, daß man einen Menschen dann am besten kennt, wenn man den treibenden Geist kennt, der sein Leben formt. Ich würde noch weitergehen und nicht nur den treibenden Geist, sondern all die vielen Manifestationen der Seele einschließen: die Stimmungen, Phantasien, Sehnsüchte, Leidenschaften, Empfindungen und Befürchtungen. Wenn man einen Blick auf die Seele des Menschen wirft, dann sieht man ihn so, wie er sich möglicherweise noch nicht einmal selbst kennt.

Die von der Seele geschaffene Individualität ist tief verwurzelt. Sie wurde nicht als Lebensprojekt erzeugt. Hier handelt es sich nicht um das existenzialistische, aus Möglichkeiten bestehende oder um das psychologische, von Familieneinflüssen geformte Selbst. Die Individualität wurde weder zur Existenz gezwungen, noch vorsätzlich noch bewußt geformt. Sie ist eine geheimnisvolle, aus der Ewigkeit stammende Wesenheit und wahrhaft grenzenlos. Die Macht dieser Individualität wurde nicht erzwungen, sondern entströmt ihren eigenen Tiefen und der ihr innewohnenden Wahrheit.

Wenn wir unseren Phantasien und Sehnsüchten Aufmerksamkeit zollen und auch dann ernsthaft über sie nachdenken, wenn sie im Widerspruch zu unseren bewußten Plänen und Vorlieben stehen; wenn wir zulassen, daß sie unsere Lebensweise beeinflussen; dann sind wir im Sinn der Seele schöpferisch. Wir erlauben der sich entwickelnden Seele, unsere Individualität zu zeugen und unser Leben zu formen. Die Identität, die dadurch das Licht der Welt erblickt, schwingt in jener geheimnisvollen Tiefe in uns selbst, die wir niemals ganz ergründen werden.

Bei einer Beziehung besteht das Problem darin, wie es uns gelingt, auf Dauer mit einem anderen Menschen intim zu sein, während wir gleichzeitig diese völlig unberechenbare Tiefe einladen, einen bedeutsamen Platz in unserem Leben einzunehmen. Es ist nicht einfach, mit der Kraft und dem Mysterium der seelenvollen Persönlichkeit eines anderen zu leben. Denn man kann sich nicht mehr auf das verlassen, was dieser Mensch verspricht, da die Seele nicht willens ist, sich an Pläne oder Verpflichtungen binden zu lassen. Wenn ein Mensch selbst nicht alles versteht, was in seiner Seele vor sich geht, wie kann dann jemand, der ihm nahesteht und dessen Leben eng mit ihm verbunden ist, auch nur das geringste wissen?

Die einzige Lösung, die ich kenne, besteht darin, daß beide Seiten die Seele respektieren und das Mysterium des Lebens anerkennen und genau diese Unberechenbarkeit schätzen lernen. Das mag einen radikalen Wertewechsel mit sich bringen. Gewöhnlich achten wir, ohne viel darüber nachzudenken, Verpflichtungen, Versprechen, Treue und Zuverlässigkeit. Wenn gegen diese Worte verstoßen wird, werden wir ungehalten und beschweren uns über einen Fehler in der Beziehung. Doch wenn wir eine andere größere Idee im Kopf haben und die Neigung der Seele, sich auf mysteriöse Weise zu entwickeln, würdigen, können wir uns auch vorstellen, daß diese unberechenbaren Entwicklungen möglicherweise positive Auswirkungen auf die Beziehung haben können. Sie fordern zwar eine größere Anpassungsfähigkeit, größere Nachsicht, bieten dafür jedoch eine größere Vertiefung der Beziehung und ein Fundament der Liebe, das in der Seele und nicht länger nur im Willen eines anderen Menschen zu Hause ist. Im übrigen wird individueller Eigensinn in der Regel von viel Angst und Manipulation begleitet, was kaum eine solide Grundlage für den Aufbau einer intimen Beziehung darstellt.

Ein anderer Aspekt einer seelenvollen Beziehung ist ihre Einzigartigkeit. Jede Beziehung besitzt ihre eigene Seele, was ihr über die wechselseitige Verbindung hinaus noch weitere Seeleneigenschaften, einschließlich Individualität, verleiht. Sie neigt nicht dazu, Regeln und Erwartungen zu folgen. Sie wird ihre eigenen Höhen und Tiefen aufweisen, ihren eigenen, gefährlichen Hang zur Auflösung, und ihr eigenes Fundament für den Zusammenhalt besitzen. Ist es nicht schockierend, zu sehen, wie das Schicksal zwei völlig gegensätzliche Menschen miteinander verbindet? Würden Sie jemals vorhersagen, daß bestimmte Paare ein Leben lang zusammenbleiben? Ist es nicht erstaunlich, wie viele scheinbar gegensätzliche Menschen, die geschäftlich miteinander zu tun haben oder an einem gemeinsamen Projekt arbeiten, sich streiten und bekämpfen können und dennoch zu hervorragenden Ergebnissen kommen?

Es hört sich so einfach an: Jede Beziehung ist einzigartig. Nimmt man diese Vorstellung jedoch ernst, kann sie die Art und Weise, wie ein Mensch Familie, Ehe, Kinder und Freundschaft handhabt, radikal ändern. Dann lösen wir uns von allen Verallgemeinerungen und Idealen, allen Erwartungen und Vergleichen, und können zulassen, daß die anderen – Eltern, Kind, Gefährte, Freund, Nachbar oder Geliebter – wahrhaft Individuen sind, die sich von uns unterscheiden. Und zu diesem Unterschied können wir unser Geschenk der Intimität beisteuern. Wenn wir die Individualität würdigen, bereiten wir der Seele ein Nest, einen Zugang. Normen, Konventionen und gewohnheitsmäßige Erwartungen dienen anderen Interessen und sind den einzigartigen

Experimenten der Seele fremd. Seelenfülle und Individualität gehören zusammen; eines stärkt das andere.

Bodenständige Werte

»Bodenständig« bedeutet volksnah, häuslich oder einheimisch. Wenn ich sage, die Seele sei immer bodenständig, meine ich damit, daß sie an einem bestimmten Platz heimisch ist – im Leben eines Menschen, in einem Viertel oder einer Region, in einer bestimmten Kultur oder Gemeinschaft. Die Seele bodenständig zu nennen ist eine Variation von Hillmans Behauptung, daß die Seele stets dem wirklichen Leben verbunden ist, und von Jungs Ansicht, daß die Anima oder die Seele der Archetyp des Lebens ist, oder, wie er sagt: »Erde, Natur, Fruchtbarkeit, alles, was unter dem feuchten Licht des Mondes gedeiht.«[2] Dieses »feuchte Licht des Mondes« steht im Gegensatz zu dem trockenen Licht der Sonne, zum Verstand und der Klassifizierung.

Laut Jung unterscheidet sich der Archetyp der Bedeutung vom Archetyp des Lebens. In uns verbirgt sich etwas Bedeutendes, das sich nach Sinn und Ordnung, Veränderung und Transzendenz sehnt. Diese Sinnsuche ist nicht nur ein Akt des Willens und Verlangens, sondern tief in der Psyche verwurzelt. Tatsächlich ist sie größtenteils unbewußt und selbstbestimmt. Jung vergleicht diese Bedeutungsliebe manchmal mit dem Bild des Großen Alten Mannes. Aber man kann diesen Archetyp auch anders darstellen, zum Beispiel als Merkurs scharfen Verstand, Athenas Weisheit und als Lao Tses verständnisvolle Betrachtungen, um nur einige zu nennen. Denn alle Wohltaten einer archetypischen Suche nach dem Sinn, die feuchten, lunaren Details des individuellen Lebens, sind auf diesem Pfad, der das trockene Wissen bevorzugt, das vorsätzlich den Erfahrungen entzogen wurde, entwickelt worden.

Das Leben an sich ist feucht in dem Sinne, daß ihm keine trockene Bedeutung innewohnt. Im sechsten Jahrhundert vor Christus sagte Heraklit: »Seelen ist es Lust oder Tod feucht zu werden.«[3] Im fünfzehnten Jahrhundert nach Christi Geburt ordnete Ficino die astrologischen Planeten nach ihrer Trockenheit und Feuchtigkeit und benannte als »feuchteste« Möglichkeit die Konjunktion von Mond und Venus. Der Mond ist der »Planet«, der der Erde am nächsten ist. Er wird traditionsgemäß als der Kanal betrachtet, durch den die anderen Planeten ihre Einflüsse lenken. Obgleich nicht mit dem irdischen Leben identisch – er ist eine etwas entfernte Sublimation –, ist er ein ständiges Echo auf das wirkliche Leben. Während Venus, wie Botticelli sie in seinem Bild vom Frühling darstellt, die feuchte, blühende, grüne Üppigkeit des Lebens auf der Erde ist.

Um für den bodenständigen Geschmack der Seele in einer Beziehung Sorge zu tragen, sollte man vor allen Dingen vermeiden, den Partner oder die Beziehung zu theoretisieren. Die Seele zieht sich nicht vor der Art und Weise zurück, wie die Dinge sind, sie ist in unserem Körper zu Hause. W. B. Yeats folgt in seinem mystischen Gedicht A Vision den Bewegungen des Mondes:

Alle Gedanken werden ein Bild, und die Seele wird ein Körper.

Indem wir das bodenständige Leben würdigen, kultivieren wir die Seelenfülle einer Beziehung. Wir beschäftigen uns mit der Beziehung, wie sie ist, und widerstehen dem Zwang, uns eine bessere oder andere vorzustellen. Wir respektieren ihren Stil und ihre noch nicht entwickelten Eigenschaften. Diese bodenständigen Eigenschaften der Familie, Ehe oder Freundschaft werden sich möglicherweise nicht alle auf einmal zeigen, dies kann Jahre dauern. Nur mit Geduld und Erfahrung entdecken wir das Wesen und die Eigenart wahrer Menschen.

Doch manchen Menschen fehlt es an der Geduld, ihren Partner nach und nach kennenzulernen. Sie wollen sofortige Befriedigung. Und wenn sie diese nicht bekommen, schweifen ihre Gedanken in die Zukunft oder in eine idealisierte Welt ab. Ein äußerst kreativer Mann, von Beruf Schauspieler, erzählte mir einmal, daß er die Frau, mit der er zusammenlebte, liebe. Doch obwohl er bereit war, in dieser Beziehung heimisch zu werden, ertappte er sich immer wieder dabei, wie seine Phantasie jemand anderen heraufbeschwor. Er schien immer mit einem Fuß in der wirklichen Beziehung und mit dem anderen in einer idealisierten zu stehen. Diese unerwünschte Teilung seiner Zuneigung machte ihn rasend.

Es ist verlockend, in einem solchen Fall moralisch zu reagieren und den Betreffenden überreden zu wollen, daß er realistisch sein und auf dem Boden bleiben solle. Doch wenn wir die Werte auf beiden Seiten verstehen wollen, müssen wir uns fragen, weshalb sich die Seele nach jemandem sehnt, der nicht vorhanden ist.

In diesem speziellen Fall hatte ich das Gefühl, daß die Spaltung der Zuneigung weniger mit der Beziehung als vielmehr mit der Einstellung des Mannes zu seinem Leben zu tun hatte. Seine Phantasie ließ ihn nicht seßhaft werden, sondern wies ihm immer wieder neue Möglichkeiten auf. Sein Schmerz konzentrierte sich auf eine Entwicklung in seiner Seele, die gegen seinen Willen stattfand: Er wollte seßhaft werden, aber die Seele bewegte sich weiter. Als er die Anzeichen ernster nahm, fand er schließlich ein gewisses Maß an Frieden. Er gab, wenigstens für einen Augenblick, seine Bemühungen auf, ein häusliches Leben zu führen, und kultivierte statt dessen ein Leben der Entwicklung und Veränderung. Er teilte seine Zeit so ein, daß er an Orte reisen konnte, die er immer schon besuchen wollte, und unterrichtete die Frau, die er liebte, von seinem Entschluß, sich weder häuslich niederzulassen, noch zu heiraten und eine Familie zu gründen.

Das war zwar recht schmerzlich, doch danach hatte er das Gefühl, mehr mit seinem Herzen übereinzustimmen.

Jede Beziehung hat ihre einzigartige Kultur und besitzt möglicherweise auch Eigenschaften, die dem »Bodenständigen« entspringen. Wir können die Seele heraufbeschwören, indem wir jene traditionellen, kulturellen Elemente würdigen, die jeder Partner in die Beziehung einbringt. Es ist nicht zu übersehen, daß es Verständigungsschwierigkeiten zwischen Menschen unterschiedlicher Glaubenszuhörigkeit, Rassen oder mit einem anderen nationalen Erbe gibt. Doch diese Unterschiede bieten der Seele eine außergewöhnliche Möglichkeit. Eine Ehe oder Freundschaft ist nicht nur das Zusammensein zweier Menschen, sondern auch die Vermischung ihrer Vergangenheiten. Beide Partner bringen wertvolle Geschenke in eine Beziehung ein: traditionelle Rituale, alte Geschichten, regionale Eßgewohnheiten, Ikonen, Gemälde, Stoffe und Möbel.

Die Seele wird nicht von Menschen aufgewühlt, die ihren Idealen und Prinzipien gemäß leben. Selbst eine gesunde Beziehung muß nicht zwangsläufig seelenvoll sein. Doch eine Beziehung, die die Nahrung von Generationen schätzt und verschiedene kulturelle Traditionen respektiert, kann ein Übermaß an Seele besitzen. Wenn ich ein Wochenende für die Auffrischung der Beziehung von Paaren planen müßte, würde ich den konkreten kulturellen und »bodenständigen« Seiten der Beziehung, einschließlich des Essens und der Traditionen, mehr Bedeutung zumessen als den Idealen und den wirksamen Arten des Liebens. Bei einem Familienessen ist die Seele möglicherweise genauso hungrig wie der Körper. An einem ganz bestimmten Tag, an einem ganz bestimmten Ort mag sich die Seele nach dem heimischen Geschmack und der Farbe einer italienischen Pasta, eines indischen Curry oder eines schlichten amerikanischen Hamburgers sehnen. Während sich der Körper die Nahrung einverleibt, wird die Seele mit den kulturellen Phantasien gefüttert, die das Essen umgeben. Einiges von dieser Kultur mag ethnisch sein, während anderes mit der Lebensart, den Erinnerungen und Vorlieben der Beziehung verbunden ist.

So seltsam sich das auch anhören mag, eine Beziehung findet ihre Seele eher darin, wenn man Dingen wie zum Beispiel der Art und Weise, wie man gemeinsam ißt oder in welcher Farbe man die Schlafzimmerdecke streicht, mehr Aufmerksamkeit schenkt als der wechselseitigen Prüfung. Die Seele wird nicht zwangsläufig von dem satt, was den Geist zufriedenstellt. Wir müssen der Seele geben, was sie braucht. Und sie hat im allgemeinen bodenständige Bedürfnisse. Beim Schreiben und Sprechen, immer, wenn ich mir von Dichtern und Denkern etwas ausleihe, lege ich Wert auf amerikanische Autoren, ganz besonders auf Autoren, die mit meiner Umgebung verbunden sind. Ich fahre fast täglich an Emily Dickinsons Haus vorbei, wenn ich unsere Kinder zur Schule gebracht habe. Emerson lehrte in den Städten, in denen ich wohnte, sprach über ähnliche Themen, und hatte genau die gleichen Probleme eines selbständigen, romantischen und unabhängigen Gelehrten, der früher wie ich Geistlicher gewesen war.

Meine guten Freunde Alice O. Howell und Walter Andersen wohnen in einem gemütlichen Haus in den Berkshires im Westen Massachusetts. Vieles von der Farbe ihres bunten Lebens entspringt ihrer Liebe und Beziehung zu Schottland. In ihrem Haus kann man keltischer Musik lauschen und überlieferte Geschichten und persönliche Anekdoten von ihren Reisen nach Schottland hören. Alices Bücher gewinnen einiges an Seelenfülle dadurch, daß sie in Schottland spielen, und daß sie in ihnen unerschrocken ihre und Walters (der in den Achtzigern ist) Liebesgeschichte schildert. Das alles ist sehr bodenständig und eine Lektion darin, wie man eine Beziehung schmiedet und ein Lebenswerk aufbaut, indem man die Orte, Persönlichkeiten und

Geschichten zu würdigen und schätzen weiß, die einem das Schicksal in die Hände gelegt hat.

Es ist ein weiteres Beispiel dafür, wie die Seele geschaffen ist – denken Sie an John Keats Satz vom »Seelen schaffen« –, und dafür, daß sie nicht auf Bäumen wächst. Eine seelenvolle Beziehung ist kein einfaches Geschenk. Sie verlangt nach konzentrierter Veredlung. Jeder kann heimische, bodenständige Seelen in der Welt finden, die ihn umgibt und ihm vertraut ist. Doch heutzutage herrscht ein Geist, der das Bodenständige ablehnt; ein Geist, der das Abstrakte, das Allgemeine und zahlenmäßig Bedeutsame bevorzugt. Und dieser abstrahierende Geist sickert in unsere Beziehung ein, wodurch der für die Seele notwendige Platz schrumpft. Hierbei handelt es sich um eine Philosophie, die Trost darin findet, zu wissen, was die Mehrheit fühlt und denkt. Es ist auch eine Moral, die uns – ausgehend von der allgemeinen Meinung – sagt, wie wir uns in einer Beziehung zu verhalten haben. Doch um ein bodenständiges Leben führen zu können und volkstümliche Intimität zu finden, muß man gegen den Strom schwimmen und die Dinge in Ehren halten, die uns besonders ansprechen, ob sie nun von der uns umgebenden Kultur geschätzt werden oder nicht.

Ein bodenständiges Leben ist ein Leben, das mit der Natur in Einklang ist; es ist dem Zuhause, dem natürlichen Lebensraum, der Familie und dem eigenen Herzen nahe. Es pflegt die Liebe und jenes Zugehörigkeitsgefühl, das die Seele braucht, indem es uns eine Welt der Besonderheiten zeigt. Wenn wir an einem Leben voller Liebe und Verlangen interessiert sind, hilft es, wenn wir überall Freunde haben. Und das bodenständige Leben ist ein solcher Freund. Um den Philosophen Edward Casey zu zitieren, ist das beste Heim der Seele nicht spatial (räumlich), sondern »platial« (»platzlich«). Im unendlichen Raum ist die Seele nicht leicht zu finden, doch kann man sie stets an einem bestimmten Ort entdecken.

Seelenzyklen

Vor Jahren erhielt ich eine Geburtstagskarte, auf dem ein wunderschönes buntes Fahrrad im Stil von Toulouse-Lautrec zu sehen war. Quer über dem Fahrrad stand »Cycles.«[4] Beim Anblick dieser ungewöhnlichen Karte fielen mir die beiden großen indischen Lebenszyklen ein, der ewige und der zeitliche Kreislauf – durch die beiden Räder des alltäglichen, gewöhnlichen Fahrrades symbolisiert.

Manchmal versuchen wir, auf einem Einrad weiterzukommen. Ich nehme an, die meisten Menschen entscheiden sich für das Rad des Samsara[5] – die Mühle des Alltaglebens. Andere wählen das Rad der Ewigkeit, konzentrieren ihre Aufmerksamkeit auf Angelegenheiten von höchster Spiritualität und zollen oft dem täglichen Leben nicht genügend Aufmerksamkeit. Vielleicht ist es am besten, anzuerkennen, daß das Leben ein Zwei-Rad ist, an dem sich die beiden Räder, das Rad der Zeit und das der Ewigkeit, endlos drehen, uns tragen, in Bewegung und aufrecht halten.

Auch eine Beziehung ist täglicher Routine und ewigen Zyklen unterworfen. Wird sie seelenvoll gelebt, werden beide Räder gewürdigt. Ein guter Grund dafür, nicht die einfachen Rituale zu vernachlässigen, die die augenfälligsten Zyklen einer Beziehung kennzeichnen: Jahrestage, Geburtstage und andere immer wiederkehrende Daten. Aber die Zyklen der Seele sind nicht immer so vorhersagbar. Es mag gewisse Stimmungen geben, die kommen und gehen, oder Rhythmen der Nähe und Distanz. Wenn wir auf die Seele hören, werden wir feststellen, daß sie sich nicht stur geradeaus bewegt. In Gesprächen über ihre Beziehung bringen Paare oft vertraute Themen zur Sprache, von denen einige Jahre zurückreichen. Diese Themen sind Zeichen für die Seelenfülle der Beziehung und weisen möglicherweise nicht, wie wir manchmal annehmen, auf unerledigte Angelegenheiten oder ungelöste Probleme hin. Vielleicht verwechseln wir den Hang der Seele zur »ewigen Wiederkehr« mit dem Versäumnis, ein Thema zu löschen, indem man ein Problem löst.

Die ewige und zyklische Natur der Seele zeigt sich auch in den Phantasien, Erinnerungen und den emotionalen Themen, die Menschen in eine Beziehung einbringen. Sie können Träume, Ängste und andere Gefühle haben, die so tief in ihnen verwurzelt sind, daß sie sagen, sie rührten von ihrer Kindheit her oder wären gar in ihren Genen verankert. Diese Themen, die sich in Geschichten, Erinnerungen oder heftigen emotionalen Reaktionen zeigen, können als spezielle Motive einer individuellen Seele gewertet werden. In einer Beziehung können wir diese Themen als Morgengabe der anderen Seele respektieren und einsehen, daß sie mit gewisser Regelmäßigkeit, manchmal in unzulänglicher Weise, auftauchen, und daß sie stets Raum brauchen, um sich auszudrücken.

Zu meinen Themen gehört der Hang zur Natur. Ich liebe das Ackerland, sanft gewölbte Hügel und grüne Wälder. Einmal nahm ich einen Freund auf die Reise durch eine meiner Lieblingslandschaften in Upstate New York mit, weil ich dachte, er wäre davon genauso angetan wie ich. Damals lebten wir beide in Texas, und ich vermißte diese typische Hügellandschaft, dieses besondere Grün, wie ich es aus dem Staat New York kannte. Mein Freund reagierte mit Ablehnung. Für ihn war das Ackerland eine Vernichtung der ursprünglichen Natur. Er bevorzugte das trockene, rote, zerklüftete, unberührte Wüstenland im Südwesten und konnte es kaum erwarten, den gepflegten Farmen des Nordens zu entfliehen. Auf dieser Reise entdeckte ich, wie individuell meine leidenschaftlichsten Vorlieben sein konnten, und wie schwierig es war, sie zu verteidigen oder mit einem anderen Menschen zu teilen.

Meine Mutter sagte einmal etwas im Vorübergehen, das mich hellhörig machte und mir im Gedächtnis haften blieb. »Du magst das Land wegen der Zeit, die du auf der Farm verbracht hast.« Sie spielte auf die Sommer meiner Kindheit an, in denen ich manchmal wochen- oder monatelang mit einer Tante und Onkeln auf einer Farm lebte. Obwohl es so offensichtlich war, hatte ich niemals an diese besonderen Kindheitserlebnisse gedacht, die immer noch meine Wünsche und Sehnsüchte beeinflussen. Andererseits sind Kindheitserinnerungen für gewöhnlich Bilder, die die tieferen Sehnsüchte der Seele zeigen. Wenn diese frühe Erfahrung in meinem Herzen stark bleibt, dann muß sie irgendwie mit einer bukolischen Schattierung in meiner Seele übereinstimmen. Platonische Erinnerungen gehen über die persönliche Geschichte hinaus.

In einer Ehe muß einer der beiden Partner möglicherweise lernen, wie wichtig diese stets gegenwärtigen Sehnsüchte und Phantasien sein können, indem er genau auf die Geschichten und die emotionalen Reaktionen des anderen achtet. Um für die Seele Sorge zu tragen, ist es möglicherweise notwendig, Entscheidungen eher zugunsten ihrer zyklischen Muster als aus praktischen Erwägungen zu treffen, indem man anerkennt, wieviel Leben diese Muster erzeugen und welch tiefe Werte sie pflanzen. In einer Freundschaft muß man auch das Anderssein des Partners respektieren, das tief in der Seele verwurzelt ist, selbst wenn die Freundschaft mehr auf Übereinstimmungen und Verträglichkeit zu basieren scheint. Wenn wir uns zu ausschließlich auf das Leben konzentrieren, könnten wir der Verträglichkeit zu großen Wert beimessen. Gerade weil die Seele so einzigartig ist, können Unterschiede zwischen Menschen einer Freundschaft mehr geben als Gemeinsamkeiten.

Die Seele sieht die Ewigkeit anders als der Geist. Geistig mögen wir uns die Ewigkeit als unbegrenzte Zeit oder als einen spirituellen Zustand vorstellen, in dem die Zeit selbst transzendiert ist, so wie der Zustand der Glückseligkeit im christlichen Himmel oder das Vertieftsein in der östlichen Meditation. Aber die Ewigkeit der Seele ist uns näher. Es ist eine Möglichkeit, in der

Gegenwart zu sein, zu wissen, daß zeitlose Fragen, Dinge, die nicht direkt durch weltliche Vorfälle verursacht und beeinflußt wurden, im Spiel sind. Meine Beziehung zum Ackerland ist für mich ewig und in irdischen Begriffen nicht völlig erklärbar. Sie ist ein Geheimnis und kann deshalb nur gewürdigt, nicht erklärt werden. Dennoch ist diese Beziehung eindeutig ein bedeutsamer Teil meines Lebens und meiner Persönlichkeit.

Indem wir die ewigen Elemente einer Beziehung würdigen, bringen wir die Dinge wieder ins Lot. Ein Streit entsteht oft durch eine Personifizierung der ihm zugrunde liegenden Muster. Wenn man deren ewige Dimensionen anerkennt, wird einem klar, daß man sich nur vor dem Mysterium schützt, wenn man alles persönlich nimmt. Doch wenn der Seele Raum gegeben wird, erhält die Beziehung ein geweihtes Fundament. Wir können einander angesichts von Kräften und Problemen verbunden bleiben, die nur schwierig zu handhaben sind, möglicherweise gerade deshalb, weil sie von außen kommen.

Ich arbeitete einmal mit einem Paar, dessen Ehe auf der Kippe zu stehen schien. Die Frau war vor Jahren eines Morgens plötzlich von dem Verlangen überwältigt aufgewacht, in der Politik Karriere zu machen. Sie hatte vorher nie Anzeichen gezeigt, ein solch anspruchsvolles Leben führen zu wollen, obwohl sie seit Jahren an lokaler und nationaler Politik interessiert gewesen war. Ihr Mann reagierte darauf, indem er sie für die Veränderung in ihrer Beziehung verantwortlich machte.

»Sie fühlt sich für die Familie und für unsere Ehe nicht verantwortlich«, sagte er immer wieder. »Sie macht einfach nur das, was sie will. Sie weiß genau, daß uns das zerstören wird; dennoch macht sie weiter. Man kann mit ihr nicht vernünftig reden.«

Beide sahen nicht der Tatsache ins Gesicht, daß die Frau von einem geheimnisvollen Besucher in Gestalt eines starken Verlangens heimgesucht worden war. Diese Sehnsucht nach einem öffentlichen Leben ist nichts, was sich diese Frau ausgedacht hatte. Tief in ihrem Herzen wollte sie dieses Leben gar nicht. Tatsächlich sagte sie ihrem Mann mehrmals, daß sie diese neue Entwicklung gar nicht wolle, aber nicht die Kraft habe, sich ihr zu widersetzen. Viele Kulturen verfügen über Techniken und Philosophien, um mit solchen Heimsuchungen fertig zu werden. Doch wir bezeichnen die Ankunft jener unpersönlichen, ewigen Gestalten und Geister als Verirrungen und tun oft alles Menschenmögliche, um sie loszuwerden. Viele unserer psychologischen Theorien und Medizinen sind apotropaisch, das heißt, erdacht, um das wahrgenommene Böse abzuwehren. Wir verurteilen das Eindringen des Ewigen oft zu schnell, ohne den Eindringlingen Zeit zu lassen, ihre Geschenke und Wünsche zu enthüllen.

Eine seelenvolle Beziehung würde der Ankunft eines mächtigen Geistes mit Respekt begegnen. Ehepaare oder auch Familien könnten Mittel und Wege finden, jenen Geist – wenigstens vorübergehend –, zu empfangen, um festzustellen, ob es sich um einen heiligen oder unheiligen Besuch handelt. Natürlich würde ein solch empfängliches Verhalten bedeutsame Anpassungen erfordern. Aber genau danach verlangt eine seelenvolle Beziehung – nach einem oft außergewöhnlichen Maß an Anpassungsfähigkeit und Flexibilität. Es ist nicht leicht, wenn überhaupt möglich, einen Engel mit einer Mission zu vertreiben. Was wir als ein Eindringen in eine angenehme Phase der Beziehung betrachten, kann vom Standpunkt des Engels aus gesehen die Gelegenheit für eine kreative Entwicklung sein. Solche Wendungen und Veränderungen offenbaren die Bewegung der Lebenszyklen.

Die große Sünde des Alters ist der Buchstabenglaube. Menschen, die ihren Glauben an die äußerliche, buchstäbliche Bedeutung eines heiligen Textes bekunden, werden Fundamentalisten genannt: Sie möchten nichts mit Nuancen, mehrdeutigen Lesearten und Interpretationen, mit Zusammenhängen, Text- und vergleichenden Studien und anderen Vorgehensweisen zu tun haben, die sie vom genauen Wortlaut der Heiligen Schrift ablenken könnten. Auch in der Psychologie, in allen theoretischen Systemen, die nur eine Erklärung für die menschliche Erfahrung haben, finden wir Fundamentalisten; einige halten diese Einstellung für genetisch bedingt, andere für konditioniert, vom Schicksal bestimmt, für traumatisch oder durch die Kindheit oder andere Faktoren determiniert. Wir können auch in einer Beziehung am Buchstaben kleben. Deshalb möchte ich betonen, wie wichtig es ist, die Poesie unserer intimen Beziehungen und Begegnungen zu würdigen.

Um in einer Beziehung zu einer poetischen Einstellung zu gelangen, müssen wir zunächst einmal anerkennen, daß ein Mensch so etwas wie ein Text ist, ein Text, der aus Geschichten, Theorien, Ideen, Erinnerungen, Wünschen und Plänen besteht – aus allem, was er ausdrückt. Und wie jeder inhaltsreiche Text besitzt auch der Mensch viele, viele Bedeutungsebenen, von denen er die meisten nicht kennt. Wenn ein Mensch »Ich hasse dich« oder »Ich liebe dich« sagt, könnten wir, wenn wir für die persönliche Poesie empfänglich sind, erkennen, daß diese und andere Behauptungen und Bekenntnisse für die Reflexion, Diskussion, Veränderung und Hervorhebung offen sind. Die Poesie einer Beziehung ist ein Aspekt ihres Geheimnisses. Wir wissen niemals hundertprozentig, warum wir gerade so denken oder fühlen und woher dieser Gedanke und dieses Gefühl stammt. Jede Beziehung steckt derart voller Geheimnisse, daß jede Diskussion innerhalb oder über dieses Geheimnis provisorisch bleiben muß. Beim nächsten Mal können wir stets mehr dazu sagen, und wir werden zwangsläufig mehr in dem entdecken, was immer es auch sein mag, worüber wir gerade sprechen.

Manchmal sprechen Menschen über ihre Eltern und ihre Kindheit, als genüge bereits diese Seite ihres Lebens, ihr Verhalten als Erwachsene zu erklären. Der Vergleich des Erwachsenenlebens mit der Kindheit kann einer poetischen Erklärung des Lebens reichlich Nahrung geben. Doch zu oft wird eine Art Fundamentalismus daraus. Und während Jung uns helfen kann, die archetypischen und mythologischen Themen in unserem Leben zu erkennen, oder seine Schriften uns dazu bringen können, jene dunkle Eigenschaften, die so virulent sind und sich direkt vor unserer Nase befinden, wahrzunehmen, wäre es antipoetisch – fundamentalistisch –, ein Jungianisches Leben zu führen.

Eine Methode, eine starke poetische Einstellung zum eigenen Leben oder dem eines anderen Menschen zu garantieren, besteht darin, niemals die möglichen Vergleichsgrundlagen oder die »Ursachen« aufzubrauchen, von denen wir meinen, daß sie für die Charakterbildung eines Menschen verantwortlich sind. Wegen einer lebendigen und tiefen Symbolik können wir uns an Shakespeare, Dante, Basho, Li Po, James Baldwin, Virginia Woolf, Joyce, Gertrude Stein, Strawinsky oder Ingmar Bergman wenden – die Liste ist endlos. Wir können die Poesie unseres Lebens in der Country Music, im Jazz, bei Bach oder im Rap finden. Indem wir unsere Phantasie mit einer bewegenden, Gedanken anregenden, lehrreichen und weisen Symbolik sättigen, bringen wir Herz und Verstand in unsere Beziehung ein, die für die Vielzahl menschlicher Äußerungen, für Individualität, Exzentrik, Pathos, Spaß und die ganze Gefühlspalette offen ist.

Eine stete Konfrontation mit den Künsten gehört zu den besten Methoden, uns auf eine Beziehung vorzubereiten; es ist um einiges besser, als sich gänzlich auf die Psychologie zu verlassen. Wichtiger noch als jene speziellen Themen, die in den Künsten angesprochen werden, die uns Einsicht in die Beziehung vermitteln können, ist die umfassende Erziehung in poetischem Denken und Leben, die die Künste zu leisten vermögen. Durch eine Vertiefung in die Künste vergrößert sich unsere Reflexionsfähigkeit, so daß uns, wenn wir mit Beziehungsproblemen konfrontiert werden, eine reiche Phantasiewelt zur Verfügung steht und wir fähig sein werden, poetisch zu denken.

Neben dem Fundamentalismus gibt es noch folgende Alternativen zum poetischen Denken: Neigungen, Vorurteile, Chauvinismus, Ethnozentrik und eine Reihe anderer, gefährlich beschränkter Standpunkte. Wenn ein Mann Schwierigkeiten mit einer Frau hat und das Problem auf den Nenner »typisch Frau« bringt, wird die Frau auf eine Kategorie reduziert, die Gegenstand des Vorurteils ist. Diesen reduktionistischen Zügen, die als Schutz gegen die Individualität dienen, fehlt es an Phantasie. Doch wenn wir mit einer lebhaften Phantasie die Beziehung leben, werden wir die Widersprüche und Probleme des einzelnen erforschen wollen.

Manchmal schränken wir die Beziehung ein und verlieren, indem wir uns ausschließlich auf die Persönlichkeit konzentrieren, die Gelegenheit, sie mit Phantasie zu beleben. Wenn ich meine Ideen über die Seele mit einer Gruppe Menschen diskutiere, kommt es gelegentlich vor, daß jemand das Gespräch auf mein persönliches Leben lenkt: »Was glauben Sie? Und wie leben Sie privat?« Ich weiß das Interesse an persönlichen Erfahrungen zu schätzen, aber diese Art der Konzentration kann einer Diskussion einiges von ihren fruchtbaren und komplexen Vorstellungen nehmen und sie auf den persönlichen Bereich beschränken. Als Machtspielchen benutzt, ist dieses reduktionistische Denken ein Beispiel für das »ad-hominem«-Argument, einen logischen, in der klassischen Philosophie beschriebenem Trugschluß. »Ad hominem« bedeutet, daß sich die Diskussion eher »auf die Person« als auf die Ideen konzentriert. Ich habe festgestellt, daß dieses Gesetz der Logik in Diskussionen häufig verletzt wird; wenn beispielsweise jemand sagt: »Sie haben diese Erfahrung noch nie gemacht, wie können Sie also darüber reden?« oder »Das können Sie nur sagen, weil Sie ein Mann sind.« Manchmal, wenn ich davon spreche, der Depression einen Platz im Leben zu geben, fragt jemand: »Haben Sie schon einmal in der Notaufnahme eines Krankenhauses gearbeitet?« In diesen Fragen mag einiges an Wahrheit verborgen sein, aber sie zielen darauf ab, eine Auseinandersetzung zu gewinnen. Deshalb lenken sie das Gespräch von der phantasievollen Ideenerforschung ab.

Unsere Kultur hat großes Vertrauen in Tatsachen, Experimente und Erfahrungen. Doch alle drei Faktoren können für die Phantasie gefährlich werden, wenn man sie wegen ihrer Beweiskraft eindimensional statt als Diskussionsanreiz benutzt. Ein Aspekt unserer kulturellen Vorliebe für Tatsachen ist unsere Angewohnheit, Beziehungen wie Fakten zu behandeln. Wie jeder Ehe- oder Familienberater bestätigen wird, handelt es sich bei Diskussionen zwischen Menschen, die in einer intimen Beziehung leben, oft um nicht weniger als um Bemühungen, Argumente mit Beweisen zu übertrumpfen, oder Debatten mit Logik zu gewinnen. Beziehungen aller Art leiden unter dieser Form intellektueller Streitlust. Denn die Seele wird durch Poesie genährt und bewegt, nicht allein durch den Verstand.

Es wäre besser, ein Familienproblem wie ein Gedicht statt wie eine psychische Krankheit zu behandeln. Eine Familienpoesie kann Geschichten, die über Eltern und Kinder erzählt wurden, einschließen, die Rollen, die jeder in dem Familiendrama spielt, oder bestimmte Ausdrücke, die mit einzelnen Familienmitgliedern assoziiert werden; zum Beispiel: »Meine talentierte Tochter« oder »Mein altmodischer Vater.« Einmal, als ich frischgebackene Studenten an einem College unterrichtete, sandte mir einer von ihnen einen Brief, der mit »Meet my mother the mouth!« (Lernen Sie meine Mutter, den Mund, kennen) begann. Dieser Eröffnung mangelte es nicht an Poesie.

Ich wurde einmal von einer Frau therapiert, die keine Tiefenpsychologin, doch außergewöhnlich gut darin war, die Poesie in den Äußerlichkeiten des Lebens auszumachen. Eines Tages folgte ich ihr vom Wartezimmer ins Büro, stolperte und landete buchstäblich Hals über Kopf auf der Couch. Ihr fiel sofort auf, daß diese bloße Ungeschicklichkeit ein Hauptmuster meines Lebens widerspiegelte. Wir unterhielten uns lange Zeit über meinen Hang, jemandem zu dicht zu folgen und dadurch blind für meinen eigenen Weg zu werden. Ich habe diese aufschlußreiche Therapiestunde nie vergessen; ein weiteres Zeichen für die ihr innewohnende poetische Substanz.

Wir drücken uns in unseren Kleidern, unserer Sprache, unseren Umgangsformen, in allem, was wir tun, poetisch aus. Wenn wir dieser Poesie in unserer Beziehung mehr Aufmerksamkeit zollten, uns selbst gestatteten, sie mit unendlicher Geduld zu diskutieren, dann hätte die Seele der Beziehung eine Chance, stärker in Erscheinung zu treten. Und dieses Erscheinen würde die Beziehung derart bereichern und erden, daß die sterile und zeitaufwendige Problemlösung sich möglicherweise in den Hintergrund zurückzöge. Wenn wir die Seelenfülle durch poetisches Denken und Leben heraufbeschwören, tun wir mehr für unsere intimen Beziehungen zu anderen Menschen, als jede Analyse es je könnte.

Die Alchimie der Intimität

Einer der faszinierendsten Aspekte des Seelenlebens ist, daß es anfangs Rohmaterial ist, das später Veredlungsprozessen unterworfen werden kann. Wir lernen jemanden kennen, schließen

Freundschaft mit ihm und stellen dann fest, daß wir nicht nur die Freuden der Intimität genießen, sondern auch durch den Sumpf des Seelenmaterials unseres Partners waten. Das gleiche gilt im Beruf. Am ersten Tag erscheint alles hübsch und hell. Die Aussichten sind gut, das Gehalt in Ordnung, die Kollegen scheinen ideal zu sein. Aber schon nach relativ kurzer Zeit kann sich der Sumpf zeigen. Ein Kollege ist launisch, ein anderer rechthaberisch; überall wimmelt es von Affären und Intrigen. Die Seelenarbeit ist im allgemeinen ein langwieriger Prozeß, bei dem es darum geht, aus dem Rohmaterial, mit dem das Leben uns versorgt, etwas zu machen. Die Alchimisten nannten diesen Rohstoff die *prima materia*. In einem seiner Bücher über Alchimie beschreibt Jung den Rohzustand der Seele in anschaulichen Bildern:

> Die prima materia ist, wie man im Englischen so treffend sagt, »tantalizing«: sie ist billig wie Dreck und überall erhältlich, nur weiß das keiner; sie ist so verschwommen und ausweichend wie der Lapis, der aus ihr gewonnen wird; sie hat »tausend Namen.« Und das schlimmste ist, daß man ohne sie nicht mit der Arbeit beginnen kann … sie ist das meist geschmähte und zurückgewiesene Ding, »auf die Straße hinausgeworfen«, »auf den Misthaufen geworfen«, »im Dreck gefunden«.[6]

Die von Jung zitierten Satzteile entstammen alchimistischen Texten, in denen die *prima materia* beschrieben wird. Die »rohe« Seele kann man überall finden: In der Familie, die uns vom Schicksal bestimmt wurde, in neuen und alten Freunden, in dem ersten, funkensprühenden Anzeichen dafür, daß man sich zu einem anderen Menschen hingezogen fühlt. Sie ist billig, allgegenwärtig und wird häufig als banal und unbedeutend betrachtet. Doch in Wahrheit dient die ganze Welt und alles Leben nur als Rohmaterial zur Erschaffung der Seele.

Diese Vorstellung bleibt für die Beziehung nicht ohne Folgen. Intimität erscheint nicht als Konfektionsware, sie muß zu etwas wirklich Wertvollem veredelt werden. Vielleicht spüren wir am Anfang einer Beziehung intuitiv, daß sie vielversprechende Möglichkeiten bietet, doch wir halten erst einmal nur rohes und ungeformtes Material in Händen. Die Freude des Lebens besteht darin, dieses allgegenwärtige Rohmaterial zu nehmen und daraus funkelnde Edelsteine und komplizierte Gobelins herzustellen. Wir finden dieses Geheimnis in der Geschichte vom Cochiti-Mädchen wieder, das Coyote heiratete. Ihre Tätigkeit, nämlich die Herstellung von Kleidern, ist eine Metapher für die Tätigkeit, die wir alle ausüben können: Das uns vom Leben im Überfluß gegebene Rohmaterial zu veredeln, und diese Veredlung zu einem Teil unserer Beziehung zu machen. Da unsere tägliche Arbeit einen Weg darstellt, sich dem Seelenwerk zu verpflichten, sind berufliche Beziehungen besonders wichtig. Aber auch Familienbeziehungen bieten offensichtlich Rohmaterial, das um Veredlung bittet, wenn es auch mehr als ein Leben benötigt, um diese Bitte zu erfüllen. Viele von uns müssen erst ein gewisses Alter erreichen, bevor wir unsere Familie mit neuen Augen sehen und einen neuen Reichtum in dieser höchst fundamentalen Beziehung entdecken.

Man könnte wegen all des vorhandenen Rohmaterials auch erwarten, daß es zu Beginn einer Beziehung zu Schwierigkeiten kommen kann. Die Gefühle mögen stark, aber auch ziellos und verwirrend sein, wenn man sie von der Phantasie und dem Denken trennt, die ihnen Befriedigung schenken würden. Möglicherweise ist es besonders schwierig, in der Jugend intim zu sein, wenn wir noch nicht viel Erfahrung mit der Veredlung der Seele haben. Obgleich es natürlich viele Ausnahmen gibt: Junge Menschen wie John Keats, die erfahren genug sind, um die Geheimnisse der Seelenalchimie zu entdecken, oder ältere, die es niemals zu lernen scheinen. Die Jugendlichkeit, die der seelenvollen

Veredlung innewohnt, ist ohnehin archetypisch und nicht an ein bestimmtes Alter gebunden.

Wenn wir diese fundamentale Erkenntnis in bezug auf die Seele verstehen, wenn wir begreifen würden, daß sie uns »roh« gegeben wurde, dann könnten wir möglicherweise uns selbst und anderen dafür vergeben, daß wir Beziehungen nicht so leicht mit Würde behandeln. Wir könnten erkennen, daß viele Probleme nicht von der Bosheit eines Menschen herrühren, sondern daher, daß der Seelenstoff aus unveredeltem Material besteht, das ein langwieriges Sortieren, Gestalten, Veredeln und Transmutieren erfordert; alles Handlungen in der Tradition der Alchimie. Ein Beziehungsproblem ähnelt dem Mamorblock, dem Michelangelo mit Hammer und Meißel gegenübertrat: Die Gestalt in diesem Block, die nur darauf wartet, herausgemeißelt zu werden, ist nicht leicht zu erkennen und bleibt für jeden, der keinen poetischen Blick kennt, unsichtbar.

In der Therapie habe ich mehr als einmal mit intelligenten Menschen gesprochen, die sich nicht dazu herablassen konnten, Situationen und Gefühle offen zuzugeben, in die jeder geraten, die jeder haben kann. Eine überaus gebildete Frau gestand mir, daß sie, obwohl die Affären ihres Mannes sie verletzten, dieses Bewußtsein stets leugnete, indem sie ihren Freunden sagte: »Ich werde damit fertig. Ich habe alles unter Kontrolle. Ich bin darauf vorbereitet.« Ich hatte das Gefühl, daß ihre Seelenarbeit ins Stocken geraten war und erst weitergehen würde, wenn sie dieses gewöhnliche Stückchen »Dreck« als Rohmaterial annehmen würde. »Ich bin Feministin«, sagte sie. »Ich kann nicht zugeben, daß mich der Eigensinn meines Mannes verletzt.« Wir alle haben hohe moralische Ansprüche, die uns davon abhalten, die *prima materia* der Seele in die Hand zu nehmen und von ihr beschmutzt zu werden, um dann schließlich festzustellen, daß es sich um den Ton des Bildhauers handelt. Eines der größten Paradoxa in bezug auf die Seelengestaltung besteht darin, daß man ihren Lohn für den wertvollsten und einzigartigsten erachtet, den ein Mensch überhaupt erhalten kann, ihr weitverbreitetes Rohmaterial jedoch oft verschmäht.

Wir würden gut daran tun, uns an jene uralten Geheimnisse zu erinnern, sei es in Familie, Ehe oder Freundschaft. Denn die Intimität ist eine Einladung in den dichten Nebel der Seele – ein vertrautes Gefühl für jene, die sich tief in die Beziehung wagten. Die Seele ist wahrscheinlich eher schwer, dicht, grau und klebrig als leicht und luftig und wird nicht einen Schimmer von Sinn und Richtung enthüllen. Wir fühlen uns in einer Beziehung möglicherweise durch die gewöhnlichen Gedanken, die dürftigen Gefühle und vulgären Situationen beschmutzt. Aber es ist nicht gut, zu versuchen, sich über diesen Schmutz zu erheben, denn er stellt das Rohmaterial der Seele dar; unsere alltägliche Menschlichkeit, in der sich die Edelsteine unserer Individualität und Intimität verbergen.

Seelenvolle Intimität läßt sich nicht in sauberen, wohlgeordneten, bedeutungsvollen, ruhigen und idealen Beziehungen finden. Perfektion mag für den Verstand oder jenen Teil in uns anziehend sein, der sich nach spiritueller Transzendenz sehnt, doch die Seele läßt sich dort nicht häuslich nieder. Seltsamerweise zieht sie die Farben des Gefühls, die Färbung der Stimmung, die Irrungen der Phantasie und die Schatten der Enttäuschung vor. Obwohl diese Launen eines seelenvollen Lebens verwirrend und schmerzlich sein können, mag es tröstlich sein, zu wissen, daß sie wie ein Komposthaufen fruchtbar sind und eine üppige Zukunft versprechen.

Bitte mißverstehen Sie mich nicht. Ein seelenvolles Leben zu leben – bei »seinem Mist« zu bleiben, wie Samuel Beckett es ausdrücken würde –, ist kein geschickter, paradoxer Weg, um die Ziele zu erreichen, denen wir in vielen anderen Richtungen und mit anderen Mitteln nachjagen. Die Seele durchkreuzt normalerweise jeden Schritt des Ego, und ihre Belohnungen stimmen möglicherweise nicht mit den Zielen überein, die wir bewußt gewählt haben. Ich offeriere hier keine Schritte auf dem Weg zu einer seelenvollen Beziehung. Jede Beziehung ist einmalig. Und niemand kennt vorher das Ziel, das für eine intime Verbindung vorgesehen ist. Ein seelenvolles Leben verlangt, daß wir Hoffnung, Glaube und Liebe offenlassen. Wir wissen nicht, worauf wir hoffen, glauben vielleicht nicht an etwas Bestimmtes, und werden das lieben, was uns geschickt wird. Die Seele schließt auch die dunklen Seiten dieser »Tugenden« mit ein. Deshalb ist es auch wichtig, Verzweiflung zu erleben, in Zweifel zu versinken, und manchmal sogar gegen die Gaben des Schicksals anzukämpfen.

Vielleicht ist es am besten, das Paradoxon anzunehmen, zu kämpfen und gleichzeitig die göttliche Vorsehung anzuerkennen und zu würdigen, die uns sterblich macht. Das Problem ähnelt jenem, von dem W. B. Yeats spricht, der zugibt, ein Leben lang den Dämon bekämpft zu haben, der für sein schöpferisches Werk verantwortlich war. Gleich dem Tod ist auch dieser Dämon ein Widersacher, der sich keiner noch so wirksamen psychologischen »Integration« unterwirft. Kampf ist das Wesen der Beziehung mit solchen Widersachern, und es könnte sein, daß vieles von dem, was wir als Beziehungskampf empfinden, nur ein ferner Widerhall des dunklen, schöpferischen Kampfes mit demjenigen ist, der auf der Seelenebene stattfindet.

So lauschig es sich manchmal auch anhören mag, aber Seel-Sorge bedeutet, die modernen Vorstellungen von einem ordentlichen und erfolgreichen Leben radikal aufzugeben, und zwar auf allen Gebieten, sei es moralisch, theologisch, psychologisch oder gesellschaftlich. Das gleiche gilt auch für seelenvolle Beziehungen, die nicht zwangsläufig die gesündesten, erfolgreichsten oder friedlichsten sind. Wegen ihrer ungeheuren Dimensionen und ihrer Geheimnisse impft die Seele dem Leben Einsichten und Entwicklungen ein, die sich oft gegen das richten, was als gut, intelligent oder vernünftig empfunden wird. Doch eine seelenvolle Beziehung ist nicht vorsätzlich böse, sondern besitzt paradoxe und unerwartete Qualitäten. Vielleicht werden wir zu guter Letzt eine zarte Weisheit und eine gütige Vorsehung in all ihren Irrungen und Wirrungen, ihren Schmerzen und Ekstasen erkennen, während sich ein zufriedenstellendes, rationales Verstehen als vollkommen unzuverlässig erweisen könnte.

Wir haben es hier mit einer anderen Form der Beteiligung zu tun, die weder kontrolliert, noch argumentiert, noch idealisiert. Das Schicksal schenkt der seelenvollen Beziehung das Leben, dann entfalten sich ihre tiefen Zusammenhänge, während wir zuschauen und mit Hilfe der Phantasie in sie eintreten und ihren einzigartigen Geist erblicken. Vor über fünfhundert Jahren bat Nikolaus von Kues uns, alle Erfahrungen als ein Paradoxon von *implicatio* und *explicatio*, von Weben und Auftrennen (wie Penelopes Weben des Leichentuchs und das der drei Schicksalsschwestern, die die Zeit spinnen), von Einhüllen und Entfalten zu betrachten. Es genügt nicht, zu behaupten, daß wir als Partner einer Beziehung stets in dem Dilemma gefangen sind, verbunden und entbunden zu sein. Eine Beziehung besitzt tiefere Bindungen. Das Leben selbst bewegt sich wie ein Webschiffchen vor und zurück. Wenn in einer Beziehung heftige Gefühle der Auflösung oder Unzufriedenheit auftauchen, wenn man daran denkt, alles hinzuwerfen und einfach zu verschwinden, wenn man das Gefühl hat, daß alles vorbei ist, kann es sich dabei um einen zarten Hinweis auf ein tiefverwurzeltes Muster handeln, das unser Leben betritt und verläßt.

Eine seelenvolle Intimität verlangt von uns die Vorstellung, daß unsere familiären, freundschaftlichen und ehelichen Beziehungen kosmische Ausmaße einnehmen. Dieser bedeutende Standpunkt nimmt den zwischenmenschlichen Werten und Gefühlen nichts weg, sondern erdet diese Gefühle und macht sie noch zuverlässiger. Wenn eine Beziehung ein Schutz gegen das Geheimnis des Lebens, das im Innersten eines jeden von uns verborgen ist, einen Schutz gegen Bestimmung und Schicksal darstellen würde, dann hätte sie keine große Chance. Wenn Ihr Engagement und Ihre Erwartungen, Ihre Wut und Ihre Frustration nur Mittel dazu wären, die sich immer weiter entwickelnde Seele eines Menschen oder einer Gruppe von Menschen zu kontrollieren, dann wären es keine heiligen Gelöbnisse, sondern einzig narzißtische Abwehr.

Und noch ein letztes Paradoxon: Wenn wir das Feuer der Intimität entzünden wollen, müssen wir die Seele des anderen achten. Eine Beziehung verlangt nicht, daß wir uns einem anderen Menschen ausliefern, sondern nur, daß wir eine Seele akzeptieren, deren Teile miteinander vermischt sind, und ihre unvorhersehbaren Forderungen respektieren. All diese Paradoxa halten den Geist lebendig und machen das Herz zwar äußerlich unsicher, doch sehr vertrauensvoll. Unsere Intimität dehnt sich aus und bewahrt unsere Umwelt, so daß unser zwischenmenschliches Streben nach Einheit die Welt daran hindert, auseinanderzubrechen.

Nachwort

Beziehung als Gnade

Wenn wir unsere Aufmerksamkeit von den Mechanismen und Strukturen einer Beziehung zu deren Seele hin verlagern, verändert sich einiges. Wir brauchen uns nicht länger dafür schuldig zu fühlen, daß wir etwas falsch gemacht haben; wir können uns die Torheiten verzeihen, die wir in unseren jungen Jahren begangen haben; wir können den Schmerz des Endes einer Beziehung spüren, ohne ein neurotisches Maß an Verantwortung dafür zu übernehmen. Und wir können die Freuden genießen, die ein Leben voller Beziehungen uns schenkt. Wir können die unmögliche Suche nach der vollkommenen Struktur, nach der glücklichen Familie, der rundherum befriedigenden Ehe, der ungebrochenen Freundschaft, beenden. Wir können im Versagen, in den Intimitäten, die sich niemals vom Boden lösten, den Möglichkeiten, die niemals Gestalt annahmen, eine Absicht erkennen. Die Seele teilt nicht die Vorliebe des Geistes für Vollkommenheit und Ganzheit, sondern schätzt Zersplitterung, Unvollkommenheit und unerfüllte Versprechen.

Ich meine damit nicht, daß seelenvoll zu sein, es uns erlaubt, uns zu entschuldigen, zu verleugnen, auszuweichen und auszubeuten. Wenn wir der Seele folgen, werden wir denjenigen gegenüber zugänglicher, nicht verschlossener, die das Schicksal in unser Leben brachte. Doch wenn wir darauf verzichten, weiterhin übertriebene Verantwortung für die Fehler innerhalb der Beziehung zu übernehmen, können wir diese Irrtümer und Fehlentscheidungen stärker empfinden und zu klugen, empfindsamen und scharfsinnigen Menschen werden.

Schuldgefühle schärfen die Empfindsamkeit nicht, sondern machen sie stumpf. Nur wenn wir die dunklen Seiten der Liebe und der Nähe annehmen, sind wir zu einer wirklichen Seelenvereinigung imstande.

Eine Beziehung ist kein Projekt, sondern eine Gnade. Der Unterschied zwischen beiden ist unendlich groß. Und da unsere Kultur mit Vorliebe aus allem ein Projekt macht und es als Versagen gewertet wird, wenn es nicht zum erwarteten Abschluß kommt, ist es nicht einfach für uns, Intimität als eine Gnade zu begreifen.

Während wir uns bemühen, in Projekten des Lebens kundig zu werden, ist es ungewohnt für uns, mit der Gnade umzugehen. Um für die Gnade der Beziehung empfänglich zu sein, muß man sie würdigen, ihr danken, sie ehren, feiern, pflegen und wahrnehmen. Wir können uns nicht beklagen, wenn uns diese Gnade wieder genommen wird. Wir spüren zwar den Schmerz, aber das ist nicht dasselbe, wie sich wegen versäumter Gelegenheiten Vorwürfe zu machen. Sich Vorwürfe zu machen ist eine Methode, die Einweihung durch Schmerz und Liebe zu meiden.

Die Seele der Beziehung ist weder zielgerichtet, noch stellt sie eine einzige, beschränkte, klar definierte Entität dar. Eine Freundschaft muß nicht ein Leben lang andauern, um auf ewig ihr Zeichen auf der Seele zu hinterlassen. Eine Ehe muß nicht den Versprechungen der Langlebigkeit gerecht werden, um einen ewigen Bund zu zeugen. Eine Familie kann von Verrat und Mißverständnissen zerrissen sein und dennoch der Seele die Wiege bieten, nach der sie sich sehnt. Eine berufliche oder geschäftliche Partnerschaft kann auseinandergehen und dennoch weiterhin jedes ihrer Mitglieder mit Erinnerungen beschenken und nähren.

Die Seele einer Beziehung fragt nicht nach der »richtigen« Vorgehensweise, sondern wünscht sich etwas, was noch schwieriger ist: Respekt für ihre Selbständigkeit und ihr Geheimnis. Die seelenvolle Beziehung will für das, was sie ist, honoriert werden, nicht für das, was sie unserem Wunsch nach sein könnte. Sie hat wenig mit unseren Absichten, Erwartungen und moralischen Forderungen gemein und besitzt das Potential, uns in jene Geheimnisse einzuführen, die unsere Herzen erweitern und unsere Gedanken transformieren. Aber das kann sie nicht, wenn unser Hauptinteresse darin besteht, unseren liebgewonnenen Ideologien von Liebe, Familie, Ehe und Gemeinschaft hinterherzujagen. Eine Beziehung ist nicht dazu da, uns ein gutes Gefühl zu vermitteln, sondern sie soll uns in jene unergründliche Alchimie der Seele einführen, die uns einige der Wege und Lichtungen enthüllt, die die Geographie unserer Bestimmung und unseres Potentials darstellt.

Letzten Endes vermitteln Beziehungen uns eine Ahnung von der ultimaten Familie, vom vollkommenen Geliebten, der namenlos und unbeschreiblich ist. Wir bekommen einen Vorgeschmack von dieser ewigen Liebe, wenn wir das Ende einer Beziehung erleben und darin die tiefe Dunkelheit des Todes erblicken. Ich persönlich weiß darum durch die gemischten Gefühle, die mich überkommen, wenn ich mit meiner Tochter zusammen bin; wenn ich die Glückseligkeit ihrer Gegenwart spüre und mich im selben Augenblick – und gerade wegen dieser Glückseligkeit – um ihre Sicherheit sorge und hoffe, diesen Menschen nie zu verlieren.

Aber in einer Beziehung geht es nicht nur um die Menschen, die sich gegenseitig beeinflussen. Sie ist auch ein Medium für die unbeschränkten Elemente, die das Menschenleben im wesentlichen gestalten. Jede Beziehung, die die Seele berührt, führt uns zu einem Dialog mit der Ewigkeit, so daß wir – obwohl wir vielleicht glauben, daß sich unsere starken Gefühle auf die uns umgebenden Menschen konzentrieren – der Göttlichkeit selbst gegenübergestellt werden, wie auch immer wir jenes Mysterium verstehen oder bezeichnen mögen. Die Sufi-Dichterin Rabi'ah bent Ka'b sagt:

Liebe
ein Meer
mit unsichtbaren
Ufern,
ohne
Ufer.
Wenn du
klug bist
wirst du
nicht in ihm
schwimmen.[1]

Nur wenige sind so klug, der Liebe aus dem Weg zu gehen. Und zweifellos ist es unsere eigene Torheit, wenn wir zulassen, daß wir in alle Arten der Liebe hineingezogen und durch die Säuren der Liebeschemie in Liebende verwandelt werden. Liebe ist ein alchimistischer Prozeß, bei dem wir das zu verwandelnde Material darstellen. Und jede Form von Liebe beschwört die eine oder andere Gottheit herauf, die unserer Liebe ihre unergründliche Tiefe verleiht.

Eine Beziehung zum Göttlichen ist tatsächlich die Krönung dieser Untersuchung über Liebe und Verlust, Freundschaft und Einsamkeit. Die Beziehung zum Göttlichen, über die in dieser Zeit des Personalismus und des Säkularismus kaum noch gesprochen wird, befriedigt die Seele auf eine Art und Weise, für die es keinen Ersatz gibt. Es kann sein, daß wir uns gerade deshalb in das Thema der zwischenmenschlichen Beziehungen vertieft haben, weil wir in einem seichten Liebestümpel waten, unfähig, zu jener mystischen Sicht zu gelangen, bei der das Göttliche der einzig befriedigende Geliebte, der einzig wahre Seelengefährte ist.

Was ist Göttlichkeit? Was ist das Wesen dieser letzten Beziehung? Derjenige, der spricht, weiß nicht, steht im *Tao Te King*.

Man kann es nicht beschreiben, auch wenn man noch so viele Worte verwenden würde. Viele Religionen lehren uns, daß diese ultimate Intimität von unseren alltäglichen Beziehungen innerhalb der Familie, Ehe, Gemeinde und Freundschaft weder zu trennen noch zu unterscheiden ist. Dennoch ist sie eine Dimension, die uns fehlt, wenn wir uns ihrer Gegenwart verschließen. Wir können uns den Weltreligionen zuwenden, einer unermeßlichen Quelle der Poesie, des Glaubens, des Gebets und Rituals, um in diese Dimension der Beziehung eingeführt zu werden. Doch am Ende werden wir feststellen, daß wir diese göttliche Strömung auf unsere eigene, unverwechselbare Weise in all unseren Beziehungen finden. Einigen Menschen mag sie sich im Augenblick der Ekstase zeigen, anderen in Zeiten der Qual. Sie kann die Form einer äußerst befriedigenden Gemeinschaft annehmen oder in einem stillen Augenblick der Einsamkeit erscheinen, wenn wir wie Emily Dickinson entdecken, daß die Hügel unsere treuesten Freunde sind.

Wenn wir um die göttliche Herkunft der Beziehung wissen, können wir vielleicht ihre menschlichen Elemente unbeschwerter genießen. Dann werden wir nicht mehr durch die Unvollkommenheit unseres Partners oder unserer Familie abgelenkt und nicht mehr verlangen, daß sich die Beziehung unseren Erwartungen und Ideologien gemäß entwickelt. Wir brauchen auch nicht mehr jeden Zentimeter Weg mit einer Mischung aus Furcht und Beurteilung zu kontrollieren. Möglicherweise stellen wir sogar fest, daß wir lernen können, nett zu uns selbst zu sein, indem wir zu anderen freundlich sind; eine Tugend, an der es uns in einer Zeit des weitverbreiteten psychologischen Moralismus gebricht.

Indem wir für die Seele unserer Beziehung sorgen, können wir sie praktisch und mystisch, mit wirklicher Toleranz gegenüber der Persönlichkeit anderer, in der Beziehung und in uns selbst genießen. Wir können ungeplante Entwicklungen geschehen und Menschen sich ändern lassen. Wir können unsere eigenen Bedürfnisse und Sehnsüchte tolerieren; eine Gemeinschaft von Individuen genießen und würdigen, die möglicherweise anders denken als wir, ein seltsames Leben führen, und sich nicht sehr verständlich ausdrücken. Denn darum geht es in einer Beziehung: Um die Entdeckung, wie mannigfaltig die Seele in dieser Welt inkarniert ist.

Jede Beziehung, von der intensiven Nähe zwischen Eltern und Kind oder Ehepartnern bis zu den distanzierteren Beziehungen zwischen Arbeitskollegen und Geschäftsfreunden, ja selbst die Beziehung zum Fahrer des Busses, mit dem wir täglich zur Arbeit fahren, ist ein Flirt der Seele. Und das Geschenk dieses Flirts ist nicht nur die Intimität zwischen Menschen, sondern auch eine Offenbarung der Seele selbst, verbunden mit der Einladung, noch tiefer in ihre Geheimnisse einzudringen. Was kann den Zweck des menschlichen Lebens besser ausdrücken als die Beschäftigung mit dieser Seele – mit ihren offenen und verdeckten Eigenschaften, ihrer geheimnisvollen Alchimie und ihrer verwandelnden Frömmigkeit? Wenn wir die ganze Welt in einem Sandkorn finden können, dann können wir auch die Seele in jenem winzigen Punkt im Leben finden, wo sich die Schicksale kreuzen und die Herzen sich vermischen.

Anmerkungen

1 Bindung und Flucht

1 Zitiert in Richard B. Sewall, *The Life of Emily Dickinson*, New York, 1974, S. 434.

2 Alle Verweise auf Beckett wurden Deirdre Bairs Biographie entnommen, die 1978 in New York erschien, dt.: *Samuel Beckett, Eine Biographie*, Reinbek b. Hamburg, 1994.

3 James Hillman, »Peaks and Vales«, in *Puer Papers*, hrsg. von James Hillman. Irving, USA, 1979, S. 66.

4 Diese Unterscheidung zwischen Seele und Geist ist in der heutigen Zeit, da der Begriff Geist für gewöhnlich eine religiöse Bedeutung hat, nur schwer zu würdigen. Hillman benutzt das Wort in der gleichen Weise wie die Philosophen des Mittelalters und der Renaissance – er betrachtet den Geist einfach als eine Dimension der menschlichen Erfahrung, die vertikal ist und zur Abstraktion, Entwicklung, Evolution und Transzendenz tendiert. Sowohl Geist als auch Seele sind für das Leben unbedingt notwendig, unterscheiden sich jedoch voneinander. Heutzutage scheint es einfacher zu sein, den Geist zu honorieren, und schwieriger, die Seele zu respektieren.

5 In meinem Buch über Sadomasochismus, *Dark Eros*, untersuche ich ausführlich die Verbindung zwischen »bonding« (Bindung) und »bondage« (Knechtschaft, Leibeigenschaft, Sklaverei). Dort benutze ich auch den Begriff »Sadomasoschismus«, aber nicht, um auf eine Störung, sondern eher um auf die Machtverteilung hinzuweisen, die jeder menschlichen Begegnung innewohnt. Selten, wenn überhaupt, gibt es in unseren Interaktionen einen ausgeglichenen Zustand von Verletzlichkeit und Stärke. Fast immer kann man ein Element des Verzichts oder sogar der Verwundung auf einer Seite und einen Versuch, siegreich zu sein, auf der anderen Seite entdecken. Die Vorstellung von Symptomen, die auf seelische Bedürfnisse hinweisen, habe ich den Haupttheorien James Hillmans und einem Artikel entnommen, den Patricia Berry 1975 über dieses Thema schrieb: »Defense and Telos in Dreams«, *Spring: An Annual of Archetypal Psychology and Jungian Thought*, S. 115–127.

6 »Daphne, or Metamorphosis«, in *Myths, Dreams, and Religion*, herausgegeben von Joseph Campbell, New York, 1970, S. 91–110.

7 Teresa von Avila, *The Interior Castle*, New York, 1979, S. 59; dt.: *Die innere Burg*, Zürich, 1979.

8 W. B. Yeats, »Per Amica Silentia Lunae«, in *Mythologies*, New York, 1959, S. 335.

2 Das Mysterium der Intimität

1 C. G Jung, *Marriage as a Psychological Relationship*, Princeton University Press, 1954; dt.: Gesammelte Werke Bd. 17: *Über die Entwicklung der Persönlichkeit*, 5. Auflage, Olten, Freiburg, 1985. – Eine Möglichkeit, mit dem Problem der Annahme, daß jeder dieselbe psychische Struktur hat, fertig zu werden, ist, sich allgemein über die Individualität des Menschen bewußt zu werden. Einzigartigkeit ist eines der Zeichen der Seele; und je mehr wir über die Seele wissen, desto mehr werden wir die Einzigartigkeit der Person schätzen, mit der wir eine Beziehung haben.

2 C. G. Jung, *Letters*, Vol. II, ausgewählt und herausgegeben durch Gerhard Adler, mit Aniela Jaffé, Bollingen Series XCV:1, Princeton University Press, 1973, S. 27; dt.: *Briefe 1946–1955*, Freiburg, 1972.

3 Paul Tillich, »You are Accepted«, in *The Shaking of the Foundations*, New York, 1948; dt.: »Dennoch bejaht«, in *In der Tiefe ist Wahrheit*, Stuttgart, 1952, S. 175 ff.

3 Die Magie und Alchimie der Ehe

1 American Indian Myth and Legends, ausgewählt und herausgegeben von Richard Erdoes und Alfonso Ortiz, New York, 1984, S. 308–312.

2 dt.: *Wörterbuch des Teufels*, 1966, Frankfurt a. M. (A. d. Ü.).

3 R. B. Onians, *The Origins of European Thought*, Cambrigde, 1988. Onians vermittelt einige Informationen über uralte Anschauungen in Sachen Seele, Genius und Dämon. Wir sollten zur Kenntnis nehmen, daß, obgleich alle drei eng miteinander verwandt sind, jeder einzelne Begriff einen besonderen Schwerpunkt besitzt: Der Dämon steht für geheimnisvolle Führung und Hilfe; der Genius ist eher der dem Menschen innewohnende Geist, der ihm Persönlichkeit und Vitalität gibt und, nicht zu vergessen, der Zeugung dient. Die Seele ist der Empfänger all dieser spirituellen Geschenke.

4 Die Familie der Seele

1 C. G. Jung, *The Structure and Dynamics of the Psyche*, 2. Auflage, Bollingen Series XX, Princeton, 1969; dt.: Gesammelte Werke Bd. 8, Olten, Freiburg, 1985.

2 Black Elk, *The Sacred Pipe*, herausgegeben von Joseph Epes Brown. New York, 1953; dt.: *Die heilige Pfeife*, Olten, Freiburg, 1956.

3 Zitiert aus Raphael Patai, *The Hebrew Goddess*, New York, 1978, S. 145.

5 Freundschaft und Gemeinschaft

1 Paul Oskar Kristeller, *The Philosophy of Marsilio Ficino*, Gloucester, 1964: Peter Smith; dt.: *Die Philosophie des Marsilio Ficino*, Frankfurt a. M., 1972. Ich entnahm diese Beschreibung Kristellers maßgeblichem Werk über Ficino.

2 Emily Dickinson, Selected Letters, S. 302.

3 Richard B. Sewall, *The Life of Emily Dickinson*, New York, 1980, S. 617. Der ganze Passus ist es wegen der Einsichten in jene besondere Philosophie der Freundschaft lesenswert, für die die einsiedlerisch lebende und gesellschaftlich sensitive Emily Dickinson eintritt.

4 Laotse, *Tao Te King*, Jena, 1915, S. 13.

5 Angela Livingstone, *Salomé: Her Life and Work*, New York, 1984, S. 121.

6 James Hillman, *On Paranoia*, Dallas, 1988, S. 53.

7 Die Gabe, durch Zufall glückliche und unerwartete Entdeckungen zu machen. Geprägt von Horace Walpole in Anspielung auf die Erzählung »The Three Princes of Serendip« (A. d. Ü.).

8 Marsilio Ficino, *Letters*, 2. Band, S. 51–52.

9 Ivan Illich, *Tools for Conviviality*, New York, 1973, S. 11; dt.: *Selbstbegrenzung*, Reinbek bei Hamburg, 1975. Obwohl ich die Geselligkeitsidee von Ficino übernommen habe, ist Illichs Analyse der Kultur im Lichte der Geselligkeit äußerst nützlich und praktisch. Er definiert »Geselligkeit« als »autonome und kreative Verbindung zwischen Menschen und dem Umgang der Menschen mit ihrer Umgebung; und das im Gegensatz zu den konditionierten Reaktionen auf jene Forderungen, die andere an sie stellen, und auf die von Menschen geschaffene Umwelt.«

10 Ralph Waldo Emerson, »Self-Reliance«, in *The Portable Emerson*, hrsg. von Carl Bode und Malcolm Cowley, New York, 1981, S. 149.

6 Gespräche und Briefe

* »Bottom line« bedeutet im Amerikanischen nicht nur das Ergebnis unterm Strich oder das Endergebnis, sondern auch den entscheidenden Faktor, das Wesentliche (A. d. Ü.).

1 Richard Ellmann, *Oscar Wilde*, New York, 1988, S. 314; dt.: *Oscar Wilde*, München, 1991.

2 Emily Dickinson, *Selected Letters*, herausgegeben von Thomas H. Johnson, Cambridge, 1986, S. 189.

3 *Erinnerungen, Träume, Gedanken von C. G. Jung*, aufgezeichnet und herausgegeben von Aniela Jaffé, Zürich und Stuttgart, 1963, S. 11, 12.

4 J. Hillis Miller, »Thomas Hardy, Jacques Derrida, and the ›Disloction of Souls‹«, in *Taking Chances, Derrida: Psychoanalysis and Literature*, herausgegeben von Joseph H. Smith und William Kerrigan, Baltimore, 1984, S. 135–145. Miller hat eine Feststellung über Briefe wunderschön und interessant ausgedrückt: »Schreiben ist insofern eine Erschütterung, als sie sowohl die Seele des Schreibers als auch die des Empfängers bewegt, jenseits oder außerhalb von sich selbst, darüber hinaus, irgendwo. Weit davon entfernt, eine Kommunikationsform zu sein, werden der Briefschreiber und der Empfänger des Briefes durch das Schreiben ihrer selbst beraubt. Das Schreiben erschafft ein neues Phantom-Selbst des Schreibers und einen Phantom-Empfänger dieses Schreibens. Gut, es gibt einen Briefwechsel, aber einen zwischen zwei gänzlich gespensterhaften oder bloß eingebildeten Menschen; Geister, die der schreibenden Hand entspringen.« (S. 136).

5 Jean Leymarie, *The Spirit of the Letter in Painting*, Hallmark Cards, 1961, S. 39; dt.: *Der Brief als Thema der Malerei*, Genf, 1967.

6 Marsilio Ficino, *Letters*, Bd. 2, S. 20.

7 Marsilio Ficino, *Letters*, Bd. 1, S. 71.

8 Marcel Proust, *Selected Letters* (1880–1903), herausgegeben von Philip Kolb, New York, 1983, S. 272; dt.: *Briefe zum Leben* Bd. 1 und 2, hrsg. von Uwe Daub, Frankfurt a. M., 1978.

9 Virgina Woolf, *Leave the Letters Till We're Dead: Letters of Virgina Woolf*, Band VI: 1936–1941, London, 1980, S. 163.

10 Emily Dickinson, *Selected Letters*, herausgegeben von Thomas H. Johnson, Cambridge, 1986, S. 330.

7 Kreative Illusionen der romantischen Liebe

1 Marsilio Ficino, *Commentary on Plato's Symposium on Love*, Dallas, 1985; S. 54; dt.: *Über die Liebe oder Platons Gastmahl*, Hamburg, 1984.

2 David L. Miller, *Gods and Games: Toward a Theology of Play*, New York, 1973, S. 168.

3 David L. Miller, *Three Faces of God: Traces of the Trinity in Literature and Life*, Philadelphia, 1986, S. 44.

4 Rimbaud, *Illuminations and Other Prose Poems*. New York, 1957, S. 75; dt.: *Sämtliche Dichtungen*, hrsg. von Walther Kuchler, Heidelberg, 1978.

8 Sexualität und Phantasie

1 Walter Burkert, der namhafte Fachgelehrte für griechische Religion, machte eine Anmerkung, die zeigt, wie manchmal noch die kleinsten Reaktionen auf das heutige Leben Rituale der Vergangenheit widerspiegeln: »Wir haben Diodorus' Wort, daß Priapos Ithyphallos in fast allen Mysterien eine Rolle spielte, in die er mit ›Gelächter und Ausgelassenheit‹ eingeführt wurde.« *Ancient Mystery Cults*, Cambridge, 1987, S. 104; dt.: *Antike Mysterien*, München, 1990.

2 Wallace Stevens, *Opus Posthumous*, »Adagia«, herausgegeben von Milton J. Bates. New York, 1989, S. 192; dt: *Adagia*, Salzburg; 1992.

3 Norman O. Brown, *Love's Body*, New York 1966, S. 252.

4 Anne Carson, *Eros the Bittersweet*, Princeton, 1986.

5 C. Kerényi, *Dionysos: Archetypal Image of Indestructible Life*. Bollingen Series LXV, 2. Auflage, Princeton, 1976, S. 365–366; dt.: *Dionysos. Urbild des unzerstörbaren Lebens*, München, Wien, 1976.

6 James Hillman, *The Myth of Analysis: Three Essays in Archetypal Psychology*, New York, 1972, S. 91.

7 Heraklit, *Fragmente*, München, 1979, S. 19 (A. d. Ü.).

8 Joseph Campbell, *The Hero With a Thousand Faces*, New York, 1949, S. 58; dt.: *Der Heros in tausend Gestalten*, Frankfurt/Main, 1953.

9 Wobei ich Pornographie als erotische Bildersprache betrachte, die häufig auch Gewalt, Sadomasochismus, Skatologie und andere, generell offensive Formen der Bildersprache umfaßt. Über diese dunklen Bereiche als Äußerungen der Seele spreche ich in meinem Buch *Dark Eros*.

10 Beide Zitate in: C. G. Jung, CW Vol. 17, § 123; dt.: Gesammelte Werke Bd. 17: *Über die Entwicklung der Persönlichkeit*, 5. Auflage, Olten, Freiburg, 1985.

11 Mary Mackey, The Kama Sutra of Kindness, Position No. 2, in *Deep Down: The New Sensual Writing by Women*, herausgegeben von Laura Chester, Boston und London, 1989, S. 258.

9 Das Ende

1 Mircea Eliade, *Myths, Dreams and Mysteries*, New York, 1960, S. 200; dt.: *Mythen, Träume und Mysterien*, Salzburg, 1961, S. 281.

2 Mircea Eliade, *Myths, Dreams and Mysteries*, New York, 1960, S. 196; dt.: *Mythen, Träume und Mysterien*, Salzburg, 1961, S. 274.

10 Pathologien der Liebe

1 Mircea Eliade, *Journal III 1970–1978*, Chicago, 1989, S. 211.

2 Thomas Moore, *Dark Eros*, Dallas, 1991. In diesem Buch wies ich unter anderem auf die verheerenden Schattenseiten von Unschuld und Opferbewußtsein hin.

11 Die seelenvolle Beziehung

1 Das vollständige Zitat lautet: »Der Seele Grenzen kannst du nicht ausfinden, auch wenn du gehst und jede Straße abwanderst; so tief ist ihr Sinn.« Aus: Heraklit, *Fragmente*, München, 1979, S. 17 (A. d. Ü.).

2 C. G. Jung, CW Bd. 14, *Mysterium Coniunctionis*. Bollingen Series XX, 2. Auflage, Princeton, par. 646, 1963; dt.: Gesammelte Werke Bd.14/I, II: *Mysterium Coniunctionis. Untersuchung über die Trennung und Zusammensetzung der seelischen Gegensätze in der Alchimie*, 4. völlig überarb. Auflage, Olten, Freiburg, 1984.

3 Heraklit, *Fragmente*, München, 1979, S. 27 (A. d. Ü.).

4 Unübersetzbares Wortspiel aus »bicycle«, Fahrrad, und »cycle«, Zyklus (A. d. Ü.).

5 Sanskrit: »Wanderung durch die Wiedergeburten«. Die endlose Folge von Geburt, Tod und Reinkarnation, der alle Wesen unterworfen sind, (A. d. Ü.).

6 C. G. Jung, *Alchemical Studies*, CW Bd. 13, Bollingen Series XX, § 209, Princeton, 1967; dt.: Gesammelte Werke Bd. 13: *Studien über alchimistische Vorstellungen*, Olten, Freiburg, 1978.

Nachwort

1 »The Wilde Horse« in *The Drunken Universe* (Grand Rapids: Phanes Press), 1987, S. 64.